预算绩效管理教学与研究系列丛书

丛书主编：马海涛

U0716490

预算绩效管理的“廊坊经验”

廊坊市财政局　中央财经大学联合课题组 ◎ 著

中国财经出版传媒集团
中国财政经济出版社
·北　京·

图书在版编目（CIP）数据

预算绩效管理的"廊坊经验"/廊坊市财政局、中央财经大学联合课题组著．――北京：中国财政经济出版社，2024.4

（预算绩效管理教学与研究系列丛书/马海涛主编）

ISBN 978-7-5223-2944-4

Ⅰ.①预… Ⅱ.①廊…②中… Ⅲ.①地方预算－经济绩效－财政管理－研究－廊坊 Ⅳ.①F812.722.3

中国国家版本馆CIP数据核字（2024）第055267号

责任编辑：张晓丽	责任印制：史大鹏
封面设计：陈宇琰	责任校对：徐艳丽

预算绩效管理的"廊坊经验"
YUSUAN JIXIAO GUANLI DE "LANGFANG JINGYAN"

中国财政经济出版社 出版

URL：http：//www.cfeph.cn
E-mail：cfeph@cfeph.cn
（版权所有　翻印必究）

社址：北京市海淀区阜成路甲28号　邮政编码：100142
营销中心电话：010-88191522
天猫网店：中国财政经济出版社旗舰店
网址：https://zgczjjcbs.tmall.com
中煤（北京）印务有限公司印刷　各地新华书店经销
成品尺寸：185mm×260mm　16开　20印张　379 000字
2024年4月第1版　2024年4月北京第1次印刷
定价：96.00元
ISBN 978-7-5223-2944-4
（图书出现印装问题，本社负责调换，电话：010-88190548）
本社图书质量投诉电话：010-88190744
打击盗版举报热线：010-88191661　QQ：2242791300

丛书总序

全面实施预算绩效管理是建立现代财政制度的重要组成部分，是政府治理和预算管理的深刻变革。党中央、全国人大、国务院高度重视预算绩效管理工作，多次强调要深化预算制度改革，加强预算绩效管理，提高财政资金使用效益和政府工作效率。党的十六届三中全会提出"建立预算绩效评价体系"，党的十七届二中、五中全会分别提出"推行政府绩效管理和行政问责制度""完善政府绩效评估制度"。国务院还专门批准建立了由监察部牵头的政府绩效管理工作部际联席会议制度，推进包括预算绩效管理的政府绩效管理试点。《预算绩效管理工作规划（2012—2015年）》大力推进了预算绩效管理工作。2015年开始实施的新《预算法》六次提及"绩效"，奠定了预算绩效管理的法律基础。党的十八届三中全会提出"财政是国家治理的基础和重要支柱"，确立了包括预算绩效管理在内的财政活动的重要地位。

进入新时代，习近平总书记在党的十九大报告中强调，要加快建立现代财政制度，"建立全面规范透明、标准科学、约束有力的预算制度，全面实施绩效管理"。李克强提出，要将绩效管理覆盖所有财政资金，贯穿预算编制、执行全过程，做到花钱必问效、无效必问责。2018年9月《中共中央 国务院关于全面实施预算绩效管理的意见》印发，要求力争用3—5年时间基本建成全方位、全过程、全覆盖的预算绩效管理体系，实现预算与绩效管理一体化，这是党中央、国务院对全面实施预算绩效管理作出的顶层设计和重大部署，为预算绩效管理指明了方向、规划了路线、明确了措施。预算是政府活动和宏观政策的集中反映，也是规范政府行为的有效手段。预算绩效是衡量政府绩效的主要指标之一，本质上反映的是各级政府、各部门的工作绩效。全面实施预算绩效管理是推进国家治理体系和治理能力现代化的内在要求，是增强政府公信力和执行力、提高人民群众满意度的有效途径，是建设高效、责任、透明政府的重大措施。

《意见》印发以来，全国上下积极响应、扎实推动，各地区、各部门、各单位掀起了贯彻落实全面实施预算绩效管理的高潮，对预算绩效管理的理论、知识、技能的需求也与日俱增，亟须提质拓围，拓宽国际视野，以"顶天立地"的思维，高质量发展。作为我国经济学、管理学学科领域的重要科研创新基地，中央财经大学在应用经济学领域处于全国领先，形成了以经济学、管理学和法学学科为主体，文学、理学、工学、教育学、艺术学等多学科协调发展的学科体系，在协同创新中推动预算绩效管理理论研究和实践创新是新时代赋予我们的光荣使命。中央财经大学历来重视预算绩效管理的教学和研究，积累了一批研究成果和教学案例，形成了一支教学研究队伍，设立了预算绩效管理博士和博士后研究方向，形成了全校多学科协同创新的发展势态。

在新时代全面实施预算绩效管理背景下，我们依托中央财经大学中国财政发展协同创新中心等单位力量，编撰了"预算绩效管理教学与研究系列丛书"。丛书主要包括典型国家预算绩效管理制度、预算绩效管理理论研究、预算绩效管理实践发展报告、分行业分领域预算绩效管理研究等方面的选题，力图反映国内外预算绩效的最新理论和实践，为预算绩效管理学科建设、人才培养奠定坚实的基础，打造预算绩效管理的教学和研究高地。

本丛书的根本目的是为我国建立"全方位、全过程、全覆盖"的预算绩效管理体系提供一张思维网、施工图和操作法，聚焦国家重大需求提出的理论热点问题，推动我校"双一流"学科建设，提高学科建设水平和人才培养质量，推动学校财政理论协同创新。丛书编写过程中我们虽然已经付出了巨大的努力，由于受各种客观因素影响和作者水平限制，书中难免有疏漏和不足，恳请同行和读者批评指正。

马海涛

2019年1月1日于中央财经大学

▶ 联合课题组

组　　长： 马海涛　程广翔

副组长： 曹堂哲　于海滨　王红梅　刘海鹏　徐晓阳

成　　员： 马海涛　曹堂哲　赵　勇　王红梅　徐　晶
　　　　　　汪爱武　刘春燕　徐晓阳　张　派　刘文杰
　　　　　　张　悦　李　利　李小凤　许胜楠　石秋英

序 言

2018年9月《中共中央 国务院关于全面实施预算绩效管理的意见》印发，为了贯彻党中央、国务院这一重大战略部署，同年底，河北省委、省政府印发了《关于全面实施预算绩效管理的实施意见》（冀发〔2018〕54号）明确要求，省、市、县三级在2018年全面实施预算绩效管理，到2020年全面建成全方位、全过程、全覆盖的预算绩效管理体系。2019年3月，廊坊市被确定为河北省全面实施预算绩效管理设区市试点和教育领域预算绩效管理重点突破试点。2019年7月，廊坊市委、市政府印发《关于全面实施预算绩效管理的实施意见》（廊发〔2019〕23号）提出了更高、更快的奋斗目标——"力争用2年左右时间，全面建成全方位、全过程、全覆盖的预算绩效管理体系"。

从全国范围来看，2023年是预算绩效管理五年目标的收官胜利年；从廊坊来看，2023年是全面实施预算绩效管理改革基本目标实现后，"廊坊模式"基本成熟定型后"廊坊经验"的总结之年。回顾改革历程，预算绩效管理改革当初要解决的问题是否得到有效解决？改革目标是否达到？下一步改革的方向是什么？成为备受各界关注的问题。预算绩效管理的"廊坊经验"向河北省委、省政府，向党中央、国务院，向全国人民，向奋战在预算绩效管理一线的同仁们交上了一份满意的"答卷"。

预算绩效管理的"廊坊经验"回应了预算绩效管理改革的时代要求，河北省绩效预算改革为其成长提供了深厚的沃土，解决廊坊市的财政治理问题和不断推陈出新成为其不断完善深化的不竭动力。"廊坊经验"即完整、准确、全面贯彻落实全面实施预算绩效管理的政策要求,从廊坊财政运行和经济社会发展的实际出发,坚持问题导向、目标导向和结果导向,将政策要求与创新探索相结合,将百家之长和本地化改造相结合,将体系集成与落地实施相结合,以提高财政治理效能和政府治理能力为目标,以财政运行目标管理为引导,以部门整体绩效提升为基础,将成本"基因"融入预算机体,在事前评估中引入竞争性分配,将预算绩效管理纳入政府治理大格局,建立"全方位、全过程、全覆盖、全成本、全融合"的"五全"预算绩效管理体系。廊坊市"五全"预算绩效管理模式是在建成"全方位、全过程、全覆盖"预算绩效管理体系的基础上,更加强调"全成本"和"全融合"。"全成本"将成本效益的理念和方法融入"三全"预算管理体系,在政府、部门(单位)、政策和项目层面开展全过程的成本预算绩效管理,稳步实现成本预算绩效管理全覆盖。"全融合"实现了五个融合,即:"全方位"与"全过程"融合;"全覆盖"与"全过程"融合;"全成本"与"全过程"融合;市县联动一体化融合;绩效结果与预算管理深度融合。

"廊坊经验"强调党的集中统一领导、系统设计和稳步推进。 廊坊市被河北省财政厅确定为河北省预算绩效管理改革试点后,首先从组织保障工作入手,组建市级领导小组,市委书记、市长联名致信市直各部门、各单位"一把手",并将预算绩效管理纳入市管领导班子和领导干部绩效管理考评内容,高位推动预算绩效管理工作。2019年,廊坊市财政局成立了局预算绩效管理委员会,组建预算绩效管理办公室,之后在2020年组建预算绩效科,逐步建立部门协同、市县一体的预算绩效管理工作体系。从2019年到2023年,一年一个重点,一步一个脚印,先后经历了规划统筹年、夯基垒台年、重点突破年、系统集成年和标准规范年,打造了"全方位、全过程、全覆盖、全成本、全融合"的"五全"预算绩效管理体系。

"廊坊经验"以竞争提高配置效率,实现集中财力办大事。 河北省将廊坊市确定为开展教育领域预算绩效管理改革的试点单位。廊坊市高度重视,结合本地实际,连续五年(2019—

2023年）在教育领域开展竞争性分配，用公平竞争机制代替传统"平均主义"做法，建立了"多中选好，好中选优"的项目优选机制。2020年廊坊市将竞争性分配与事前评估结合，引入成本效益分析和"整合、竞争、绩效"的理念，在教育、农业等重点领域开展竞争性分配，创新项目遴选与决策机制，成为财政预算领域的一项重大改革举措和创新做法。

"廊坊经验"将成本融入预算机体，让每一分钱都花得"物有所值"。 廊坊市将成本预算绩效管理从项目拓展到部门（单位）整体，从事后向全过程成本管控拓展。2020年选取市园林局绿化项目实施开展成本绩效分析，完善支出标准；2021年开展单位整体成本绩效分析，以市级五所高中、市中心血站为试点，对单位的基本经费和项目经费开展了成本绩效分析，形成了支出定额标准；2022年进一步推动成本绩效目标监控工作；2023年建立了全过程成本管理机制：选取市交通局、市市场监督管理局及市级2所高职院校（廊坊职业技术学院、廊坊卫生职业学院）开展部门整体全成本绩效管理，对2022年部门整体支出情况开展绩效评价及成本核算，将评价结果及核定的标准应用于部门2024年预算评审，形成了明职能、核成本、评绩效、出标准、促管理等环节的部门整体成本预算绩效分析思路。2023年，廊坊市进一步制定《全成本预算绩效管理操作指引》为各部门、各单位开展成本绩效管理提供技术支撑。

"廊坊经验"将政府财政运行绩效评价向目标管理拓展，实现财政运行全过程管控。 廊坊市率先将绩效目标管理向政府财政运行延伸。2021年廊坊市选取具有代表性的固安县、香河县作为试点，开展县级政府财政运行综合绩效评价；在试点绩效评价的基础上，首创"县级政府财政运行绩效目标表"，指导廊坊市10个县（市、区）人民政府、廊坊开发区管委会、临空经济区（廊坊）开展2021年度县级政府财政运行绩效目标填报。2022年，廊坊市财政局全面推动县级政府财政运行2021年度绩效自评和2022年度绩效目标填报工作，并同步开展乡镇政府2022年财政运行综合绩效评价试点工作。上述评价结果，视工作需要，向市委、市政府专题报告。

"廊坊经验"强调绩效管理以财辅政，绩效结果提升政府治理能力。 廊坊市坚持把绩效作为实现预算自我革新的重要抓手，将绩效改革深度融入预算管理全过程，坚持以绩效管理聚财力，持续优化财政支出结构，坚持目标导向、问题导向，对重大政策和项目实行跟踪问效。2021年，累计清理计划不清、效益不好的政策性项目49个。三年来（2019—2021年）将审减收回的69亿余元资金全部用于经济社会发展重点领域，逐步实现了从"部门项目散碎小"到"集中财力办大事"的转变。对美丽乡村、雪亮工程等实施周期长的项目，将事前评估、事中问效、事后评价有机结合，形成了评价、整改、提高的良性循环。2023年廊坊市全面启动"集中财力办大事"财政政策体系改革，探索构建当前工作与长远目标建立"大事项目库"，综合运用"资金、资产、资源"，对推动协同发展、深化科技创新、做强实体经济、保障改善民生等重大事项进行前瞻性和系统性保障，助力打造高品质民生福祉，助推经济社会高质量发展。

"廊坊经验"注重推动部门绩效整体提升，让"花钱问效"成为常态。 部门是预算绩效管理的主体，也是预算绩效管理的基本载体。为了提高部门整体预算的配置效率和使用效益，2021年，廊坊市率先开展部门整体全过程绩效管理，较早地开展部门整体预算绩效评估，形成了部门整体预算绩效管理事前、事中和事后的闭环。廊坊市鼓励各部门建立绩效导向的管理机制，强调整体绩效的提升和评价；注重激励和奖励机制的完善，鼓励部门之间相互学习和合作，通过部门间的合作与协同，促进资源的充分利用和协同效应的产生，提高整体绩效。通过设立奖励制度，表彰在整体绩效方面取得优异成绩的部门，激发了部门的积极性和创造力。

为了全面概括和总结预算绩效管理"廊坊经验"的内涵、演变、措施和成效，中央财经大学联合廊坊市财政局成立课题组，经过近四年的长期追踪和研究，撰写完成了《预算绩效管理的"廊坊经验"》，系统展示了廊坊市建立"全方位、全过程、全覆盖、全成本、全融合"的"五全"预算绩效管理体系的形成、发展和运行过程。

全书共七章，中央财经大学党委副书记、校长马海涛教授，政府管理学院曹堂哲教授和王红梅教授会同廊坊市财政局负责对编写内容进行反复修改和总纂，汪爱武、徐晓阳、李利全程参与了大纲设计、资料收集、调研访谈、进度跟踪等工作。各章分工完成情况如下：第一章由曹堂哲、王梦琦、李利撰写；第二章由徐晓阳、李利撰写；第三章第一节、第二节由徐晓阳、李利、许胜楠撰写，第三节由曹堂哲、张悦、石秋英撰写；第四章由曹堂哲、张悦、石秋英撰写；第五章由徐晓阳、李利、李小凤撰写；第六章由王红梅、孙静、尹燕斌撰写；第七章由王红梅、孙静、莫雁羽撰写。

各章内容不求面面俱到，重点选取了"廊坊经验"的重大创新贡献作为章标题，各章中的每一节概括一个创新点，每个创新点按照"背景、问题、举措、经验创新和成效"的逻辑展开。本书的写作还引入了长期追踪的田野调查方法，章节作者大多参与了廊坊市重大改革实践，并以专栏形式插入了对改革亲历者的访谈，还原了改革实践的生动场景。

本书特别感谢廊坊开发区党工委副书记、管委会主任姚振辉同志，他在任廊坊市财政局局长期间，完成了廊坊市预算绩效管理工作的起步、发展和创新提高，用其30余年财政工作经验，为"廊坊经验"奠立了坚实基础。在研究和写作过程中感谢所有参与廊坊预算绩效管理改革实践的第三方机构和专家学者，为本书的写作长期持续地贡献了他们的咨询成果、宝贵智慧。

本书作为中央财经大学"预算绩效管理教学与研究系列丛书"地方实践系列中市县预算绩效管理实践总结的第一本，既可以作为财经类院校的研究生教学用书，也可以供从事预算绩效管理专业领域的人员学习参考，同时对于关注国家治理体系和治理能力现代化的公务人员和社会大众来说也是一本有益的参考读物。

衷心感谢中国财政经济出版社编校人员的辛勤付出，因他们的大力支持而使本书得以顺利出版。本书编写过程中虽然我们已经付出了巨大的努力，由于受各种客观因素影响和作者水平限制，书中难免有疏漏和不足，恳请同行和读者批评指正。

马海涛

2024年3月

目 录

第一章　市县预算绩效管理"廊坊经验"概述　1

第一节　"廊坊经验"诞生的背景　2

第二节　"廊坊经验"的演变与发展　16

第三节　"廊坊经验"的创新和成效　37

第二章　系统推进"五全"预算绩效管理体系　47

第一节　高效有力的组织体系　48

第二节　系统完备的制度体系　58

第三节　专业规范的技术体系　71

第四节　完善的支撑保障体系　76

第五节　各具特色的县域推进模式　85

第三章　事前绩效评估与竞争性分配"携手共进"　99

第一节　下好事前绩效评估"先手棋"　100

第二节　创新绩效目标管理　112

第三节　引入竞争性分配机制　121

第四章　财政预算绩效管理引入成本"基因"　133

第一节　项目成本绩效分析与支出标准建设　134

第二节　部门整体成本绩效分析试点　143

　　　　第三节　全过程成本预算绩效管理指引　　156

第五章　财政运行综合绩效评价向全过程"闭环"延伸　　165

　　　　第一节　廊坊市财政运行综合绩效评价　　166
　　　　第二节　廊坊市财政运行综合绩效目标管理　　180
　　　　第三节　廊坊市财政运行综合绩效评价支撑财政管理改革　　198

第六章　重大政策和项目预算绩效管理嵌入政府治理"大循环"　　205

　　　　第一节　廊坊市重大政策和项目预算绩效管理的背景与演变　　206
　　　　第二节　廊坊市重大政策和项目预算绩效管理体系　　212
　　　　第三节　廊坊市重大政策和项目预算绩效管理的创新和成效　　231

第七章　部门整体预算绩效管理从评价"独角戏"到管理"大合唱"　　237

　　　　第一节　部门整体预算绩效管理发展演变与体系建设　　238
　　　　第二节　部门整体项目事前绩效评估　　246
　　　　第三节　部门整体绩效运行监控　　254
　　　　第四节　部门整体绩效评价　　262

附录一　"廊坊经验"的亲历者感言　　275

附录二　廊坊预算绩效管理大事记　　283

图表目录

图目录

图1-1	全方位、全过程、全覆盖预算绩效管理体系	5
图1-2	廊坊市"五全"预算绩效管理体系	38
图2-1	廊坊市财政局工作专班成立情况	53
图2-2	廊坊市财政局局内各科室具体分工	53
图3-1	廊坊市2019—2023年事前绩效评估创新举措演变	107
图3-2	廊坊市2019—2023年绩效目标管理创新举措演变	118
图3-3	廊坊市近10年教育支出	123
图4-1	部门整体成本预算绩效分析思路	146
图4-2	部门整体成本预算绩效分析技术路线	147
图4-3	A部门职能与人员、公用、项目投入对应情况	148
图4-4	全方位成本预算绩效管理格局	159
图4-5	全过程成本预算绩效管理链条	160
图5-1	财政运行综合绩效评价框架	174
图6-1	廊坊市重大政策和项目预算绩效管理的发展历程	211

图6-2　廊坊市新增及重点政策和项目事前评估流程　214

图6-3　廊坊市中期绩效评估流程　219

图6-4　廊坊市重大政策和项目重点评价准备阶段工作流程　223

图6-5　廊坊市重大政策和项目重点评价实施阶段工作流程　224

图7-1　廊坊市部门整体项目事前绩效评估过程示意图　248

图7-2　廊坊市部门整体绩效运行监控过程示意图　258

图7-3　廊坊市部门整体绩效评价开展流程　265

表目录

表1-1　廊坊市一般公共预算收支形势　11

表2-1　廊坊市预算绩效管理制度办法一览表　62

表2-2　廊坊市预算绩效管理具体操作规程一览表　72

表2-3　专家参与预算绩效工作质量考评表　82

表2-4　第三方机构评价考核　83

表3-1　《廊坊市市级事前绩效评估管理办法》修订前后比较　105

表3-2　廊坊市两项绩效目标管理办法不同点一览表　115

表3-3　将成本预算绩效分析纳入竞争性分配评审指标　130

表4-1　A部门各项产出资金投入情况　150

表4-2　A部门整体支出标准　151

表5-1　财政运行综合绩效指标模板　182

表5-2　某县财政运行绩效指标（以2023年度为例）　189

表6-1	廊坊市事前绩效评估评分指标体系	215
表6-2	《廊坊市市级政策和项目绩效评价管理办法》修订前后比较	221
表6-3	政策绩效评价指标体系框架	225
表6-4	项目绩效评价指标体系框架	228
表7-1	廊坊市预算绩效管理制度办法一览表	239
表7-2	《廊坊市市级事前绩效评估管理办法》和《廊坊市市级预算绩效目标管理办法》修订前后比较	241
表7-3	《廊坊市市级部门整体绩效评价管理办法（试行）》修订前后比较	243
表7-4	廊坊市年度部门整体绩效自评复核表	267

第一章
市县预算绩效管理"廊坊经验"概述

第一节 "廊坊经验"诞生的背景

预算绩效管理改革的"廊坊经验"是时代的产物;河北省绩效预算改革为其提供了丰厚的沃土;在财政紧平衡形势下,着力提高财政资金的配置效率和使用效益、强化部门绩效自觉性等紧迫问题是"廊坊经验"的出发点;勇于探索、不断推陈出新是"廊坊经验"形成的"催化剂"。

一、预算绩效管理的改革是"廊坊经验"诞生的时代要求

预算绩效管理是以"预算"为对象开展的绩效管理,也就是将绩效管理的理念和绩效管理的方法贯穿预算编制、执行、监督的全过程,并实现与预算管理有机融合的预算管理模式。[①]预算绩效管理是政府绩效管理的重要组成部分,是一种以支出结果为导向的预算管理模式。它强化政府预算为民服务的理念,强调预算支出的责任和效率,要求在预算编制、执行、监督的全过程中更加关注预算资金的产出和结果,要求政府部门不断改进服务水平和质量,花尽量少的资金、办尽量多的实事,向社会公众提供更多、更好的公共产品和公共服务,使政府行为更加务实、高效。[②]

我国预算绩效管理的改革先后经历了从预算绩效评价,到全过程预算绩效管理,再到全面实施预算绩效管理的演变:预算绩效管理过程实现了从事后评价向前端移动形成闭环;主体从财政部门主导到多主体联动;范围从项目向政策、部

---

① 财政部预算司:《全过程预算绩效管理基本知识问答》,经济科学出版社2013年版,第1页。
② 《关于推进预算绩效管理的指导意见》(财预〔2011〕416号)。

门整体、政府层面拓展。纵观预算绩效管理的整个改革历程，从"萌芽""试点"到"全过程"最后到"全面"，改革目标基本实现，取得了显著成效：全方位格局初步成型、全过程链条基本贯通、全覆盖体系不断健全，对绩效管理的认知不断加深，顶层制度不断完善，各部门绩效责任意识基本建立；预算绩效管理既推动现代预算制度的建立，也提高了资源配置效率和使用效益，为经济高质量发展提供了重要支持和保障。

（一）预算绩效评价阶段（2000—2011年）

20世纪初以来，随着部门预算、政府采购、国库集中支付等公共财政改革的推进，对支出绩效的关注开始提上议事日程。我国预算绩效管理是从预算执行完成后的绩效考评与评价开始的。2000年，根据财政部安排，湖北省财政厅率先在恩施土家族苗族自治州选取5个行政事业单位进行了评价试点。2003年，党的十六届三中全会通过的《关于完善社会主义市场经济体制若干问题的决定》要求"建立预算绩效评价体系"。同期，中央部门和地方开始了绩效考评试点，制定了一系列绩效考评管理办法。经过多年的探索，2011年4月，财政部印发《财政支出绩效评价管理暂行办法》（财预〔2011〕285号），修订后的办法成为这一阶段探索的总结，并成为今后一个时期（2011—2020年）绩效评价的基本制度遵循。

（二）预算绩效管理试点阶段（2011—2017年）

2008年党中央、国务院提出实行政府绩效管理制度，将绩效"考核、评估"拓展为绩效"管理"。2008年党的十七届二中全会通过的《关于深化行政管理体制改革的意见》指出："推行政府绩效管理和行政问责制度。"2011年国务院建立了原监察部牵头的政府绩效管理工作部际联席会议制度，同年4月，国务院召开第一次政府绩效管理工作部际联席会议，随后监察部牵头印发了《关于开展政府绩效管理试点工作的意见》，决定由财政部进行财政预算资金绩效管理试点。此后，预算绩效管理推进步伐明显加快。

这一阶段我国的预算绩效管理工作仍处于起步阶段，存在一些亟待解决的问题：绩效理念还未牢固树立，"重分配、轻管理，重支出、轻绩效"的思想还一定程度存在；绩效方面的法律法规相对缺失，统一的工作规划尚未制定，管理制度体系仍不健全，相关办法不具体、不细化、不系统，对预算绩效管理的保障支撑不强；绩效评价主体单一，第三方评价欠缺，绩效评价的公信力和权威性有待提高；全过程预算绩效管理还刚刚实行，绩效目标编制仍没有实质突破；基础管理工作比较薄弱，指标体系、信息系统、人员队伍、专业绩效评价机构建设等相对滞后，制约了绩效管理工作的深入开展；预算绩效管理试点面偏小、范围偏窄、进展不平衡，试点工作在省级开展的较多，市、县级开展的较少；激励约束机制不够健全，评价结果与预算安排还未有机结合，优化、促进预算管理的作用尚未充分体现。总体上看，预算绩效管理工作与党中央、国务院的要求和社会各界的期望还存在一定的差距，亟须统筹规划、协调推进。①

针对上述问题，这一阶段改革围绕"规划""法律框架"和"制度体系"不断完善全过程预算绩效管理体系。2011年7月，财政部发布《关于推进预算绩效管理的指导意见》（财预〔2011〕416号），明确了建立"覆盖所有财政性资金，贯穿预算编制、执行、监督全过程的具有中国特色的预算绩效管理体系"的工作目标。随后财政部印发了《预算绩效管理工作规划（2012—2015年）》，明确了今后一段时间要"建立机制""完善体系""健全智库""实施工程"等重点工作。2014年8月，十二届全国人大常委会第十次会议表决通过修改《预算法》的决定，修订后的《预算法》首次以法律形式明确了财政预算绩效管理要求，奠定了预算绩效管理的法律基础。2014年10月，国务院发布《关于深化预算管理制度改革的决定》（国发〔2014〕45号），提出要"健全预算绩效管理机制"，为预算绩效管理改革的深化指明了方向。

期间，《预算绩效评价共性指标体系框架》（财预〔2013〕53号）、《中央部门预算绩效目标管理办法》（财预〔2015〕88号）、《中央对地方专项转移支付绩效目标管理暂行办法》（财预〔2015〕163号）、《关于开展2016年度中央部门项目支出绩效目标执行监控试点工作的通知》（财办预〔2016〕85号）、《财政管理绩效考核与激励暂行办法》（财预〔2016〕177号）等文件的印发，拓展了绩效管理范围，强化了绩效目标管理，加强了结果应用，基本形成了全过程的预算绩效管理链条。

（三）全面实施预算绩效管理阶段（2017年至今）

财政是国家治理的基础和重要支柱，全面实施预算绩效管理是建立现代财政制度的重要组成部分。党中央、国务院对此高度重视，2017年习近平总书记在党的十九大报告中强调，要加快建立现代财政制度，建立全面规范透明、标准科学、约束有力的预算制度，全面实施绩效管理。时任总理李克强提出，要将绩效管理覆盖所有财政资金，贯穿预算编制、执行全过程，做到"花钱必问效、无效必问责"。

党的十八大以来，按照党中央、国务院有关要求和预算法规定，财政部积极深化预算绩效管理改革，财政资金使用绩效不断提升，中央财政已经初步构建起以项目支出为主的一般公共预算绩效管理体系，部分地方也结合实际作出有益探索，为

---

① 财政部关于印发《预算绩效管理工作规划(2012—2015年)》的通知（财预〔2012〕396号）。

全面实施预算绩效管理奠定了良好基础。但也要看到，现行预算绩效管理中仍然存在一些突出问题，主要是绩效理念尚未牢固树立，绩效管理广度和深度不足，绩效激励约束作用不强，预算绩效管理对提高财政资源配置效率和使用效益的作用没有得到充分发挥。①

针对预算绩效管理中存在的突出问题，2018年7月6日，中央全面深化改革委员会第三次会议审议通过《关于全面实施预算绩效管理的意见》，2018年9月，《中共中央 国务院关于全面实施预算绩效管理的意见》（中发〔2018〕34号）（以下简称《意见》）正式发布，《意见》指出，力争3—5年时间内基本建成全方位、全过程、全覆盖的预算绩效管理体系，实现预算和绩效管理一体化，如图1-1所示。《意见》力争以全面实施预算绩效管理为关键点和突破口，推动财政资金聚力增效，提高公共服务供给质量。这是推进国家治理体系和治理能力现代化的内在要求，是增强政府公信力和执行力、提高人民群众满意度的有效途径，是建设高效、责任、透明政府的重大举措。②

2018年11月财政部印发《关于贯彻落实〈中共中央 国务院关于全面实施预算绩效管理的意见〉的通知》（财预〔2018〕167号），提出全面实施预算绩效管理的路径与总体目标，即到2020年年底中央部门和省级层面要基本建成全方位、全过程、全覆盖的预算绩效管理体系，既要提高本级财政资源配置效率和使用效益，又要加强对下转移支付的绩效管理，防止财政资金损失浪费；到2022年年底市县层面要基本建成全方位、全过程、全覆盖的预算绩效管理体系，做到"花钱必问效、无效必问责"，大幅提升预算管理水平和政策实施效果。

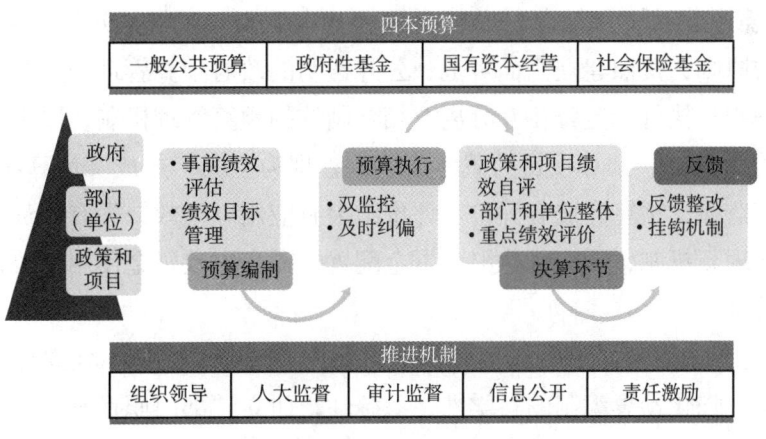

图1-1 全方位、全过程、全覆盖预算绩效管理体系

---

①② 财政部有关负责人就贯彻落实《中共中央 国务院关于全面实施预算绩效管理的意见》答记者问，新华网，2018年9月25日。

二、河北省绩效预算改革是"廊坊经验"成长的沃土

（一）河北省预算绩效管理改革的发展历程

1. 试点推进阶段（1998—2009年）

早在1998年河北省率先进行了部门预算管理改革之后，河北财政人就开始思考下一步预算改革的方向和实现路径。在学习美国伊利诺伊州《政府绩效和成果法案》和预算管理的经验后，结合国内和河北省实际，于2004年出台了《省级绩效预算改革方案》，推出了改革试点计划。①

2. 深化推进预算绩效管理（2010—2014年）

2010年，根据财政部《关于加强预算绩效管理的指导意见》统一部署，河北省印发了《关于深化推进预算绩效管理的意见》，将重点放在抓好绩效评价等方面。②

3. 绩效预算改革（2014—2017年）

党的十八大以来，财税体制改革不断向纵深推进。围绕全面落实中央改革要求，2014年，河北省政府印发了《关于深化绩效预算管理改革的意见》（冀政〔2014〕76号）（以下简称《改革意见》），明确了改革的总体目标、基本原则、主要内容、时间节点和工作要求，并明确将绩效预算改革推进情况纳入对部门的年度目标考核。同时，省政府专门召开会议，对改革工作进行动员部署，确保三年内改革在省市县全部到位。③

《改革意见》确立了改革的总体目标和基本原则。坚持绩效导向、整体设计、全面推进的原则，按照建立全面规范、公开透明的政府预算管理制度要求，坚持和完善预算编制、执行、监督相互分离、相互制约的预算管理机制，以规范的绩效预算管理结构为基础、预算项目为载体、绩效管理为主线，形成"预算编制有目标、预算执行有监控、预算完成有评价、评价结果有应用、绩效缺失有问责"的全过程绩效预算管理新机制，切实优化财政资金配置，提高财政资金使用绩效，促进政府管理效能提升。

《改革意见》明确了绩效预算改革的主要内容，包括：（1）建立规范的绩效预算管理结构。强化预算编制的科学性、系统性，建立"部门职责—工作活动—预算项目"三个层级的绩效预算管理结构。（2）建立科学的绩效目标指标体系。与绩效预算管理结构相对应，建立三级绩效目标指标管理体系。（3）改进财政预算审核方式。将绩效目标指标审核作为安排预算的前提。财政预算审核的重点由过去直接审

---

①②③ 涂成：《一次从理念到实践的系统性重构——绩效预算改革的河北经验》，《新理财(政府理财)》2017年第11期。

项目，转为先审部门职责绩效目标与政府工作部署的匹配性。（4）实行项目全程跟踪管理。构建一体化的政府预算管理信息系统，实现预算管理从单一的资金指标维度，向预算项目和资金指标两个维度的转变。强化预算项目库管理。（5）加强预算执行绩效监控。把绩效运行作为财政预算执行监控的主要内容之一。（6）强化绩效预算监督评价。财政监督的重点由合规性检查，转向绩效监督和绩效评价。采取部门自评与财政评价相结合的方式，全面开展绩效评价。

同时，《改革意见》明确了保障措施，包括加强组织领导、稳步推进实施、夯实工作基础、加强宣传培训等方面的内容。

4. 全面实施预算绩效管理（2018年以来）

2018年以来，按照党中央国务院部署，河北省预算绩效管理改革再出发。2018年年底河北省委、省政府印发《关于全面实施预算绩效管理的实施意见》（冀发〔2018〕54号），该意见提出，2019年省市县三级要全面实施预算绩效管理，到2020年，全面建成全方位、全过程、全覆盖的预算绩效管理体系，形成制度完善、管理规范、运转高效的预算绩效管理机制。

2019年3月河北省财政厅印发《河北省财政厅关于全面实施预算绩效管理推进工作实施方案》（冀财预〔2019〕21号），要求"2020年，在省市县三级全面开展对标活动，引领带动全省预算绩效管理深入推进"，廊坊市作为省级重点打造的12个示范典型，成为河北省绩效管理试点单位。同时该方案还确定廊坊市要在教育领域实现预算绩效管理重点突破。

（二）河北省全面实施预算绩效管理改革的体系设计[①]

河北省建立了"1+1+N"的制度体系，形成了顶层设计、工作实施方案和配套制度一体的全面实施预算绩效管理体系。

1. 第1个"1"指《关于全面实施预算绩效管理的实施意见》

河北省认真贯彻落实党中央国务院重大战略部署，河北省委、省人民政府结合本省实际，在全国率先一批印发了《关于全面实施预算绩效管理的实施意见》（冀发〔2018〕54号）（以下简称《实施意见》），提出了河北省预算绩效管理"五个体系"的制度设计，即政府预算绩效管理体系、部门预算绩效管理体系、政策和项目预算绩效管理体系、管理支撑体系、管理责任体系，形成系统整体的预算绩效管理框架。全方位即构建政府预算、部门预算、政策和项目预算三位一体的绩效管理格局；全过程即打造事前、事中、事后有机衔接的管理链条；全覆盖即对一般公共预

---

① 廊坊市财政局、北华航天工业学院联合课题组：《新时代市县预算绩效管理改革实践——河北省廊坊市预算绩效管理试点工作纪实》，经济管理出版社2022年版，第12-15页。

算、政府性基金预算、国有资本经营预算、社会保险基金预算等所有财政资金，全部实施绩效管理。

一是，构建政府预算绩效管理体系，要求将各级政府收支预算全面纳入绩效管理，全面提高政府预算配置效率。实施政府财政运行综合绩效评价，省级研究制定对市级财政运行综合绩效评价的具体实施办法，重点评价收支预算编制、年度预算执行、财政收入质量、支出结构优化等情况，综合评价结果报省政府审定后在全省通报。

二是，实施部门（单位）预算绩效管理体系，要求将部门和单位预算收支全面纳入绩效管理，赋予部门和资金使用单位更多的管理自主权，结合重大发展战略、部门和单位职责、行业发展规划，以预算资金管理为主线，衡量部门和单位整体及核心业务实施效果，推动提高部门和单位整体绩效水平。各部门在年度预算编制时，要科学设定部门年度整体绩效目标，并对绩效目标实现程度和预算执行进度实行"双监控"。年度预算执行终了，各部门各单位要对预算执行情况开展绩效自评，各级财政部门要逐步开展部门整体绩效评价。

三是，实施政策和项目预算绩效管理，要求将政策和项目全面纳入绩效管理，从数量、质量、时效、成本、效益等方面，综合衡量政策和项目预算资金使用效果。对实施期超过1年的重大政策和项目实行全周期跟踪问效，建立动态评价和调整完善机制。建立重大政策和项目事前绩效评估机制，评估结果报本级政府作为决策依据，并作为申请预算的必备要件。在部门全面自评基础上，各级财政部门建立重大政策、项目预算绩效重点评价机制，重点评价政策和项目实施的精准性、有效性、科学性。

四是，强化绩效结果运用，推动绩效考核结果与资金安排、政策调整、干部绩效及干部选拔任用等结合，确保预算绩效管理取得实效。《实施意见》提出"三挂钩、两纳入"机制，即对下级政府财政运行综合绩效与财力补助分配挂钩，将部门整体绩效与部门预算安排特别是专项业务经费安排挂钩，将政策、项目绩效评价与预算安排和政策调整挂钩；同时，将预算绩效结果纳入政府绩效和干部政绩考核体系，作为领导干部选拔任用、公务员考核的重要参考，以进一步强化激励约束作用。

五是，硬化责任约束，从党委和政府主要负责人、部门和单位主要负责人、项目负责人三个层面明确各自承担的预算绩效责任。《实施意见》明确各级政府和各部门各单位是预算绩效管理的责任主体。各级党委和政府主要负责同志对本地预算绩效负责，部门和单位主要负责同志对本部门本单位预算绩效负责，项目责任人对项目预算绩效负责，对重大项目的责任人实行绩效终身责任追究制。

2. 第2个"1"指《河北省财政厅关于全面实施预算绩效管理推进工作实施方案》

为了将河北省省委、省人民政府的决策部署落到实处,河北省财政厅率先印发了《河北省财政厅关于全面实施预算绩效管理推进工作实施方案》(本章以下简称《方案》)。《方案》成为河北省和廊坊市推动预算绩效管理的行动指引,主要内容如下:

一是,部署了"五个体系"。《方案》按照河北省委、河北省人民政府《关于全面实施预算绩效管理的实施意见》(冀发〔2018〕54号)的要求,部署了河北省预算绩效管理改革"五个体系"的具体实施路径,将预算绩效管理从项目层面拓展到政府预算、部门预算、政策和项目预算全面纳入,包含政府性基金预算、国有资本经营预算等所有财政资金,突出实施事前、事中、事后全过程管理,实现了重大突破。并对管理支撑体系、管理责任体系做了具体部署。

二是,明确了具体改革举措。《方案》从工作目标、建立预算绩效管理制度体系、建立预算绩效标准体系、推动各项举措全面落地、抓好重点培育示范引领、推动市县改革落地提质、强化预算绩效管理支撑、加强组织保障八个方面提出改革举措,聚焦工作重点难点,系统谋划综合管理、绩效监控、绩效评价4个方面16项制度办法。

三是,明确了改革试点和重点。《方案》提出了预算绩效管理制度清单、省级推进重点示范单位名单、省级部门预算绩效管理重点专项资金清单、市级预算绩效管理重点突破领域。《方案》确定了12个省级重点联系指导单位,形成了"三个一"思路,即每个省级部门突出抓好一个专项资金,每个市突出抓好一个支出领域,每个县突出抓好一个预算部门,确保预算绩效管理延伸至基层单位和资金使用终端。在此方案中廊坊市被确定为重点试点单位和教育领域改革试点。

3. "N"指河北省预算绩效管理改革的配套制度

为了加快建立"三全"预算绩效管理体系,河北省按照绩效引领、制度先行的改革思路,注重从顶层、从根本上来研究设计预算绩效管理实现路径和方式,省级先后出台20项制度办法规范,形成以省委省政府《关于全面实施预算绩效管理的实施意见》和若干配套办法构成的制度体系,各市县也围绕预算绩效管理流程制定相关制度办法2000余项,推动全省预算绩效管理步入制度化、规范化、科学化轨道。2019年8月,省级首先出台了《河北省省级部门预算绩效管理办法》《河北省省对下转移支付资金绩效管理办法》2项综合性、基础性制度,贯穿预算管理的各环节,覆盖部门管理使用的所有预算资金。围绕预算绩效管理各个环节和主要内容,2019年接连出台了《河北省省级部门事前绩效评估规范》《河北省省级部门预算绩效目标设定规范》《河北省省级部门绩效运行监控工作规程》《河北省省级部门预算项目绩效自评管理办法》和《河北省省级预算绩效重点评价管理办法》《河北省财政厅关于加强和改进预算绩效重点评价工作进一步提高评价质量的意见》6项制度，对预算绩效管理流程和各环节进行了规范。制定了《河北省财政厅预算绩效管理工作规程》《河北省省级部门预算绩效管理工作考核办法（试行）》《河北省市县财政部门预算绩效管理工作考核办法（试行）》《河北省省级部门委托第三方机构参与预算绩效管理办法》4项配套制度，为各项改革措施落地提供了制度保障。出台了《河北省社会保险基金预算绩效管理实施办法》《新增政府债券项目和资金绩效管理指导意见》《河北省省级政府采购绩效管理办法（试行）》《河北省省级政府和社会资本合作（PPP）项目绩效管理操作指引》《省级政府投资引导基金绩效评价办法》《河北省省级行政事业性国有资产绩效评价办法（试行）》《河北省政府购买服务第三方绩效评价实施暂行办法》7项制度办法，拓展了预算绩效管理覆盖范围。2022年，根据财政部新的考核办法，对市县和省级部门考核办法进行了修订，印发了《河北省市县财政管理绩效考核办法》和《河北省省级部门预算管理绩效考核办法》，并根据新的考核办法，对市县开展了考核。

上述制度办法为河北省推动预算绩效管理奠定了坚实基础。

三、解决廊坊市的财政治理问题是"廊坊经验"的出发点

财政是国家治理的基础和重要支柱，全面实施预算绩效管理，是落实以人民为中心的发展思想的必然要求。"廊坊经验"具有鲜明的问题导向、目标导向和结果导向。廊坊市作为河北省试点，以"优结构、提质效、促发展"为总目标，在建立"全方位、全过程、全覆盖"体系基础上，全面推进预算与绩效"双融合"，创新推动部门整体绩效管理与成本绩效评价"双突破"，不断提高财政资金使用效益，持续优化财政支出结构，将有限的财力集中用于全市的大事要事，聚力支持市委、市政府重大决策部署和民生改善。"廊坊经验"表明：预算绩效管理能有效解决财政治理问题，提高财政资金的配置效率和使用效益，提高政府治理能力和现代化水平。

（一）财政收支形势严峻

廊坊市地处京津冀协同发展最前沿，在河北省发展大局中有着举足轻重的地位。但近几年受宏观经济、减税降费、去产能调结构等多重因素叠加影响，廊坊市收入组织工作压力倍增，特别是民生保障、生态治理等刚性支出不断增长，收支将

长期处于"紧平衡"状态。2017年到2022年一般公共预算收支缺口平均在188.5亿元，2022年收支缺口较往年有所下降，但是形势依然严峻，如表1-1所示。

表1-1 廊坊市一般公共预算收支形势

年份	一般公共预算收入（亿元）	一般公共预算支出（亿元）	收支缺口（亿元）
2017	367.6	561.5	-193.9
2018	354.7	535.8	-181.1
2019	383.8	555.5	-171.7
2020	413.6	568.0	-154.4
2021	390.5	642.5	-252.0
2022	418.0	595.8	-177.8

资料来源：根据廊坊市财政局官网信息公开专栏，历年决算报告。

一是，收入可持续难度加大。2021年年底，廊坊市税收收入占一般公共预算收入比重（66.7%）为历年来最低点，收入质量明显下降，可持续性减弱。同时，房地产税收支撑显著减弱，税收增长仍相对依赖于传统行业，新旧动能转换过程中新兴产业的支撑力不够强，高质量的优质税源企业数量不够多，实体经济支撑力不足，财政收入组织异常艰难。

二是，支出保障规模增长，收支矛盾尖锐。预算绩效管理改革前廊坊市部分民生保障标准位居全省高位，"三保"保障基数较大，加之争取的政府债务额度大幅增加，还本付息压力激增。京津冀一体化发展，城市化进程加快，城市基础设施建设和改善的需求日益增长；大气污染治理、淘汰过剩产能、临空经济区规划建设等方面带来大幅增支，这些都大大增加了财政支出保障的压力。解决收支矛盾的重要途径之一就是从支出端发力，通过全面实施预算绩效管理，向绩效要财力。

（二）资金配置效率和使用效益有待提高

在廊坊市推动预算绩效管理改革之前，各部门、各单位在预算管理过程中或多或少存在"重要钱、重分钱、轻管钱、轻效益"等资金配置效率和使用效益不高等问题。主要表现在以下方面：

一是，项目入库绩效"关口"不严。改革前，廊坊市尚未建立完备的事前绩效评估机制，项目入库的绩效"关口"不严，存在有些项目需求不迫切，资金预期效益不高；项目资金测算不合理，投入经济性差；项目实施方案、中长期规划不健全，总体目标模糊或难以实现；部分补助政策针对性不足，全过程追踪管理机制不健全，存在"撒芝麻盐"、重复奖补等问题。

二是，项目实施的竞争性不足。改革实施前，一些领域资金存在只增不减、资金使用固化、同类项目重复投入、预算安排缺少"优中选优"的竞争机制等问题。比如教育投入缺乏整体规划和集中统筹，很多同类项目重复投入，"重投入、轻管理、少问效"，存在财政资金低效无效、闲置沉淀、损失浪费等问题。

三是，"成本"虚化的问题。改革之前，廊坊市尚未建立成本预算绩效管理制度，各部门在申报项目时不同程度存在绩效目标粗放、成本核算不清、支出标准不一等预算申报虚高、不细、不实等问题，如一些政府购买服务类项目预算申报中，既申报了人员费用，又申报了相关设备费用，将采购货物与购买服务项目打捆申报，且项目资金投入经济性较差，预算申报价格过高，存在重复申报等问题。亟须推进预算绩效评估、评审改革，推动事前评估与成本绩效分析融合。

四是，预算执行效率低的问题。一些项目存在执行效果差、执行难等问题。有些项目由于决策过程不科学、实施方案不完整，项目执行缓慢，投入较大却收效甚微；有些项目执行严重滞后，导致资金沉淀和资金结余结转多等难题。

五是，资金管理规范性有待提高的问题。个别部门存在一些资金管理方面的突出问题。比如有些部门财务账目不够完整、不够规范、专业水平有待提高；有些部门在部门整体绩效自评复核中提供的资料不全，管理制度不够完善等；部分专项资金存在管理差、项目利用率低，各个项目之间相互调剂使用，资金调整随意等。

（三）部门绩效意识不强

在全面实施预算绩效管理之前，全方位预算绩效管理格局尚未完全形成，部门（单位）预算绩效管理的主体责任意识尚不够清晰，对于面临的严峻形势认识还不够深，或多或少存在绩效意识不强、工作任务分工不明确、工作流程不完备、激励约束机制不健全等问题，尚未形成健全的责任机制，即"部门和单位主要负责同志对本部门本单位预算绩效负责，项目责任人对项目预算绩效负责，对重大项目的责任人实行绩效终身责任追究制，切实做到花钱必问效、无效必问责"。

综上所述，"廊坊经验"的诞生背景涉及财政收支形势、预算管理改革、部门绩效意识等多个方面。基于问题导向、目标导向的原则，廊坊市在事前评估、成本预算绩效管理、部门整体协作和财政运行等方面进行了积极探索，逐渐形成了独特的管理经验和模式，有效促进了廊坊市财政管理现代化，为预算绩效管理改革提供了宝贵的经验和启示。

四、不断推陈出新是"廊坊经验"形成的催化剂

按照党中央、国务院全面实施预算绩效管理的部署,近年来,全国各地不断探索创新,形成了预算绩效管理的特色做法,在提升预算绩效管理水平,实现资源的最优化配置和公共服务的高效提供方面取得了显著成效。比如,北京市创新全成本预算绩效管理模式,打造了预算绩效管理"北京模式"。浙江省对应"决策流—业务流—资金流"的"大事—政策—财力"三张清单,构建起了以绩效为核心,具有鲜明地方特色的集中财力办大事财政政策体系。广州市建立"全方位、全过程、全覆盖、全公开"的"四全"预算绩效管理体系体系。[①]山东省打造大绩效管理格局,横向上加快"一体化"融合;纵向上实现"上下级"贯通。[②]河南省鹤壁市以部门整体预算绩效评价指标为突破口,努力打造预算绩效管理"鹤壁方案"。[③]

廊坊市从本地实际出发,保持开放的心态,采取"走出去,请进来"的策略,通过实地考察和学习、专家咨询和授课、研读政策和案例等方式,积极主动、持续地吸收、融汇各级政府各类绩效管理实践经验,集百家之长、为我所用,结合廊坊实际,而不是机械照搬其他省市的经验,与本地实际相结合,推陈出新,进行创新实践,推进相关工作。

(一)四市考察,系统谋划思路

2019年3月,廊坊市被确定为河北省全面实施预算绩效管理设区市试点和教育领域预算绩效管理重点突破试点,廊坊市财政局迅速成立了一支学习考察组,由主管副局长带队,赴广州、中山、绍兴、徐州四个城市进行学习考察。通过考察学习,廊坊市财政局系统性地了解了四个城市在全面预算绩效管理改革方面的先进经验和做法,同时也为廊坊市后续开展全面预算绩效管理工作提供了相关经验和借鉴。

(二)北京考察,破解事前难题

广州等四市考察回来后,廊坊市财政局又遇到一些难题,如事前绩效评估工作不扎实、县(市、区)级部门单位对预算绩效理念理解不深、绩效工作推进渐缓等问题。市财政局高度重视,由分管局领导带队,组织廊坊市管辖内的各县(市、

[①] 中国发展研究基金会、广州市财政局课题组:《现代国家治理中的全面预算绩效管理 广州市的探索与经验》,中国发展出版社2020年版。
[②] 大众报业·大众日报客户端:《提前1年!山东建成"全方位、全过程、全覆盖"预算绩效管理体系》,2022年12月30日。
[③] 鹤壁市财政局:《先行先试 积极探索 努力打造预算绩效管理"鹤壁方案"》,2021年6月8日。

区）财政局主管局长和预算股长共计30人，来到北京市大兴区财政局进行观摩学习，并对县级预算绩效管理进行了深入交流。通过座谈交流，学习考察组了解到了北京大兴区在预算绩效管理制度建设、目标管理、事前评估、绩效跟踪、绩效评价、结果应用等方面的工作成果。赴北京大兴区考察结束后，市财政局趁热打铁，对廊坊市管辖内的各县（市、区）的预算绩效管理工作进行了工作安排。[①]

（三）结合本地，全面创新

随着廊坊市改革不断深入，廊坊市在借鉴经验的基础上，结合自身实际，往前再走一步，实现了推陈出新。

成本预算绩效管理方面，实现部门整体全过程成本预算绩效管理。廊坊市结合自身实际，在成本预算绩效管理方面实现了以下四点创新（详见第四章）：一是创新实施全成本预算绩效管理改革，将成本意识贯穿预算管理全过程；二是创新探索开展了部门整体支出成本绩效分析和全过程管理；三是首创编制了成本预算绩效管理指引；四是建立了以成本数据为基础的定额标准体系等。

事前评估和财政资金竞争性分配方面，首创评估、评审和成本绩效分析融合发展。按照"集中财力办大事"的要求，大胆实践探索，在以下方面实现了创新：一是率先将事前绩效评估和财政资金竞争性分配相结合，在事前绩效评估中引入成本效益分析等方法，运用预算参与和专家评审机制，在事前绩效评估阶段实现了竞争性分配，达到了优中选优，集中财力办大事的效果（详见第三章）；二是在财政政策制度方面建立了以绩效为核心的财政政策体系和资金管理机制，针对重点支出政策开展全周期绩效管理，清理调整低效支出政策，以充分发挥支出政策的社会效益、经济效益（详见第六章）。

部门整体支出绩效管理方面，首创部门整体事前评估和全过程成本绩效管理。2020年4月，廊坊市首次探索实施部门整体绩效管理，将项目事前绩效评估拓展到部门整体项目事前评估，建立了部门自评和财政复评相结合的部门整体支出绩效评价机制，推动部门建立了全方位、全过程自主开展整体预算绩效管理，实现了部门整体支出聚焦部门重点事项，为集中财力办大事提供了有效支撑（详见第七章）。

2021年廊坊市财政局首次开展部门整体支出成本分析工作，对市本级5所高中、市中心血站开展成本绩效管理改革试点，对试点学校五年来的历史数据进行分析，制定出6大类、50余项支出标准，2022年进一步对试点单位开展成本绩效监控，动态完善已出台的支出标准，建立部门整体成本绩效管理闭环，首创开展了部门整

[①] 廊坊市财政局、北华航天工业学院联合课题组：《新时代市县预算绩效管理改革实践——河北省廊坊市预算绩效管理试点工作纪实》，经济管理出版社2022年版，第27—31页。

体支出成本绩效分析和全过程管理。随后廊坊市财政局稳步扩大成本绩效的覆盖范围，选取市公安交警支队、市卫健委、市住建局等部门，分部门制定了部门整体成本绩效分析实施方案，强化了部门主体责任，将成本绩效引入部门整体预算绩效管理，并形成事前、事中和事后绩效管理闭环（详见第四章）。

财政运行综合绩效评价方面，首创财政运行综合绩效目标管理。在全国各地开展财政运行综合绩效评价的做法的基础上，廊坊市大胆创新，将财政运行综合绩效评价推向财政运行综合绩效管理，自2021年起，廊坊市组织开展了各县（市、区）财政运行综合绩效目标填报、审核等工作，在国内率先设定各市县财政运行综合绩效目标指标体系（详见第五章）。

在实施机制方面，实现了"五个融合"协同联动发展。在全国各地建立健全"全方位、全过程、全覆盖"预算绩效管理体系的基础上，廊坊市结合本市实际，系统推进"五全"预算绩效管理体系，更加强调"全成本"和"全融合"。尤其是"全融合"方面，实现了五个融合，即："全方位"与"全过程"制度融合、"全覆盖"与"全过程"制度融合、"全成本"与"全过程"制度融合、市县联动一体化融合、绩效结果深度融入预算管理。

第二节 "廊坊经验"的演变与发展[①]

按照中央、省、市全面实施预算绩效管理要求，廊坊市财政局紧紧瞄准预算和绩效管理一体化，从试点破题到扩面增量，从单项突破到体系构建，从模式创新到流程再造，基本建成了"五全"融合的预算绩效管理体系，显著推动财政资金聚力增效、预算管理水平提升。真正将各项绩效工作成果落实到实际应用上，大力压减低效、无效资金，提高财政资金使用效益，持续推动公共服务质量提升。"廊坊经验"的形成是一个不断创新和发展的过程。

一、2019年统筹规划年

2019年3月，廊坊市被确定为全省全面实施预算绩效管理设区市试点和教育领域预算绩效管理重点突破试点。

（一）考察学习，营造氛围[②]

2019年4月，廊坊市财政局迅速成立一支学习考察组，由主管副局长带队，赴广州、中山、绍兴、徐州四个城市进行学习考察。学习考察组在短短10天内与4个城市的财政部门就全面实施预算绩效管理的思路、政策、机制、举措等方面充分沟通交流，认真学习取经。通过此次考察学习，系统性地了解了4个城市在全面预算绩效管理改革方面的先进经验和做法，同时也为廊坊市后续开展全面预算绩效管理工作

[①] 本节的写作主要参考了廊坊市财政局历年（2019—2023年）预算绩效管理工作计划、工作总结，廊坊市预算绩效管理大事记，如无特殊说明，之后不再一一标注。

[②] 廊坊市财政局、北华航天工业学院联合课题组：《新时代市县预算绩效管理改革实践——河北省廊坊市预算绩效管理试点工作纪实》，经济管理出版社2022年版，第27-31页。

提供了相关经验和借鉴。在总结考察学习的经验之后，廊坊市财政局迅速行动、狠抓落实，提出廊坊预算绩效管理必须与廊坊市当前预算改革有机结合、同步推进，打造廊坊预算绩效管理工作亮点。

为了营造全员绩效的浓厚氛围，廊坊市财政局加强了培训学习。根据《廊坊市2019年预算绩效管理综合培训工作方案》，市财政局组织先后开展4期本地培训、4期外出培训、40期"一对一"辅导，基本完成2020年预算项目绩效目标指标填报申报工作。市财政局还邀请预算绩效管理资深专家，先后两次对全市及各县（市、区）相关部门和单位分管领导、财务负责人共计150余人次进行了专题培训。同时，新成立的预算绩效管理办公室开发了"寻绩问效在廊坊"公众号，以宣传全面实施预算绩效管理政策、预算绩效工作动态为主要内容，讲述廊坊市预算绩效改革成果，开设"实施绩效""学习绩效"和"参与绩效"三个专栏，加快形成"全员绩效"氛围。

（二）成立预算绩效管理委员会，精心组织实施

为保证绩效预算管理改革工作的顺利开展，廊坊市财政局作为本市改革牵头单位，高度重视对相关组织机构的设置，于2019年6月成立了"廊坊市财政局预算绩效管理委员会"及办公室，同时从全局抽调6名业务骨干组建预算绩效管理办公室，负责廊坊市预算绩效管理的组织、领导和协调工作，为后续全面推进预算绩效管理相关工作提供了组织保障。预算绩效管理委员会由市财政局局长任主任，5名副局长任副主任，预算科（预算审核中心、预算绩效科）、办公室、人教科、机关党委、国库科、行政政法科、教科文科、社会保障科、农业农村科等21个科室（单位）主要负责同志为委员会成员。预算绩效管理委员会的主要职责包括：统一组织领导财政局全面实施预算绩效管理工作，部署全面推进预算绩效管理制度建设的相关工作，指导和协调各部门各单位、各县（市、区）落实预算绩效管理各项要求。预算绩效管理委员会下设办公室，主管副局长兼任办公室主任，与预算科合署办公，进一步理顺了工作机制。

（三）高位统筹推动，明确蓝图方向

2019年7月，中共廊坊市委、廊坊市人民政府成立全市预算绩效管理领导小组，并联名下发《致市直各部门关于全面实施预算绩效管理工作的一封信》，进行了全员总动员。

2019年7月，廊坊市委、市人民政府印发了《关于全面实施预算绩效管理的实施意见》（廊发〔2019〕23号），从完善顶层设计、搭建制度框架，强化目标管理、

系统提质增效，保障重点评价、深化结果应用等方面入手，指明了未来工作的开展方向和着力点。

为了切实推进预算绩效管理的工作，廊坊市财政局按照构建"全方位、全过程、全覆盖"预算绩效管理体系的总体要求，制定了《全面实施预算绩效管理推进工作方案》（廊财预〔2019〕26号），明确了预算工作"任务书"，绘制了绩效改革"路线图"，定好了具体任务"时间表"。按照河北省委、省政府提出的"全面强化绩效理念，更加注重结果导向，突出强调成本效益，科学构建管理机制，切实硬化责任约束"总体思路，力争到2022年基本建成"全方位、全过程、全覆盖"的预算绩效管理体系。

（四）建立制度体系，奠定行动基础

廊坊市财政局2019年密集出台了系列办法：一是全过程方面，补齐预算绩效管理全过程缺失环节，印发了《廊坊市市级事前绩效评估管理办法（试行）》（廊财〔2019〕74号）、《廊坊市市级预算绩效目标管理办法（试行）》（廊财〔2019〕75号）、《廊坊市市级部门绩效运行监控管理办法（试行）》（廊财预〔2019〕56号）等。二是全方位方面，印发了《廊坊市市级部门预算绩效管理办法》（廊政〔2019〕34号）、《廊坊市市级部门整体绩效评价管理方法（试行）》（廊财预〔2019〕47号）、《廊坊市市级政策和项目绩效评价管理办法（试行）》（廊财预〔2019〕53号）、《廊坊市××（部门）预算绩效管理办法（参考模板）》（廊财预〔2019〕64号），转发了《河北省财政厅关于印发〈河北省省对下转移支付资金绩效管理办法〉的通知》等。三是工作考核方面，健全了预算绩效管理工作考核，印发了《廊坊市预算绩效管理工作考核办法（试行）》（廊财预〔2019〕54号）。四是第三方参与方面，规范了第三方参与预算绩效管理工作规范，印发了《廊坊市第三方参与预算绩效管理工作办法（试行）》（廊财〔2019〕72号）。上述制度办法为廊坊市预算绩效管理开好了局，奠定了进一步深化预算绩效管理的基础。

依据上述制度办法，2019年9月，廊坊市财政局开展了部门整体绩效评价及分行业分领域绩效指标及标准体系构建试点工作，开展了2019年市直部门绩效再评价工作。同年10月，廊坊市将事前绩效评估作为突破口和发力点，明确要求所有新出台政策和新增150万元以上项目必须开展事前绩效自评估。廊坊市财政局选取8个预算部门作为2018年度部门整体绩效评价及2019年分行业、分领域、分层次的核心绩效指标和标准体系构建工作的试点部门。2019年11月，廊坊市财政局召开生态环境局2020年部门整体项目事前绩效评估会议，开启了部门整体事前评估的探索创新。在事前评估中，廊坊市财政局邀请人大代表参与2020年市级事前绩效评估会，人大代表分别从预算监督和民主监督的角度出具独立评估意见，并作为事前评估报告的组成部分，进一步提高预算资金分配的科学性。同年，选取138个重点项目，每月开展预算执行进度监控。选取资金量大、社会关注度高的11个重点项目开展财政重点绩效评价，并选择6个涉及美丽乡村建设，科技创新等重点领域的政策，对2015—2017年资金投入开展绩效评价。

（五）健全工作机制，推动市县联动

2019年6月，廊坊市财政局建立五项机制，推动预算绩效管理市县同步，包括：建立预算绩效管理联络员机制、建立工作台账机制、建立工作报送机制、建立随机督导机制、建立定期通报机制。

为了提高市县联动效能，市财政局将全市分为北中南三个片区：三河市、大厂县、香河县为北片区；开发区、广阳区、安次区、固安县、永清县为中片区；霸州市、文安县、大城县为南片区。其中，大厂县、安次区和霸州市预算绩效改革工作发展较快、基础较好，被财政局选取用来打造样板工程。通过分片发展，典型示范，有效推进了试点工作。凭借突出的改革工作成效，廊坊市被河北省委改革办确定为全省第一批复制推广的典型改革经验，在2019年度全省预算绩效管理工作考核中，廊坊本级及9个县（市、区）均获得优秀及良好等次，受到河北省财政厅通报表扬。2020年，相关做法被确定为河北省第一批复制推广的典型经验。

（六）完善方案，推动教育领域预算绩效管理改革试点

廊坊市积极推动教育领域预算绩效管理重点突破试点工作。2019年11月，廊坊市财政局、廊坊市教育局印发《廊坊市义务教育领域部门整体绩效评价工作方案》，选取义务教育试点单位同步开展义务教育领域部门整体绩效评价，绩效评价对象为市本级及各县（市、区）分别选取初中和小学各一个，共23个单位。主要围绕2018年度部门整体支出开展，对整体绩效目标的设置情况、资金投入、预算执行和管理情况、为实现整体绩效目标所制定的制度、采取的工作措施、整体绩效目标实现情况及效果、开展预算绩效管理的情况等内容进行评价。

2019年11月，廊坊市财政局联合市教育局开展了竞争性资金分配的试点工作，竞争性资金分配包括发布工作指引、项目申报、资料初审、专家会审、部门审核和社会代表意见征集六个环节。

二、2020年夯基磊台年

2020年廊坊市财政局按照全面实施预算绩效管理要求，围绕预算与绩效管理"一体化"，将绩效理念和方法深度融入预算编制、执行、监督全过程，形成以项目支出为主的一般公共预算绩效管理体系，并拓展构建覆盖政府性基金预算、国有资本经营预算和社会保险基金预算的全方位、全过程、全覆盖预算绩效管理格局，为预算绩效管理改革向纵深推进夯实基础。2020年，廊坊市预算绩效改革被省委改革办确定为省内第一批复制推广的典型改革经验，在省财政厅组织的2019年度预算绩效考核中名列优秀等次第一名，各项工作走在了前列。

（一）补齐短板空缺，制度体系进一步完善

2020年廊坊市财政局基于预算绩效管理考评情况深挖绩效改革问题，针对问题，着重补齐制度短板。截至2020年年底，廊坊市财政局已先后出台了涵盖预算绩效管理各环节的19项制度办法，让全新的预算绩效管理改革有规可循。

2020年1月，廊坊市财政局组织开展2019年度市直部门和县级预算绩效管理工作考评。一项一项梳理，一件一件核实，认真开展一次"回头看"，市直部门考核结果作为2019年度市管领导班子和领导干部综合考核暨绩效管理考评工作中"预算绩效管理"指标打分的重要依据；县级考核形成专题报告，报告内容包括总体情况、成效、存在问题、原因分析及2020年工作打算。

针对绩效管理工作考评中存在的短板弱项，10月以来廊坊市财政局相继出台《廊坊市市级绩效结果应用管理办法（试行）》《廊坊市市级预算绩效信息公开管理办法（试行）》等文件，对绩效结果反馈整改、报告通报、挂钩预算、调整政策等相关应用方式进行固化和明确，对绩效信息公开的内容、方式、渠道作出了严格规定。根据以往第三方参与预算绩效工作中出现的种种问题，廊坊市财政局修订了《廊坊市市级第三方参与预算绩效管理工作办法》，进一步规范、完善和加强第三方管理，使之更好地为预算绩效工作服务。

（二）夯实部门责任，探索实施部门整体绩效管理

为了夯实部门预算绩效管理主体责任，推动部门发挥主观能动性，加快建立全方位、全过程、全口径的部门整体预算绩效管理体系，逐步提高部门自主开展整体预算绩效管理的工作能力和工作水平。2020年4月，廊坊市选取市场监督管理局、卫生健康委员会、生态环境局、农业农村局四个试点部门作为部门整体绩效管理试点，首次探索实施部门整体绩效管理改革。

2020年6月，廊坊市财政局印发《2020年部门整体绩效管理工作方案》，按照廊坊市2020年全面实施预算绩效管理工作计划，从2020年起，采取先试点、再扩面的方式，选取部分部门开展试点，逐步推进市直部门构建本部门预算绩效管理体系，提升各部门整体绩效管理水平。主要做法包括：以部门职责为切入点，构建部门整体绩效管理框架、全面梳理部门预算项目，构建部门所属行业领域指标库、组织开展绩效运行监控，辅导部门建立绩效运行监控工作机制、增强部门绩效管理主体责任意识等。2020年9月，廊坊市财政局开展2019年度部门整体绩效自评，对整体绩效目标指标设置、整体绩效自评表填报、整体绩效自评资料报送提出要求。自评工作完成后，财政部门结合部门自评得分及辅导情况，选取部分部门进行抽查复核，复核情况随同政府决算报送人大审议，并向社会公开。

2020年8月，廊坊市财政局印发《2021年部门整体项目事前绩效评估工作方案》，引入第三方力量开展部门整体项目事前绩效评估，强化部门主体责任，提高部门预算管理水平，减少预算编制不细化、预算申报随意性大、预算支出进度慢等问题。在对廊坊市生态环境局的事前绩效评估上，市财政局做了大胆的创新尝试，对该部门开展了既包括部门整体事前绩效评估，又包括信息化建设和医疗设备购置两个专项的事前绩效评估，总计评估资金8.32亿元，审减资金5.57亿元，审减率达到66.9%。通过开展部门整体事前评估，提高了市生态环境局部门整体预算管理规范性和资金使用效益，2020年廊坊市生态环境局整体预算执行率达到90.21%，部门预算管理水平整体快速提升，真正做到了"花好钱、办好事"，市生态环境局在完成省委、省政府下达的多项重点工作中表现突出，成绩名列全省前茅，被生态环境保护部和河北省政府通报表彰。

2020年11月，廊坊市财政局开展2019年度部门整体绩效自评抽查复核。抽查复核对象为廊坊市人民政府办公室、廊坊市人民政府研究室等38个部门，采取集中审核的方式进行。复核情况同步向社会公开；复核结果与部门2021年专项公用经费预算资金挂钩。2020年12月，廊坊市财政局通报2019年度部门整体绩效自评抽查复核结果，抽查复核的结果与2021年部门专项公用经费挂钩，即评价得分在80分（含）到90分的部门或单位，适当减少其专项公用经费预算安排，减少比例＝〔（90-再评价得分）÷2〕%；评价得分在80分以下的部门或单位，适当减少其专项公用经费预算安排，减少比例＝〔（100-再评价得分）÷2〕%。同时，相关部门对抽查复核提出的问题和建议进行梳理总结，并落实整改。

（三）将事前评估作为突破口，实现全过程绩效结果运用

廊坊市财政局抓住事前评估这一"牛鼻子"，不断提高全过程预算绩效管理各环节质量。

一是,以事前绩效评估为突破口,推动绩效关口前移。廊坊市财政局在2020年市本级预算编制中,将事前绩效评估作为突破口和发力点,明确要求所有新出台政策和新增150万元以上新时代市县预算绩效管理改革实践项目必须开展事前绩效自评估。2020年10月,廊坊市财政局组织开展2021年市本级预算申报信息化运维类项目专项事前绩效评估。针对信息化项目中普遍存在的立项依据不合理、决策程序不充分、实施方案可行性不强、预期效果不明显等突出问题,信息化系统运维费用偏高等问题,结合2021年市本级预算申报总体情况,对预算申报金额在30万元(含)以上的信息化运维类重点项目开展专项事前绩效评估,评估项目达到32个,资金1.92亿元,审减金额1.59亿元,审减率达83%。截至2020年,已完成658个政策和项目的事前绩效评估,涉及资金21亿元,审减资金12.5亿元,审减率达到60%,有效解决了财政资金缺口与低效无效闲置并存的突出矛盾。市财政局通过加强事前绩效评估工作,为政府相关决策及公共投资起到"把关"和"顾问"的作用,真正做到了为政府管好"钱袋子"。确保该花的钱花得好、花得值,不该花的钱一分不花。①

二是,完善双监控机制,统筹闲置资金。市财政局对绩效目标实施程度和预算执行进度进行"双监控",2020年共提请市委、市政府向未达到支出进度的32个市直部门发放督办卡,并对无法执行的1.7亿元预算资金坚决收回,统筹用于其他发展项目和民生亟须领域。

三是,做好中期绩效评估,及时纠偏整改。2020年10月,廊坊市财政局组织开展中期绩效评估,评估围绕预算执行情况,对项目相关情况进行全面梳理,明确指出当前存在的问题,并对后期项目实施进行科学预测,据此提出具体的评估意见,包括限时整改、暂缓拨款、收回资金等。突出监控实效,及时纠偏整改,确保项目如期落地,杜绝低效无效支出,有效提升财政资源配置效率和资金效益。

四是,严格抽查复核,提高工作质量。2020年4月,廊坊市财政局组织开展了2019年度市本级预算项目绩效自评工作,评价对象为2019年市本级预算安排的所有项目支出资金,包括一般公共预算(专项公用和专项项目)、政府性基金预算、国有资本经营预算。2020年5月,廊坊市财政局对82个市直部门绩效开展自评抽查复核,2019年市本级预算项目中每个部门随机抽查2个项目,市财政局对市直各部门填报的所有项目《项目支出绩效自评表》情况进行复核,复核内容包括内容填报的完整性、指标设定的合理性、自评得分的真实性、项目的填报数量和报送的及时性等。

五是,抓好绩效评价,强化结果运用。2020年5月,廊坊市财政局开展财政支

---

① 廊坊市财政局、北华航天工业学院联合课题组:《新时代市县预算绩效管理改革实践——河北省廊坊市预算绩效管理试点工作纪实》,经济管理出版社2022年版,第40页。

出政策和项目绩效评价工作，评价范围包括生态环境治理、文明城市创建、扶贫领域、教育投入和医疗卫生等方面，涉及20个部门（单位）的37个项目。绩效评价工作组根据现场核实、数据分析情况，按照《政策重点绩效评价报告》和《项目重点绩效评价报告》的要求分项目撰写并形成绩效评价报告。

2020年9月，廊坊市财政局为更好接受人大监督，扎实开展财政重点绩效评价工作，特邀请人大代表参与2019年度城乡居民基本医疗保险基金绩效评价专家会，人大代表分别从预算监督和民主监督的角度，针对医保基金预算绩效管理出具独立评价意见，并作为绩效评价报告的组成部分。

2020年12月，廊坊市财政局发布《2020年重点绩效评价结果应用清单》，部门预算主管科室根据评价发现问题，结合结果应用建议，遵循实事求是、公平公正、权责统一、绩效奖惩与问责相结合的原则，将政策和项目绩效评价结果与预算安排和政策调整挂钩，真正做到把每个评价的绩效结果用好用真。

（四）规范第三方管理，完善智力支持体系

预算绩效管理不仅管好了政府的"钱袋子"，更扎好扎紧了制度的"笼子"。预算绩效管理实施以来，廊坊市主动放弃财政分配的"自由裁量权"，通过公开招标建立30家覆盖京津沪浙等地的高规格中介机构库，两年面向社会公开征集270名入库专家，财政部门只负责牵头、程序性和组织性的工作，将评审权交由专业的评审专家和第三方中介机构，并着力打造财政政策库、中介机构库、绩效专家库、文献库、案例库、制度库、指标库、标准库，为工作开展提供了强有力的专业力量和智力支持。同时廊坊市积极对第三方建立行之有效的监督与激励机制，2020年4月，廊坊市财政局对参与2020年市本级事前绩效评估工作的第三方机构及专家考评结果进行通报。评选出优秀第三方机构10家，优秀专家20名，不断提高从业人员素质，全面提升工作质量。

（五）注重规程规范，明晰财政内部职责分工

为了提高财政部门开展预算绩效管理的规范性，廊坊市财政局印发了《廊坊市财政局预算绩效管理内部规程》，明确财政局内部预算绩效管理职责分工、工作流程等，建立了分工明确、责任清晰、协调配合的预算绩效管理工作机制。同期印发了《廊坊市财政局事前绩效评估内部规程》，明确了事前绩效评估对象、评估内容、工作步骤、具体程序等，进一步规范了市本级财政事前绩效评估工作。

2020年11月，廊坊市财政局制订《加快修订完善廊坊市预算绩效管理系列制度办法的工作方案》，为确保系列制度制定工作的有序开展，按照局内预算绩效管

理工作分工，对责任科室工作职责和完成时限予以进一步明确：由预算绩效科牵头组织系列制度修订、出台工作，并定期督导工作进展；相关科室各司其职，牵头制定对口负责工作的制度办法。

三、2021年重点突破年

2021年，廊坊市财政局持续推动预算绩效管理扩围扩量。2021年4月，市财政局印发《廊坊市2021年全面实施预算绩效管理工作方案》，全面推进2021年预算绩效管理工作，加快构建"全方位、全过程、全覆盖"的预算绩效管理体系，先后修订了《廊坊市市级事前绩效评估管理办法》《廊坊市市级预算绩效目标管理办法》《廊坊市市级部门整体绩效评价管理办法》，制定了《廊坊市市级中期绩效评估管理办法（试行）》《廊坊市市级政策和项目绩效评价管理办法》等，制度体系不断完善。在持续拓围的基础上，廊坊市财政局不断创新预算绩效管理方式方法，探索全成本预算绩效管理，加速推进预算支出标准化体系建设，深化财政资金的竞争性分配，加强结果运用，提高了财政资金的配置效率和使用效益。

（一）探索全成本绩效管理，构建预算支出标准体系

廊坊市财政局以公用经费项目定额标准建设为突破口，以园林绿化等试点项目支出成本绩效分析为支撑，探索开展了单位整体成本绩效分析与全过程管理试点。

2021年2月，廊坊市财政局修订完善了《市本级运转类公用经费定额标准》，此次对运转类公用经费7个项目定额标准进行了修订，并统一按照事业类一档标准测算学校运转类公用经费，自编制2021年预算时启用。修订后，按人员核定的定额标准基准档由年人均5230元提高至6460元，增加了1230元。同时，为贯彻落实"过紧日子"要求，会议费按标准定额压减10%，"三公"经费和培训费各压减5%。随后市财政局结合建立节约型社会要求，通过走访调研、摸底排查、对比分析等方面工作，出台《廊坊市市直行政事业单位印刷费支出标准》《廊坊市行政事业单位物业及相关服务支出标准》等多项预算审核标准，并研究制定了预算支出标准体系管理框架和相关制度。

2021年廊坊市选择五所中学和市中心血站首次开展了单位整体成本绩效分析试点。2021年8月，廊坊市财政局、廊坊市教育局印发《廊坊市本级五所中学成本绩效评价工作方案》，对廊坊市本级五所中学开展成本绩效分析与评价，这些学校分别是廊坊市第一中学、中国石油天然气管道局中学、廊坊市第二中学、廊坊市

第七中学、廊坊市第八高级中学。通过此项工作，实现了成本预算绩效管理在教育领域的突破，加快廊坊市支出标准体系建设，进一步提升教育领域财政资金使用效益。同期还选择了市中心血站开展全过程成本绩效管理试点，主要是通过分析中心血站业务流程中的人工、材料和设备等资源消耗情况，将业务工作中的各项支出折算为血液、血浆、血小板等方面标准，依据标准成本确定项目预算数，同时建立动态调整机制，为以后年度市中心血站预算编制和审核提供依据。将以上单位整体成本绩效分析结果全面应用于2022年预算编制中，涉及资金2.81亿元，标准核定后预算减少1.43亿元，审定1.38亿元。

（二）深化财政资金竞争性分配，引入成本效益分析

2019年起，廊坊市财政局创新构建财政资金竞争性分配机制，提高了教育领域预算管理水平、资金配置效率和使用效益，2021年，廊坊市在教育领域竞争性分配中首度引入成本效益分析方法，在项目申报、项目评审、评审结果应用环节嵌入"成本效益分析"，将成本效益理念贯穿于教育领域竞争性资金分配工作全过程，充分调动学校积极性，实现为"绩效"而竞争。教育领域竞争性分配明确"德、智、体、美、劳"及创新类6大类14个重点支持方向，通过制定申报指引、组织专题培训、开展"一对一"辅导、工作组符合性审核、主管部门审核等多环节层层筛选，24个创新类、提升类项目现场竞争"pk"，涉及金额5074万元，经过专家组现场点评，人大代表、政协委员、学生、家长、教师5类民意代表打分排序。最终，红苗教育教学实践基地建设、人工智能实训室等8个项目脱颖而出，涉及资金1103万元，项目更接地气、更贴近教师学生需求，受到社会各界一致好评。

（三）建立绩效目标联评联审机制，加快推进了分行业分领域绩效指标和标准体系建设

2021年廊坊市财政局修订形成了《廊坊市市级预算绩效目标管理办法》，进一步提高预算绩效目标管理的科学性、规范性和有效性，主要创新点包括：建立绩效目标联评联审机制、建立分行分领域绩效指标和标准体系、强化"集中财力办大事"导向、首次探索开展县级政府财政运行绩效目标填报。

廊坊市在绩效目标申报全覆盖的基础上，建立了绩效目标联评联审机制。2021年1月，廊坊市财政局开展2020年度市本级预算项目绩效自评工作，要求各部门要组织本部门及所属单位，及时对项目资金支出进行绩效自评。评价对象为2020年市本级预算安排的所有项目支出资金，包括一般公共预算（专项公用和专项项目）、政府性基金预算、国有资本经营预算。经过全面的预算绩效管理改革，廊坊

市各部门各单位绩效意识普遍提升，所有资金均设置了绩效目标，形成绩效文本与预算"同步提交、同步审核、同步批复"。在全面审核市直部门申报2022年预算的部门整体和项目绩效目标基础上，选取25个重点部门开展绩效目标专家审核，市财政局紧抓"全员绩效"关键点，财政专管员与各领域专家联评联审，并邀请人大代表、政协委员监督指导，通过评审部门整体绩效目标是否符合政府工作要求、是否符合部门职能，项目需求是否充分、投入产出合不合理、有什么效益，是否落实了"集中财力办大事"原则等，根据资金预期绩效决定是否安排资金，绩效目标专家评审覆盖828个项目，涉及资金34.7亿元，审定17.5亿元，审减17.2亿元，审减率49.6%。各部门各单位项目负责人深度参与，完善了预算申报机制、落实了部门主体责任，入库项目质量显著提升，为部门更加精准、高效地使用财政资金奠定了基础。

廊坊市在绩效目标审核工作中强化"集中财力办大事"导向，绩效目标审核为全市高质量发展保驾护航。2021年8月，廊坊市财政局印发《2022年预算绩效目标审核工作方案》，结合《廊坊市市级预算绩效目标管理办法》的相关规定，以"绩效目标审核更加科学、规范、有效，预算编制更为精准，资金使用效益更为突出"为目标，围绕加快建设"创新廊坊、数字廊坊、健康廊坊、平安廊坊、品质廊坊"，遵循"集中财力办大事"原则，推动2022年预算绩效目标审核向更高质量、更高层次迈进。一方面，立足于部门主要职能、项目实施可行性及历年项目情况等方面，大力提升预算审核水平和项目质量。另一方面，进一步明确财政资金支持的方向、范围、方式等内容，探索研究"集中财力办大事"政策体系框架。

廊坊市加快推进了分行业、分领域绩效指标和标准体系建设。2021年2月，廊坊市财政局对市市场监督管理局、市卫生健康委员会、市生态环境局、市农业农村局试点开展了分行业、分领域绩效指标体系构建，辅导部门梳理近三年预算项目绩效信息，并以政府收支功能分类为基础进行梳理整合，形成了目前一般公共服务、卫生健康、节能环保、农林水4个行业领域中12个行业类别的绩效指标和标准体系以及15类共性项目绩效指标体系。

（四）探索县级政府财政运行绩效目标填报，开展政府层级预算绩效管理

廊坊市在全国率先开展财政运行绩效目标填报和全过程管理。2021年廊坊市选取固安县、香河县作为试点开展2020年度县级政府财政运行综合绩效评价，并重点分析固安县、香河县所属省级以上开发区财政运行情况。同年9月在评价试点基础上，廊坊市财政局开展了2021年度县级政府财政运行绩效目标填报及试点，试点选定10个县（市、区）人民政府、廊坊开发区管委会、临空经济区（廊坊）

管委会开展2021年度县级政府财政运行绩效目标填报工作，对12个县（市、区）2021年政府财政运行绩效目标进行辅导，为全面开展政府层级预算绩效管理提供支撑。自此，廊坊市预算绩效管理工作形成了由项目到政策到部门再到政府预算的全方位格局。

（五）深化部门整体绩效评估和专项业务绩效评估，实现绩效评估机制与预算评审、项目审批深度融合

2021年6月，廊坊市财政局修订形成了《廊坊市市级事前绩效评估管理办法》，进一步规范事前绩效评估工作，提高事前绩效评估的科学性、准确性。廊坊市将绩效评估机制与预算评审、项目审批深度融合，并在开展新增项目绩效评估基础上，创新开展部门整体绩效评估和专项业务绩效评估，得到了广泛的认可，截至2021年年底，已经有14个财政部门来廊坊观摩学习。一是部门整体事前绩效评估。2021年2月，廊坊市财政局开展2021年预算绩效文本编制工作，按规范格式编制部门预算绩效文本，全面设定部门整体绩效目标，提高预算项目绩效目标质量。同时对市公安局、市住建局、市文广旅局、市水利局4个部门的2022年预算进行事前评估，涉及资金28.7亿元，审定10.28亿元，审减18.38亿元，审减率64.14%，并对入库项目按轻重缓急程度、效益高低情况排序，为预算安排做好充足准备。二是新增及重点项目事前绩效评估，围绕立项必要性、绩效目标合理性、实施方案可行性、投入经济性、筹资合规性五个方面，通过实地调研、专家会审、行业核算等程序，决定项目是否支持、支持多少，对17个专业性强、技术难度大的新增及重点项目开展事前评估，涉及资金1.37亿元，审定0.33亿元，审减1.04亿元，审减率75.98%。三是专项业务事前绩效评估，针对信息化和编外用工两类预算项目开展专项评估，其中：信息化专项评估涉及项目60个，资金2.17亿元，审定0.31亿元，审减1.86亿元，审减率85%；编外用工专项评估涉及项目19个，市财政局与市人社局组成联合工作组，根据部门履职情况、岗位设置、实际业务量等情况进行评估，18个部门（单位）共申请编外用工1030人，初步审定505人，审减525人。通过事前评估，将部门盲目决策、第三方代编预算、虚编项目等现象挡在了预算安排之外，从源头上提升了预算编制的科学性和精准性。

（六）严格推行事中监控和中期绩效评估，坚决收回低效无效资金

2021年廊坊市财政局和各部门各单位均建立了预算绩效监控工作机制，所有预算项目均设置了绩效运行计划、签署了承诺书，开展预算执行进度和绩效目标实现程度监控。财政局选取6月、9月、10月等关键节点开展部门整体绩效监控，选取重点政策和项目按月开展监控，发现运行偏差、执行缓慢、未能达到预期目标的项目开展中期评估，提出了整改项目、调整预算或收回资金的建议。10月，廊坊市财政局开展2021年1—10月预算绩效运行监控分析工作，启用财政一体化平台"绩效监控"模块，对2021年第三季度部门整体、预算项目的资金执行进度、绩效目标实现程度进行监控，以提高预算执行效率和财政资金使用效益。

2021年9月，廊坊市财政局制定了《廊坊市市级中期绩效评估管理办法（试行）》，加强市级各部门、各单位预算绩效管理，提高预算执行效率和财政资金使用效益，使财政资金更好的提质增效。12月，廊坊市财政局强化中期绩效评估结果应用，将2021年度市级中期绩效评估结果发送各相关科室，各相关科室根据中期绩效评估报告的结论及建议，按照相关程序调整预算资金，其中绩效评估项目36个、涉及资金3亿余元，建议收回进度缓慢、效益低下的项目资金0.86亿元，通过中期绩效评估，进一步夯实了部门预算执行主体责任，摸清了资金使用实绩，显著提高了预算执行率，有效解决了资金结余结转多的难题，促进了重点项目落地见效。

（七）完善事后绩效评价机制，大力提升资金使用效益

廊坊市连续两年实现了部门整体和项目绩效自评全覆盖，2021年市财政局组织开展了多维度的事后评价：

一是，加强项目绩效自评抽查复核。2021年8月，廊坊市财政局对89个市直部门开展2020年度项目绩效自评抽查复核工作，市财政局在2020年度市本级预算项目中每个部门随机抽查部分项目进行复核。市直各部门按照要求报送相关佐证资料后，市财政局通过查看相关资料、账册、现场调研、专家评审等方式，对预算执行情况、绩效指标设置及完成情况进行复核打分，完成《项目支出绩效自评复核表》的填报工作。

二是，完善部门整体绩效自评和复核机制。2021年9月，廊坊市财政局开展2020年度部门整体绩效自评。11月，廊坊市财政局开展了2020年度部门整体绩效自评复核，复核包括两个方面，一方面对部门整体绩效自评分值进行复核，复核分值权重为60%，最高为60分；另一方面对部门整体绩效自评工作质量进行打分，最高40分；复核总分为以上两方面分值加和，总分100分。12月，廊坊市财政局对2020年度部门整体绩效自评复核结果进行通报，复核情况在市财政局官网面向社会公开，复核结果实现与2022年部门预算安排挂钩，并作为部门预算绩效管理工作考核重要内容纳入党政领导班子年度考核。市财政局根据此次复核结果，在现有审核额度的基础上，对评级为良（含）以下部门的专项公用经费进行压减。复核情况将在政府决算批复后向社会公开。

三是，全力推动重点政策和项目绩效评价。2021年8月，廊坊市财政局开展市级政策和项目绩效评价工作，对市级61个政策和项目开展重点评价，涵盖了科技、工信等5个政策（15个项目），以及民生保障、教育改革等领域的46个项目，发现问题407个、提出整改意见467条，压减评价结果不佳的预算6.87亿元，并清理调整了一批内容陈旧、低效无效支出政策，以充分发挥财政政策的稳定调节经济作用。廊坊市财政局根据评价结果形成"评价结果应用清单"和"政策负面清单"，将绩效评价结果与年度预算安排挂钩，作为完善政策、分配资金、改进管理的重要依据。2021年11月，廊坊市财政局印发《廊坊市市级政策和项目绩效评价管理办法》，进一步提高了政策和项目预算绩效管理水平，规范政策和项目绩效评价行为。

四、2022年系统集成年

2022年廊坊市财政局不断提高站位，把关注重点从资金绩效向政府和部门履职效能拓展，修订形成了《廊坊市市级预算绩效结果应用管理办法》《廊坊市市级部门绩效运行监控管理办法》《廊坊市市级预算支出标准管理办法（试行）》《廊坊市财政局预算绩效框架协议实施细则》等，制度体系进一步完善。2022年廊坊市工作重心向"核成本、定标准、评绩效"转变，把"政府财政运行综合绩效评价、部门整体全成本预算绩效管理、预算支出标准体系构建"三项特色亮点工作融入全过程绩效管理闭环，实现了预算绩效管理工作高位统筹和系统集成，制度创新进一步成熟定型。

（一）推进全成本预算绩效管理，健全部门整体全过程成本绩效管理闭环

一是，制定成本预算绩效管理实施方案。2022年6月，廊坊市财政局印发《廊坊市市级全成本预算绩效管理实施方案》，按照"点面结合、分类推进、重点突出、积极稳妥"的原则，积极推进全成本预算绩效管理，践行"物有所值"理念，探索"降本增效"路径，全面统筹分析部门各级资金、重点政策和主要资产，围绕部门职能、支出责任、公共服务水平等方面，对经常性项目进行成本分析、新增项目开展专家评审，并按照不同的行业属性、重点事项，制定了"全面核算支出成本+重点关注部门特点"的全成本预算绩效管理思路，推动部门决策科学化和政府治理现代化。

二是，压实部门成本预算绩效管理责任。2022年7月，廊坊市财政局先后印发《廊坊市本级四所中职学校成本预算绩效管理工作方案》《廊坊市住建局2022年部

门整体全成本绩效管理工作方案》《廊坊市卫健委2022年部门整体全成本绩效管理工作方案》《廊坊市公安交警支队2022年部门整体全成本绩效管理工作方案》，压实部门成本预算绩效管理主体责任，分行业、分领域开展成本预算绩效分析和管理，探索"部门整体绩效评价、预算支出标准制定、部门整体事前评估"一体化推进的工作路径。形成了分类开展成本绩效分析的思路，比如，住建和卫健系统重点"核权责"；4所中职院校重点"核运转"；交警支队重点"核专项"等。

三是，建立部门整体成本预算绩效全过程闭环。2022年8月，廊坊市财政局印发《廊坊市中心血站成本绩效运行监测与分析工作方案》，同年9月，廊坊市财政局印发《廊坊市本级五所中学成本绩效运行监测与分析工作方案》，上述两个方案探索将成本意识贯穿预算管理各环节，打造"事前核成本、事中控成本、事后评成本"的全过程成本绩效管理链条，在预算执行和绩效目标"双监测与分析"的基础上，引入成本管控和质量控制措施，侧重于控制成本、加强效益预测，进一步促进单位节约成本，提高质量效益。

（二）实现政府财政运行综合绩效评价全覆盖，深化政府财政运行绩效目标管理

在总结固安和香河两县2020年县级政府财政运行综合绩效评价经验基础上，进一步创新方式、简化流程、突出实效，组织所辖12个县（市、区）开展2021年度政府财政运行综合绩效自评，并开展再评价。

2022年8月，廊坊市财政局召开2021年度各县（市、区）政府财政运行综合绩效再评价及2020年度固安县、香河县政府财政运行综合绩效重点评价会，形成《廊坊市各县（市、区）政府财政运行综合绩效评价情况报告》《2021年度廊坊市各县（市、区）财政运行综合绩效再评价工作报告》。县级政府财政运行综合绩效评价工作纳入组织部领导班子和领导干部考核指标体系。

2022年廊坊市财政局进一步完善财政运行绩效目标设置。指导各县科学设定2022年政府财政运行绩效目标，在借鉴北京、浙江等地经验基础上，围绕"收、支、管、调、防"五个方面，首创"县级政府财政运行绩效目标表"，重点分析财政收支运行情况，并关注财政在教育、社保、科技等核心领域的重点项目产出情况，力求在体现调结构、稳增长、惠民生运行成效的基础上，将财政支出、产出成果具体化，为后续各县（市、区）开展综合绩效运行监控、绩效自评等提供支撑。

（三）提高预算标准化，率先实现预算支出标准全流程管理

创新制定支出标准管理办法，研究出台《廊坊市市级预算支出标准管理办法

（试行）》，明确了支出标准体系建设实行"财政部门牵头组织，行业主管部门统一管理，各部门具体落实"的管理模式，将支出标准体系建设有机融入预算管理全过程，要求部门在申报预算时，必须开展支出标准分析、设定成本指标，无标准不能入库，原则上不安排预算，切实将标准作为预算安排的"硬杠杠"，提升预算管理精准化、标准化水平。

将支出标准应用于2023年预算编制，印发《廊坊市市直行政事业单位物业管理费支出定额标准》《廊坊市市直行政事业单位印刷费支出定额标准》《廊坊市市级政府公物仓资产管理办法》等通用标准制度，同时，为适应经济发展形势，全面调整旧有标准，修订运转类公用经费定额标准、通用办公设备及家具配置标准等，建立了支出标准适时调整机制。

初步搭建起支出标准体系框架，通过印发《廊坊市预算支出标准样本》、制定《廊坊市预算支出定额标准（模板）》、开展全成本预算绩效管理、将支出标准体系建设纳入组织部考核等措施，廊坊市基本形成了"定标准、用标准"的观念，截至目前累计形成25类、329项的预算支出标准。

（四）强化结果运用，提高全过程预算绩效管理质效

一是，预算编制阶段促进部门预算审核、评估和评审深度融合。2023年预算编制阶段，面对部门申报项目绩效目标粗放、成本标准不清等问题，廊坊市财政局大力推进预算绩效评估评审工作。其一是部门预算与绩效目标同评同审，按绩效目标专家审核五年全覆盖的目标，对市委网信办、市中级人民法院等21个部门（单位）2023年预算绩效目标进行审核，以"简洁高效、易于推广"为原则，梳理部门职能、现场培训指导、组织专家评审，专家组与项目单位面对面沟通问询，围绕项目必要性、可行性、投入产出比、预期产生效果几方面进行综合评审，审减成本过高的预算、帮助部门优化绩效目标，对参评项目按轻重缓急进行"四色分档"，并形成预算审核建议，涉及项目142个、资金5.5亿元，审定2.29亿元，审减3.21亿元。其二是以资金效果评定部门预算，对市住建局、市卫健委、市公安交警支队及4所中职院校开展全成本预算绩效管理，对部门项目进行成本分析、标准核定，形成支出标准91项，结合专家评审全面实现"降本增效"，涉及项目278个、资金24.27亿元，审定7.04亿元，审减17.23亿元。同时，对科技奖补、数字化转型、市区路网再融资等重大政策（项目）开展事前评估，提出政策优化和改进意见。其三是将竞争机制引入教育领域项目评审，连续四年开展教育领域竞争性分配，印发项目申报指引、鼓励学校提早谋划、引入专家精心指导，通过资格预审、事前评估、民意打分，从46个申报项目中"优中选优"，由人大代表、政协委员及教师学生对

22个项目（涉及资金4790万元）进行现场打分。最终，智慧书法教室建设等10个特色项目脱颖而出，审定资金595万元。

二是，预算执行阶段，利用信息平台完善全过程追踪问效机制。2022年预算执行阶段，分别督导部门开展部门整体和项目绩效监控、试点推进重点项目跟踪问效、创新成本绩效监控及标准优化调整。其一是利用平台高效开展绩效监控，督导各部门通过财政一体化平台对所有项目开展预算执行进度和绩效目标实现程度"双监控"，并针对进度缓慢、偏离目标的项目提出解决措施，夯实了部门预算执行主体责任，提高了执行效率。其二是试点推进重点项目跟踪问效，对市商务局"中国·廊坊国际经济贸易洽谈会经费项目"三年（2019—2021年）执行情况开展后评价，对2022年经贸洽谈会办会经费进行中期评价，中期评价涉及资金2589万元（包含预算安排及年中追加），通过严格的"全程跟踪问效+执行成本管控"，提出调减预算609万元的建议，形成包含项目整改、预算调整等意见，促进项目部门高效利用资金、把好事办好。其三是创新开展成本绩效监控及标准优化调整，对5所市管高中、市中心血站开展成本绩效监控，对项目单位预算执行情况、支出模式开展调研分析，核实现有标准与实际执行是否存在偏离，规范项目单位预算执行，并优化了21项定额标准，应用于2023年预算，审减1803万元。

三是，决算阶段，自评和再评价相结合，将成本分析融入重点评价。针对2021年各部门整体支出情况、项目实施效果，全力推进部门及项目的事后评价，形成了部门自评与财政再评结合、成本分析与绩效评价结合的模式。其一是全力开展部门整体支出绩效自评和再评，围绕部门资金管理、资金使用效益等内容，市财政局对87个部门2021年自评情况进行再评价，以全面评价促进部门提升，71个部门达到"优、良"等次，70分以下仅1个部门，并将结果纳入市管领导班子领导干部考核体系，促使部门进一步优化管理水平。其二是全面推进项目绩效自评和抽查复核，在各部门对2021年项目实施绩效自评的基础上，市财政局抽取173个项目进行复核，提出优化政策、改进管理、压减低效资金的建议。其三是将成本分析融入政策和项目重点评价，严格落实绩效任务和结果应用"两清单"，对污水处理、公交运营补贴等重点支出进行成本绩效评价，逐步实现支出成本精准核算、绩效结果切实应用，对17个政策和项目开展重点评价，涉及资金9.26亿元，发现问题120余个、提出整改意见130余条，并建议压减效果不佳的资金8842万元。其四是对政府投资基金、专项债券开展重点评价，进一步扩大预算绩效管理覆盖范围，对廊坊市蓝天基金运作情况开展独立客观的重点评价，总体得分90.7分，但也存在亟须优化的地方，如投后管理不足、扶持效果未充分体现等问题。同时，选取11个重大专项债券项目开展重点评价，并及时督促部门整改，有效提高专项债券管理和项目运营水平。

五、2023年标准规范年

2023年廊坊市财政局围绕"统一思路、总结经验、推广模式",实现了全市范围内的"业务和标准统一、成本和效益一体"。

(一)统一市县绩效工作程序,出台"绩效全程操作规范"

在全国未形成统一的预算绩效管理规范和业务流程的背景下,廊坊市作为河北省试点市,一直坚持"市县一体、全域推进"的工作思路,针对市本级及各县区事前评估、事中监控、事后评价、全成本预算绩效管理、竞争性分配等业务流程不统一,不规范的问题,廊坊市2023年研究印发了廊坊市预算绩效全过程操作规范,作为构建廊坊绩效模式的突破口,让市县两级绩效工作发挥乘数效应。

(二)实现县级政府全过程预算绩效管理标准规范

经过前两年的探索,2023年廊坊市基本形成了完整的县级政府预算绩效管理体系。

一是,组织填报县级政府财政运行年度绩效目标。每年3—4月,市财政局对各县(市、区)财政运行情况进行深入调研,详细了解各县(市、区)产业结构、资源资产、国企平台、财政收支、债务债券、财政可持续性、财政政策效能等情况,深入分析县级财政运行形势,在此基础上,组织填报2023年县级财政运行年度绩效目标,并提高县级"三保"、刚性支出保障、可持续性、财政资金统筹等方面权重。

二是,探索推进县级政府财政运行绩效监控。市财政局对照各县(市、区)申报的年度绩效目标,开展县级财政运行监控,每月进行财政运行分析,并在7—8月,组织一轮中期调研监控,对财政运行各个方面开展全面调研分析,逐项指标查看进度、成效,剖析进度迟缓、成效不显的原因,提出应对举措,及时纠偏止损、防范风险。

三是,深入开展县级政府财政运行综合绩效评价。预算执行结束后,各县(市、区)财政局开展2022年度县级政府财政运行综合绩效自评,市财政局组织开展再评价。同时,市财政局结合全年财政运行形势,比照年度绩效目标体系,围绕县级财政"三保"保障、收支平衡等方面,优化设计评价指标体系。

（三）全面深化部门整体成本绩效管理，完善"成本绩效分析路径"

2023年，廊坊市以"财政牵头、部门主导"为原则，全力推进"降本增效"工作。

一是，全面深化部门整体全成本绩效管理。2023年6月以来廊坊市财政局先后印发《廊坊市本级两所高等职业院校全成本绩效管理工作方案》《廊坊市交通运输局2023年部门整体全成本绩效管理工作方案》《廊坊市市场监督管理局2023年部门整体全成本绩效管理工作方案》，进一步全面深化部门整体全成本绩效管理，打造了"事前核成本、事中控成本、事后评成本"的全过程成本绩效管理链条，促进部门降低行政运行成本、准确核定项目支出成本、优化部门支出结构，提高财政资金配置效率和使用效益；推动部门建立以成本数据为基础的支出标准体系，为部门预算申报和预算编制提供依据，增强部门的预算控制力和约束力，有效避免超标准编制预算等情况，提高财政资金的科学化、精细化管理水平。

二是，编制成本绩效管理操作指引。针对预算部门（单位）开展成本绩效管理实施能力和技术支撑不足，成本预算绩效管理流程不规范，方法不够科学等问题，2023年廊坊市编制了《成本绩效管理操作指引》。该《指引》将成本效益理念和方法融入预算、编制、执行的全过程，让预算部门能够通过"几张图""几张表"轻松完成成本预算绩效管理各项工作。

（四）进一步完善部门整体预算绩效管理体系全过程闭环，健全绩效指标标准和支出标准"双体系"

一是，严格审核部门整体绩效目标。廊坊市进一步严格部门整体绩效目标申报，市直各部门、各单位严格按照预算编制的时间安排，及时编制部门整体绩效目标指标，并对所属单位整体绩效目标指标进行审核指导。市财政局选取市人大、市行政审批局、市农科院、市科技局、市残联、市商务局等20个重点部门开展2024年绩效目标专家审核，按照"部门职责—工作活动—预算项目"管理框架，系统梳理部门职责，提炼核心绩效指标，确保部门整体绩效目标指标与国家、省、市重大发展战略规划、部门中长期规划及部门职责等方面相契合。

二是，切实开展部门整体绩效监控和中期绩效评价。廊坊市进一步强化绩效运行监控与财政预算一体化系统的衔接。市直各部门、各单位利用财政一体化系统，于第二季度末对部门整体的预算执行进度和绩效目标实现程度进行监控，开展半年集中分析，形成部门整体绩效运行监控报告。市财政局选取卫健委、住建局、公安交警支队等重点部门、重点领域开展中期绩效评价，对所有项目进行绩效目标回头看，回头看结果与预算调整、收回资金、建立经常性项目库挂钩。

三是，完善部门整体自评和再评价机制。2023年6月，廊坊市财政局印发《2023年廊坊市部门整体绩效再评价指标体系》，完善了部门整体绩效再评价指标。再评价结果与2024年部门运转类其他项目经费挂钩，并向社会公开，同时作为年度预算绩效管理工作考核重要内容同步纳入市管领导班子领导干部考评体系。

四是，建立绩效指标标准和支出标准"双体系"。廊坊市建立了绩效指标和支出标准一体推进的工作机制。2023年8月，廊坊市财政局印发《廊坊市市级预算支出标准管理办法》，该办法推动了市直各部门将分行业分领域绩效指标体系及支出标准体系同步推进，构建内容完整、结构优化、程序规范的预算支出标准体系，使财政支出更加科学、合理和规范，更好发挥预算支出标准在预算管理中的基础性作用。

（五）重点关注实施期长的项目，编制"重大项目绩效档案"

2023年廊坊市为实施周期较长、延续性较强、资金量较大的发展类项目"建档立卡"，前后延伸、追溯效果，既关注以往资金效益，又着眼未来项目走向。对此类项目的历年事前评估、事中监控、事后评价情况进行梳理汇总，建立一整套市级重大项目全周期绩效档案，并与建立集中财力办大事体系、清理收回沉淀资金等工作紧密结合，帮助部门不断提高"谋事干事"能力及履职尽责水平，助力政府治理能力提升，促进财政资金聚力增效。

（六）做深做细重点领域绩效管理，分领域提高质效

一是，开展教育领域竞争性资金分配"回头看"。2023年6月，廊坊市财政局开展教育领域竞争性资金分配项目绩效评价工作，全面总结2019—2023年度廊坊市教育领域竞争性资金分配试点工作，拟对四年来支持的38个项目开展绩效评价，以"回头看"促进"向前迈"，提炼既往优秀经验做法，充分应用于项目申报评审机制优化，助力2024年度廊坊市教育领域竞争性资金分配工作顺利开展，推动廊坊市财政资金聚力增效。

二是，加强转移支付资金全过程绩效管理。2023年廊坊市进一步明确了转移支付资金绩效管理职责：其一是市直各部门负责组织、实施本部门管理的专项转移支付绩效管理工作，负责编报区域绩效目标，组织下级部门和项目实施单位开展全过程绩效管理，对所有转移支付资金至少开展一次绩效运行监控，落实绩效结果应用。将转移支付资金绩效管理与争取上级资金有机结合，分类构建专项项目库，做好项目储备。其二是项目实施单位申请和使用转移支付资金科学设定绩效目标，按照批复的绩效目标组织实施，开展绩效运行监控，定期报送监控信息，年度预算执

行完毕或预算项目完成后必须开展绩效自评，并按要求上报自评报告。其三是市财政局严格审核转移支付资金绩效目标及自评报告，选取重点转移支付项目和政策开展重点绩效评价，发现问题，及时反馈主管部门进行整改；将争取上级资金和转移支付资金绩效管理情况纳入市委组织部考核。

三是，建立专项债券项目常态化绩效评价模式。市财政局按照《河北省政府专项债券项目资金绩效管理办法》，从2022年度新增专项债券项目中，选取部分项目开展重点绩效评价。着重对老旧小区改造、污水处理、道路基础设施等三类项目进行深度评价，查找共性问题，举一反三，提升政府专项债券的使用效益。组织专家指导市本级项目单位开展绩效自评工作，建立常态化的绩效评价机制，全面提高专项债券管理水平。

四是，做实财政金融领域绩效管理工作。市财政局组织开展了政府性融资担保机构年度绩效评价，掌握政府性融资担保机构对相关政策的贯彻落实情况，不断健全政府性融资担保体系。市财政局制定出台了《市级政府投资引导基金绩效评价办法》，完善政府投资引导基金绩效评价指标体系，夯实政府投资引导基金绩效管理基础。市财政局对市级政府投资引导基金开展重点绩效评价，推动引导基金规范运作，提升财政出资效益。

第三节 "廊坊经验"的创新和成效

作为全省全面实施预算绩效管理排头兵,廊坊市自2019年推进预算绩效管理改革以来,认真贯彻落实党中央、国务院和省委、省政府关于全面实施预算绩效管理的意见精神,市委、市政府高度重视,成立领导小组,专题印发《全面实施预算绩效管理的实施意见》,积极推动预算绩效工作落地生根,全面优化财政支出结构,切实提高资金使用效益,有力助推经济社会发展。廊坊市财政局围绕"优结构、提质效、促发展"总目标,高标准建立"全方位、全过程、全覆盖"预算绩效管理体系,有效地实现了中央预算绩效管理改革目标,破解了财政紧张与资金沉淀并存的两难困境,将有限的财力集中用于全市大事要事和民生改善领域,在推动预算决策的科学性、合理性和透明度,提高预算绩效、促进信息公开和保障廉政建设等方面取得了重要突破,交出了令人满意的"河北试点答卷"。

预算绩效管理的"廊坊经验"(见图1-2)即完整、准确、全面贯彻落实全面实施预算绩效管理的政策要求,从廊坊财政运行和经济社会发展的实际出发,坚持问题导向、目标导向和结果导向,将政策要求与创新探索相结合,将百家之长和本地化创新相结合,将体系集成与落地实施相结合,以提高财政治理效能和政府治理能力为目标,以财政运行目标管理为导向,以部门整体绩效提升为基础,将成本"基因"融入预算机体,在事前评估中引入竞争性分配提高配置效率,将预算绩效管理纳入政府治理大格局,建立"全方位、全过程、全覆盖、全成本、全融合"的"五全"预算绩效管理体系。在横向上,将所有层面、所有资金纳入预算绩效管理,构建了事前、事中、事后全过程管理闭环,探索建立了人大、审计、纪委监委等多部门协同的绩效监督机制。在纵向上，坚持市县两级同步推进，将预算绩效管理链条延伸至基层单位和资金使用终端，提高了预算资金分配和使用的科学性、精准性、高效性。在整体上，强化"指挥棒"引领，将预算绩效管理纳入市管领导班子和领导干部绩效管理考评内容，考核结果与部门预算安排挂钩，有力推动了部门认真履职尽责、引领经济提质增效、提升群众幸福指数。

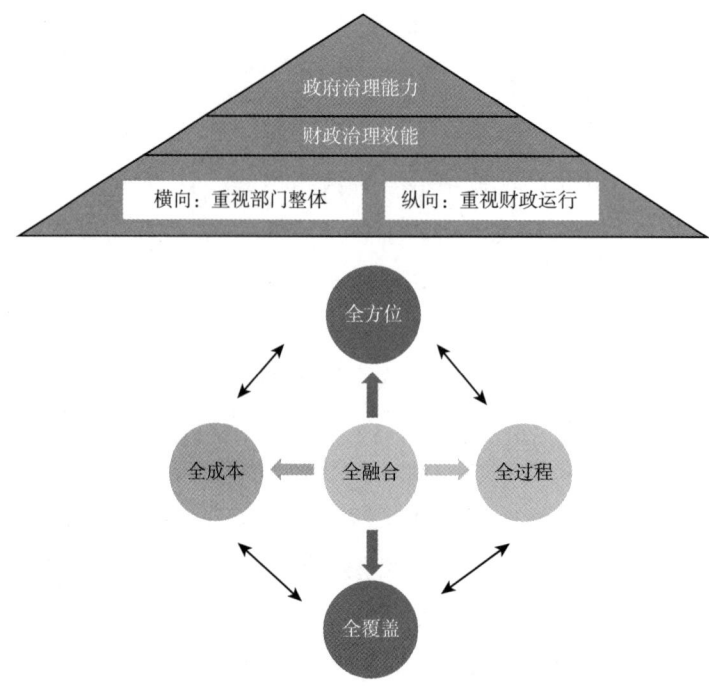

图1-2 廊坊市"五全"预算绩效管理体系

2019—2023年，通过全过程预算绩效管理审减收回的资金共计101亿元，有效解决了部门资金效益低下、闲置沉淀、损失浪费等问题，用有限的财力集中保障了全市大事要事攻坚，支持了民生改善、产业优化、临空经济区建设等政府中心工作。其中市级评估评审预算项目2797个，涉及资金139亿元，审减低效无效预算81亿元；对执行中的330个项目开展重点监控，涉及资金56亿元，收回执行缓慢、效益低下的项目资金6亿元；对执行完毕的153个项目（政策）开展重点评价，涉及资金37亿元，压减评价结果不佳的预算14亿元。

"廊坊经验"的创新举措和主要成效如下。

一、建立"五全一体"新骨架，夯实预算绩效管理制度基础

廊坊市"五全一体"预算绩效管理模式是在基本建成"全方位、全过程、全覆

盖"预算绩效管理体系的基础上,更加强调"全成本"和"全融合"。"全成本"主要是将成本效益的理念和方法融入"三全"预算管理体系,在政府、部门(单位)、政策和项目层面开展全过程的成本预算绩效管理,稳步实现成本预算绩效管理全覆盖。"全融合"主要是实现了五个融合,即:"全方位"与"全过程"融合;"全覆盖"与"全过程"融合;"全成本"与"全过程"融合;市县联动一体化融合;绩效结果与预算管理深度融合等。

(一)"全方位"与"全过程"融合

"全方位"和"全过程"融合即政府、部门(单位)、政策和项目都建立全过程的预算绩效管理体系。廊坊市秉持全面推进、突出重点、大胆创新、务求实效的原则,构建了"预算编制有目标、预算安排有评估、预算执行有监控、执行完成有评价、评价结果有应用"的全过程绩效管理闭环,明确了每个环节的工作程序,真正将各项绩效工作成果落实到实际应用上,大力压减低效、无效资金,提高财政资金使用效益,持续推动公共服务质量提升。2019年以来,廊坊市出台的事前绩效评估、绩效目标管理、绩效运行监控、绩效评价等制度均实现了项目、政策、部门整体全方位覆盖。2021—2022年度开展的廊坊市县级政府财政运行绩效评价及绩效目标等工作,深化了廊坊预算绩效管理"全方位"改革,实现了政府预算绩效管理、部门和单位预算绩效管理、政策和项目预算绩效管理的全方位覆盖。

(二)"全覆盖"与"全过程"融合

"全覆盖"与"全过程"融合意味着"四本"预算的资金都实施全过程预算绩效管理。廊坊市出台的各项预算绩效管理办法不局限于一般公共预算安排的政策、项目资金,也包括政府性基金预算、国有资本经营预算、社会保险基金预算。同时,廊坊市还针对相关专项出台了各自领域的绩效管理办法,如《廊坊市新增政府专项债券项目绩效管理暂行办法》《市级政府投资引导基金绩效评价办法》等。

从实践来看,廊坊市开展了政府投资基金、政府性融资担保等一般公共预算专项资金预算绩效管理工作,实现了一般公共预算绩效体系的"全覆盖"。同时,在"四本"预算绩效管理体系衔接方面,廊坊市开展了医保基金、国有资本经营预算、政府性基金预算资金绩效管理工作,实现了"四本"预算的"全覆盖"。比如,2020年廊坊市财政局组织开展了2019年度城乡居民医疗保险基金绩效评价、2019年度廊坊市国有资本经营预算绩效评价、2019年廊坊政府投资基金绩效评价工作;2021年,廊坊市财政局组织开展了2020年度城乡居民养老保险市级配套资金项目绩效评价工作等。

（三）"全成本"与"全过程"融合

"全成本"与"全过程"意味着将成本理念融入预算管理全过程，强化预算绩效管理的成本效益，实现"降本、增效、提质"并举。2020年廊坊市以园林绿化项目为试点开始探索成本预算绩效管理，经过两年多的探索，2022年6月，廊坊市财政局印发了《廊坊市市级全成本预算绩效管理实施方案》，全面树立"成本与效益并重"理念，加快打造"事前核成本、事中控成本、事后评成本"的全过程管理链条，推动成本预算绩效分析和结果应用全领域覆盖。

（1）事前核成本。面对部门申报项目绩效目标粗放、成本标准不清等问题，廊坊市大力推进预算绩效评估评审工作，实现了事前评估与全成本绩效分析的融合。一是，部门预算与绩效目标同评同审，以"简洁高效、易于推广"为原则，梳理部门职能、现场培训指导、组织专家评审，专家组与项目单位面对面沟通问询，围绕项目必要性、可行性、投入产出比、预期产生效果几方面进行综合评审，审减成本过高的预算、帮助部门优化绩效目标，对参评项目按轻重缓急进行"四色分档"，并形成预算审核建议。二是，以资金效果评定部门预算，对部门项目进行成本分析、标准核定，形成支出标准，结合专家评审全面实现"降本增效"。

（2）事中控成本。在预算执行阶段，廊坊市财政局组织各部门各单位开展部门整体和项目绩效监控、试点推进重点项目跟踪问效、创新成本绩效监控及标准优化调整。一是，利用预算一体化平台高效开展绩效监控，督导各部门通过平台对所有项目开展预算执行进度和绩效目标实现程度"双监控"，并针对进度缓慢、偏离目标的项目提出解决措施，夯实部门预算执行主体责任，提高执行效率。二是，市财政局选取重点项目进行跟踪督导，对支出进度较慢、绩效目标未如期实现的项目开展中期评估，对问题项目提出暂缓项目执行、停止预算拨款或收回资金等建议。通过严格的"全程跟踪问效+执行成本管控"，提出调减预算建议，形成包含项目整改、预算调整等意见，促进项目部门高效利用资金、把好事办好。三是，开展成本绩效监控及标准优化调整，对部门整体开展成本绩效监控，对项目单位预算执行情况、支出模式开展调研分析，核实现有标准与实际执行是否存在偏离，规范项目单位预算执行，并优化定额标准，应用于下一年度预算编制。

（3）事后评成本。廊坊市财政局针对各部门整体支出情况、项目实施效果，全力推进部门及项目的事后评价，形成了部门自评与财政再评结合、成本分析与绩效评价结合的模式。一是，全力开展部门整体支出绩效自评和再评，围绕部门资金管理、资金使用效益等内容，市财政局对预算部门（单位）自评情况进行再评价，以全面评价促进部门提升，并将结果纳入市管领导班子领导干部考核体系，促使部门进一步优化管理水平。二是，全面推进项目绩效自评和抽查复核，在各部门项目实施绩效自评的基础上，市财政局抽取重点项目进行复核，提出优化政策、改进管理、压减低效资金的建议。三是，选取部分部门单位，根据近年的资金使用情况，核算运行成本和项目成本，合理制定相关支出标准，开展成本绩效管理，不断提升项目质量、优化支出结构、提高资金管理水平。四是，将成本分析融入政策和项目重点评价，严格落实绩效任务和结果应用"两清单"，对重点政策和项目支出进行成本绩效评价，逐步实现支出成本精准核算、绩效结果切实应用。

（四）市县联动一体化融合

廊坊市加强对各县区预算绩效管理的指导，坚持市县一体、全域推进，将所辖区县划分为南北中3个片区，每个片区打造一个绩效管理"样板"，用示范带动薄弱地区加快补齐短板。廊坊市将预算绩效管理链条延伸至基层单位和资金使用终端，提高了预算资金分配和使用的科学性、精准性、高效性，打通预算绩效管理的"最后一公里"。

目前，廊坊市所有县级财政局均已成立专门机构，并不断健全预算绩效管理制度，结合实际进行各具特色的探索。其中，固安、永清等县实现了部门整体自评全覆盖，霸州市对12个重点部门开展整体重点绩效评价，安次区选取6个部门试点开展部门整体绩效自评及重点评价工作等。另外，廊坊市财政局还建立了统一的市县预算绩效管理业务规范，明确事前、事中、事后等绩效业务的操作程序，形成流程明确、标准清晰的统一规范；研究制定了全成本预算绩效管理、绩效目标专家审核等实施细则，形成市县两级共享共用的工作成果；优化政府财政运行绩效管理，形成财政运行绩效目标申报、监控、自评和评价操作规范。

（五）结果运用融入预算管理

廊坊市强化绩效结果运用，实现了事前、事中、事后各环节预算绩效管理工作结果与预算管理的融合。

一是，事前绩效评估结果与当年度预算安排挂钩。事前评估结论为"予以支持"和"部分支持"的，进入预算审核环节，根据财力情况安排项目，预算资金不得高于支持金额；评估结论为"不予支持"的，不得纳入项目库管理，未纳入项目库管理的项目不得安排项目预算。

二是，绩效目标审核与当年度预算安排挂钩。绩效目标审核结果为"优"或90分（含）以上，直接进入下一步预算安排流程；审核结果为"良"或80分（含）到90分的，完善后进入下一步预算安排流程；审核结果为"中"或60分（含）到80分的，由相关部门或单位对其绩效目标进行修改完善，按程序重新报送审核；

审核结果为"差"或60分以下的,不得进入下一步预算安排流程。

三是,绩效运行监控结果与预算管理挂钩。根据绩效运行监控结果组织开展中期绩效评价,绩效运行监控及中期绩效评价结果作为资金拨付、预算调整、资金分配的重要依据。其中:评价等级为"正常"的,预算执行进度和绩效目标实现程度均达到序时目标的,按原定计划拨付资金;评价等级为"关注"的,预算执行及项目资金出现轻微偏差,下达整改通知,限期7日内做出整改方案,报送财政部门审核通过后继续实施;评价等级为"整改"的,预算执行及项目资金出现严重偏离的,下达整改通知,限期14日内做出整改方案,审核通过后可继续实施;下达整改通知后30日内未完成整改的,财政部门按程序收回剩余全部预算资金;评价等级为"停止"的,预算执行及项目资金出现停滞、已经或预计造成重大损失、资金浪费等情况,可由财政部门按照有关程序调减预算、停止拨付或收回资金,及时纠偏止损。已开始执行的政府采购项目按照相关程序暂停实施政府采购流程;因政策变化、突发事件等客观因素导致预算执行进度缓慢或预计无法实现绩效目标的,财政部门及时按程序调减预算,并同步调整绩效目标。预算绩效运行监控情况作为预算安排重要参考依据,关键时间节点预算执行较差的项目,相应压减下年度预算。

四是,绩效评价结果与预算安排挂钩。其一是政策和项目重点绩效评价结果与预算安排挂钩。政策和项目重点绩效评价结果与预算安排和政策调整挂钩,形成"评价结果应用清单",评价结果为"差"的列入绩效"负面清单",不得安排预算资金,相关政策按照程序进行清退。其中:经常性项目,评定为"优"和"良"等级的,下一年度该项目资金预算原则上予以支持;评定为"中"等级及以下的,根据评价结果完善政策、改进管理,视具体情况核减不低于10%的下一年度该项目资金预算;一次性项目中的当年项目,评定为"差"等级的项目数量超过被评价当年项目数量的50%(含)的部门和单位,原则上不允许安排新增项目预算。其二是部门整体绩效评价结果与预算安排挂钩。部门整体绩效评价结果与部门运转类其他项目经费挂钩。其中:再评价得分在70分(含)到80分的部门或单位,在下一年度预算审核数的基础上压减其运转类其他项目经费,压减比例=[(80-再评价得分)÷2]%;再评价得分在70分以下的部门或单位,在下一年度预算审核数的基础上压减其运转类其他项目经费,压减比例=[(90-再评价得分)÷2]%。

五是,竞争性资金分配结果与资金安排挂钩。通过重点领域竞争性资金分配、部门整体绩效管理等评选出的优质项目,可根据政策导向、部门(单位)实际需要以及当年财力情况,适当予以优先保障。

六是,政府财政运行综合绩效评价结果与资金安排挂钩。上级财政部门对下级政府财政运行综合绩效评价结果作为测算分配相应转移支付资金的一项重要因素予以考虑。对于评定为"良"等级（含）以上的地区，给予适当奖励；对于评定为"差"等级的地区，给予适当扣减。

"五全一体"预算绩效管理模式在"三全"基础上更加强调全成本和全融合，将绩效结果作为预算编制、执行、决算和监督的基础和依据，推动了建立现代预算制度的建立和完善。

二、以竞争提高配置效率，实现集中财力办大事

廊坊市在预算资金分配中强调规划引领，项目选择引入竞争机制，将成本效益分析结果作为预算安排的重要依据，建立了集中财力办大事的政策体系。2019年河北省将廊坊市确定为开展教育领域预算绩效管理改革的试点单位。廊坊市高度重视，结合本地实际，持续在教育领域开展竞争性分配，用公平竞争机制代替传统"平均主义"做法，建立了"多中选好，好中选优"的项目优选机制。2019年经过层层筛选，环环把关，最终评选出"学生错题个性化纠错提升项目""人体科学馆建设项目"等7个项目，涉及金额2397万元单独安排资金予以保障，2020年将竞争性分配与事前评估结合，引入成本效益分析，评审会最终将立项必要性、可行性、预期效益较好的16个项目纳入项目库，立项依据不充分、实施方案不合理、不符合财政资金适用范围、预期产出及效益不足、投入经济性较差的项目坚决不予支持。部分项目直指教育短板，精准对接教育现实需求，有效提升财政资金使用效益。同时为确保预算绩效管理规范透明、标准科学，市财政局引入第三方机构，借助专家力量，对部门预算进行评估评审，并邀请人大、政协、纪检、审计等对预算绩效重点工作进行监督指导。截至2023年9月，廊坊市已经连续五年开展了教育、农业等领域的竞争性分配改革。

三、将成本融入预算机体，让每一分钱都花得"物有所值"

廊坊市在项目、部门（单位）和政府预算层面全面实施成本预算绩效管理，让成本绩效理念融入预算管理全过程，形成了预算管理和成本管控相互融合衔接的双重闭环，让每一分钱都花得"物有所值"。廊坊市不断拓展成本绩效管理的范围，创新实施方法，在开展全过程部门整体成本绩效分析、编制成本绩效分析操作指引、建立以成本数据为基础的支出标准体系等方面取得了创新性成果。

廊坊市坚持全过程管控项目成本，2020年选取市园林局为突破口，2021年以

市级五所高中、市中心血站为试点，2022年全面启动全过程成本预算绩效管理机制。2021年7月，廊坊市财政局对市中心血站近三年部门整体支出开展成本绩效评价，发现个别品类耗材储备偏多、不均衡等问题，通过分析资源消耗情况，将各项支出折算为血液、血浆单位成本标准，并提出精细化管理建议，有效盘活了财政资金。2022年6月廊坊市研究出台了《廊坊市市级全成本预算绩效管理实施方案》，进一步树立"成本与效益并重"理念，加快打造"事前核成本、事中控成本、事后评成本"的全过程管理链条，推动成本预算绩效分析和结果应用全领域覆盖。与此同时，廊坊市以全成本预算绩效管理改革为抓手，印发《廊坊市市级预算支出标准管理办法（试行）》，大力推进预算支出标准体系建设，并根据国家政策变化、廊坊经济社会发展等情况动态调整完善，在全市预算编报、审核、分配中得到了有效应用。截至2022年年底，廊坊市已出台25类、329项各领域预算支出标准，研究制定"市直行政事业单位物业管理费支出定额标准""市直行政事业单位印刷费支出定额标准"等19项通用标准，为市级相关经费预算支出订立了"统一标尺"。

"廊坊经验"在财政资金"降本、增效"方面取得了实质性突破。2022年，廊坊市财政局以资金效果评定部门预算，对市住建局、市卫健委、市公安交警支队及4所中职院校开展了全成本绩效管理，对部门项目进行成本分析、标准核定，形成支出标准91项，结合专家评审全面实现"降本增效"，涉及项目278个、资金24.27亿元，审定7.04亿元，审减17.23亿元。

四、开展政府财政运行绩效目标管理，实现财政运行全过程管控

廊坊市率先将绩效目标管理向政府财政运行延伸。2021年廊坊市综合考量各县（市、区）财政运行特点和基础，选取具有代表性的固安县、香河县作为试点，开展县级政府财政运行综合绩效评价；在绩效评价的基础上，明确县级财政运行的关键绩效指标和标杆值，设计了县级财政运行综合绩效目标申报表，试点财政运行综合绩效全过程管理。

"廊坊经验"强调财政运行绩效目标管理，注重制定明确的财政目标和绩效评价指标，通过制定绩效指标、开展评估和追踪分析，推动了财政资源合理配置和经济社会发展的衔接贯通。廊坊市财政局围绕"收、支、管、调、防"五个方面，首创"县级政府财政运行绩效目标表"，重点分析财政收支运行情况，并关注财政在

教育、社保、科技等核心领域的重点项目产出情况，力求在体现调结构、稳增长、惠民生运行成效的基础上，将财政支出、产出成果具体化，为后续各县（市、区）开展综合绩效运行监控、绩效自评等提供支撑。这种目标导向的管理方式，促使廊坊市的财政运行更加注重实现经济、社会和环境效益，提高了财政资源的使用效能和社会福祉。

五、绩效管理为以财辅政，绩效结果提升政府治理能力

廊坊市坚持把绩效作为实现预算自我革新的重要抓手，将绩效改革深度融入预算管理全过程，全力推动预算管理更高质量发展，让预算绩效融入政府治理大格局，提高政府治理现代化水平。一是，大力实施全年编预算模式。积极探索"项目库全年敞开、分阶段编制预算"模式，在给部门充足时间谋划项目的同时，严格审核政策性项目、严格把关经常性项目、严格执行新增项目事前评估，把低效无效项目全部挡在预算大门之外。通过构筑三道防线，项目层次更清，支出进度更稳，执行效果更好。二是，集中财力办大事，着力优化支出结构。廊坊市坚持以绩效管理聚财力，持续优化财政支出结构，三年来将审减收回的69亿余元资金全部用于经济社会发展重点领域，逐步实现了从"部门项目散碎小"到"集中财力办大事"的转变。2023年廊坊市全面启动"集中财力办大事"财政政策体系改革，根据当前工作与长远目标建立"大事项目库"，综合运用"资金、资产、资源"，对推动协同发展、深化科技创新、做强实体经济、保障改善民生等重大事项进行前瞻性和系统性保障，助力打造高品质民生福祉，助推经济社会高质量发展。坚持算大账、算精细账、算长远账，对资金量较大的部门整体支出、信息化资金，开展全过程绩效管理，大胆引入专家科学客观评判，把价格虚高、效果较差的项目全部砍掉，将节约的资金用在全市发展重点领域。三是，聚焦重大政策和项目。坚持目标导向、问题导向，对重大政策和项目实行跟踪问效。2021年，累计清理计划不清、效益不好的政策性项目49个。对于美丽乡村、雪亮工程等实施周期长的项目，将事前评估、事中问效、事后评价有机结合，形成了评价、整改、提高的良性循环。

六、推动部门绩效整体提升，让"花钱问效"成为常态

部门是预算绩效管理的主体，也是预算绩效管理基本载体。为了提高部门整体预算的配置效率和使用效益，2021年，廊坊市率先开展部门整体全过程绩效管理，

较早地开展部门整体预算绩效评估,形成了部门整体预算绩效管理事前、事中和事后的闭环。以市水利局为试点,将该部门2020年整体评价结果和当年事中监控情况应用于2022年部门整体事前评估,经评估的项目审定预算5400余万元,削减整合完成效果未达预期、预算执行不佳的项目,压减了非刚性、非亟须支出。预算编制的过程,同时也是促进部门梳理职责、推动目标精准实施的过程。

廊坊市鼓励各部门建立绩效导向的管理机制,强调整体绩效的提升和评价。廊坊市研究制定了《廊坊市本级全成本预算绩效管理实施方案》,全面统筹分析部门各级资金、重点政策和主要资产,围绕部门职能、支出责任、公共服务水平等方面,对经常性项目进行成本分析、新增项目开展专家评审,并按照不同的行业属性、重点事项,制定"全面核算支出成本+重点关注部门特点"的全成本绩效管理思路。

廊坊市还注重激励和奖励机制的完善,鼓励部门之间相互学习和合作。通过设立奖励制度,表彰在整体绩效方面取得优异成绩的部门,激发了部门的积极性和创造力。通过部门间的合作与协同,促进资源的充分利用和协同效应的产生,提高整体绩效。"部门整体讲绩效"的理念,使各部门不仅注重个体的绩效,同时关注整体的绩效表现。通过部门之间的合作与协同,能够促进资源的充分利用和协同效应的产生,从而提高整体绩效。这一理念的应用,有效推动了廊坊市各部门的工作效率和绩效水平的全面提升。

除此之外,"廊坊经验"的成效和贡献还体现在以下方面:一是,促进了财政透明度和信息公开。廊坊经验注重建立信息公开制度,通过公开财政信息,提高了财政管理的透明度,加强了对财政支出的监督,增强了公众对政府财政工作的信任度。二是,推动了政府廉政建设。廊坊经验重视廉政建设,在财政管理过程中加强了廉政风险防控,建立了廉政管理机制,加强了对财政资源的监督和管理,有效遏制了腐败现象,提高了政府廉洁及公信力。三是,注重社会参与和第三方管理。公开招标建立覆盖京津沪浙的高规格中介机构库,面向社会公开征集入库专家,开展优秀绩效评价专家表彰,开展预算绩效管理实训,开通"寻绩问效在廊坊"微信公众号,打造财政政策库、中介机构库、绩效专家库、文献库、案例库、制度库、指标库、标准库等,为工作开展提供了强有力的专业力量和智力支持。

第二章
系统推进"五全"预算绩效管理体系

2019年廊坊市被河北省财政厅确定为河北省预算绩效管理改革试点后,廊坊市首先从组织保障工作入手,组建市级领导小组,市委书记、市长联名致信市直各部门、各单位"一把手",并将预算绩效管理纳入市管领导班子和领导干部考评体系,高位推动预算绩效管理工作。廊坊市财政局成立了局预算绩效管理委员会,组建预算绩效管理办公室和预算绩效科,并推动建立了部门协同、市县一体的预算绩效管理工作体系。同时,逐步建立了以《中共廊坊市委 廊坊市人民政府关于全面实施预算绩效管理的实施意见》(廊发〔2019〕23号)为核心,以《廊坊市人民政府关于印发廊坊市市级部门预算绩效管理办法的通知》(廊政字〔2019〕34号)为统领,涵盖事前评估、绩效目标、事中监控、事后评价以及绩效考核等预算绩效管理各个环节的制度体系框架。此外,根据全面预算管理工作需要,逐步建立和完善了相关技术体系和支撑体系。"全方位、全过程、全覆盖、全成本、全融合"的"五全"预算绩效管理体系初步形成。

第一节　高效有力的组织体系

在预算管理方面河北省一直走在全国的前列，探索形成了绩效预算、预算一体化"河北模式"等诸多先进经验。2014年起河北省在部门预算和项目预算两个层面开展绩效预算管理改革试点，选择衡水市、承德市、宁晋县等部分市县开展绩效预算管理改革试点。2018年9月《中共中央 国务院关于全面实施预算绩效管理的意见》（中发〔2018〕34号）出台后，按照中央和省委省政府决策部署，为进一步深化全省预算管理制度改革，加快建立现代财政制度，河北省委、省政府于2018年年底印发《关于全面实施预算绩效管理的实施意见》（冀发〔2018〕54号），明确提出省市县三级在2019年全面实施预算绩效管理，到2020年全面建成全方位、全过程、全覆盖的预算绩效管理体系。

为贯彻落实河北省《关于全面实施预算绩效管理的实施意见》，对标对表中央和省委省政府部署要求，河北省财政厅于2019年3月印发《全面实施预算绩效管理推进工作方案》（冀财预〔2019〕21号），进一步明确和细化了全省全面实施预算绩效管理相关工作内容和工作计划，提出了"制度标准体系全面建立、各项管理措施全部到位、省市县三级全面落地"的具体工作目标。按照方案安排，河北省选择廊坊等地开展预算绩效管理改革试点。

试点开始后，为集中破解预算绩效改革的难点、痛点、堵点，廊坊市制定了"党委政府整体部署、各个部门全面动员、预算与绩效紧密协同、社会公众深度参与、市县两级统筹推进"五项机制。首先从组织保障工作入手，组建市级领导小组，市委书记、市长联名致信市直各部门、各单位"一把手"；每年预算草案汇报会，市长都要专门听取全面实施预算绩效管理情况报告,并作重要批示;将预算绩效管理纳入市管领导班子和领导干部考评体系,高位推动预算绩效管理工作。2019年,廊坊市财政局成立了局预算绩效管理委员会,组建预算绩效管理办公室,后在2020年设立了预算绩效科。部门成立以局长为组长的部门领导小组。区县财政局也成立了内部预算绩效部门或专班。部门、市县的协同联动,人大、政协和公众的广泛深度参与,分工明确、协调有序的廊坊预算绩效管理工作体系逐步建立了起来。

一、高位推动

财政是国家治理的基础和重要支柱,财税体制改革涉及各个领域和方方面面,需要做到"以政领财、以财辅政"。廊坊市在成为全省预算绩效管理改革试点市之后,市财政局第一时间向市委、市政府做了专题汇报,得到了市委、市政府的高度重视。党委政府领导深刻认识到,要想干成必须党委政府带头、财政部门冲锋、各部门全力配合,上下一条心、大家一起拼,达成了"不干不行、干不好不行"的共识,并组建市级领导小组。领导小组由市委书记任组长,市长、常务副市长等任副组长。此后,市委书记、市长联名致信市直各部门、各单位"一把手",强调全面实施预算绩效管理势在必行、行必有果,压实部门主体责任(见专栏2-1)。

▶ **专栏2-1 廊坊市委、市政府致市直各部门关于全面实施预算绩效管理工作的一封信**

致市直各部门关于全面实施预算绩效管理工作的一封信

各位同志:

党的十九大明确提出了"全面实施绩效管理"的工作要求,并将之作为推进国家治理体系和治理能力现代化的重要途径。党中央、国务院自2018年以来,先后印发了《关于全面实施预算绩效管理的意见》等一系列文件,要求力争用3至5年时间基本建成全方位、全过程、全覆盖的预算绩效管理体系。今年3月22日,在全省预算绩效管理推进会议上,凭借扎实的工作基础,我市被确定为全省全面实施预算绩效管理设区市试点,承担起为河北先行探路、积累经验的光荣使命。各预算部门(单位)要以改革试点为契机,主动站位大局,严格按照全市统一部署,全力做好预算绩效管理工作,为人民群众提供更加优质高效的公共服务。

全面实施预算绩效管理，花钱问效已是大势所趋。于政府自身而言，预算绩效管理是政府绩效管理的重要组成部分，对于建设责任型和效能型政府具有重大意义。特别是在减税降费、政府收支矛盾持续增大的背景下，如何运用绩效的手段高效用好有限的财政资源，满足社会各界对公共服务的需求，已经成为政府要全力完成的一道必答题。于人民群众而言，把工作效果作为资金使用情况的最终评判依据，让人民群众了解知晓财政资金使用效益，也是保障人民群众预算知情权最为有效的方式。

全面实施预算绩效管理，追责问责依法势必从严。《预算法》中明确规定，预算绩效管理要深度嵌入预算管理全过程，进一步加大对预算绩效管理不到位问题的监督问责力度。结合我市实际来看，在2018年省审计厅对我市的审计中，查出的一些问题都与资金使用绩效直接相关，部分责任人也因此受到纪律处分。各预算部门（单位）主要负责同志一定要警醒起来，牢固树立"花钱必问效、无效必问责"理念，如果抓不好预算绩效管理工作，一旦出现问题，就会有被追责问责之虞。

全面实施预算绩效管理，具体职责分工清晰明确。中央明确规定，地方各级政府和各部门各单位是预算绩效管理的责任主体，主要负责同志对本部门（单位）预算绩效负管理责任，项目责任人对项目预算绩效负责。各预算部门（单位）要责无旁贷地扛起预算绩效管理"大旗"，加强对绩效管理工作的组织领导，坚决落实好主体责任，抓紧启动工作开展，逐步建立规范的内部工作机制。此外，预算绩效管理工作是一项长期工作，相关部署开展早一点、扎实一点，就能赢得工作主动，未来的工作就会顺势跟进，形成工作的良性循环。

风生水起逐浪高，深化改革看今朝。预算绩效管理改革是今年全市财经领域的一项重点改革，各预算部门（单位）要进一步统一思想，坚决落实好相关工作部署，推动我市预算绩效管理工作取得实效，为全省提供可资借鉴的"廊坊经验"，以扎实的改革成果献礼建国70周年、建市30周年！

中共廊坊市委书记　冯韶慧
廊坊市人民政府市长　陈　平
2019年7月1日

党对预算绩效管理的领导是廊坊市预算绩效管理得以深化、取得成效的关键。自2019年至2023年，廊坊市财政局连续5年向市委、市政府主要领导作预算绩效管理专题汇报，专题汇报主要聚焦上一年度预算绩效管理工作成效与经验、当年重

点工作计划等内容。市委、市政府主要领导同志多次对预算绩效管理工作作出批示指示，极大地推动了全市预算绩效管理改革不断深化。例如，2022年年初专题汇报后，市委、市政府批示"工作成效值得充分肯定，望再接再厉"，并要求"市财政局进一步加大力度，全面抓好2022年工作计划的贯彻落实，推动财政资金使用效益不断提升"。

同时，为进一步强化预算绩效意识，压实部门主体责任，在廊坊市财政局推动下，预算绩效管理被纳入市管领导班子和领导干部绩效管理考评体系，进一步传导压力、压实责任，将预算绩效管理向纵深推进。2019年7月，中共廊坊市委、廊坊市人民政府印发的《关于全面实施预算绩效管理的实施意见》（廊发〔2019〕23号）（以下简称《意见》）明确要求："各级要将预算绩效结果纳入政府绩效和干部政绩考核体系，作为领导干部选拔任用、公务员考核的重要参考。各级财政部门负责对本级部门和单位、下级财政部门预算绩效管理工作情况进行考核。"根据《意见》精神，2019年，市委组织部将"预算绩效管理"纳入市直单位绩效管理考评指标体系，市财政局对承担预算绩效管理工作的市直单位进行了考评打分。此后每年市财政局在年初即向各县（市、区）财政局、市直有关部门（单位）印发预算绩效管理工作考评的通知，明确相关工作要求（见专栏2-2）。

▶ 专栏2-2 将预算绩效管理纳入领导班子和领导干部考评体系

领导班子和领导干部绩效管理考评中的预算绩效管理
（以2021年为例）

2021年年初，按照《关于印发〈2021年度市管领导班子考核指标体系〉的通知》（廊干考组办字〔2021〕3号），将"预算绩效管理"分别纳入"县（市、区）绩效考核指标体系"和"市直单位绩效管理考评指标体系"。县（市、区）绩效考核指标体系共150分，预算绩效管理占2分；市直单位绩效管理考评指标体系共150分，预算绩效管理占3分。按照市委组织部统一要求，市财政局对10个县（市、区）和81个承担预算绩效管理工作的市直单位进行考评打分。

县级预算绩效管理工作考评方面，2022年年初市财政局印发了《关于做好2021年度县级预算绩效管理工作考评的通知》（廊财绩〔2022〕1号），要求各县（市、区）财政局全面回顾2021年本地区预算绩效管理工作任务完成情况，对照《县级财政部门预算绩效管理工作考核评分表》开展自评。市财政局结合自评情况，开展年度工作考核。考评主要关注市财政局2021年布置的预算绩效管理工作，分为工作组织（16分）、事前绩效评估（10分）、绩效目标管理（25分）、绩效运行监控管理（12分）、绩效评价管理（25分）、绩效信息公开（12分）、县级重点领域绩效管理（10分加分项）等七个方面，满分110分（换算为百分制后作为最终考核评价得分）。2021年，考评最高得分92.50分，最低得分80.50分，平均得分87.40分。

市直部门预算绩效管理工作考评方面，2022年年初市财政局印发了《关于做好2021年度市直部门预算绩效管理工作考评的通知》（廊财绩〔2022〕2号），要求市直有关部门（单位）全面回顾2021年本部门预算绩效管理工作任务完成情况，对照《廊坊市市直部门预算绩效管理工作考核评分体系（2021年度）》，将相关佐证材料报送市财政局。市财政局通过参考历史工作数据、查看报送的数据资料等方式进行考核打分。考评主要关注2021年度部门整体绩效自评复核工作和预算绩效管理工作，满分为100分。考评包括两个方面、七项内容：一方面对部门整体绩效工作进行考评，分值为60分，包含部门管理（24分）、部门产出（24分）、部门效果（12分）；另一方面对部门预算绩效管理工作进行考评，分值为40分，包括事前绩效评估（10分）、绩效目标管理（10分）、绩效运行监控管理（10分）、绩效评价管理（10分）。2021年，考评最高得分95.49分，最低得分62.69分，平均得分87.10分。

二、积极主动

传统的绩效工作难以出实效的根本原因是预算与绩效"两张皮"。廊坊市大胆革新，重构内部机构设置和职责分工、重塑预算管理流程，逐步探索建立起了一套适合市县层级的预算与绩效一体化机制，实现预算与绩效紧密协同，推动预算与绩效工作由"两张皮"变为"一张网"。

成立工作专班。财政部门是全面实施预算绩效管理的组织协调者，也是主要推动者。2019年以来，廊坊市财政局通过成立局预算绩效管理委员会、组建预算绩效管理办公室、成立预算绩效科等方式，逐步深入推动预算绩效管理工作（见图2-1）。

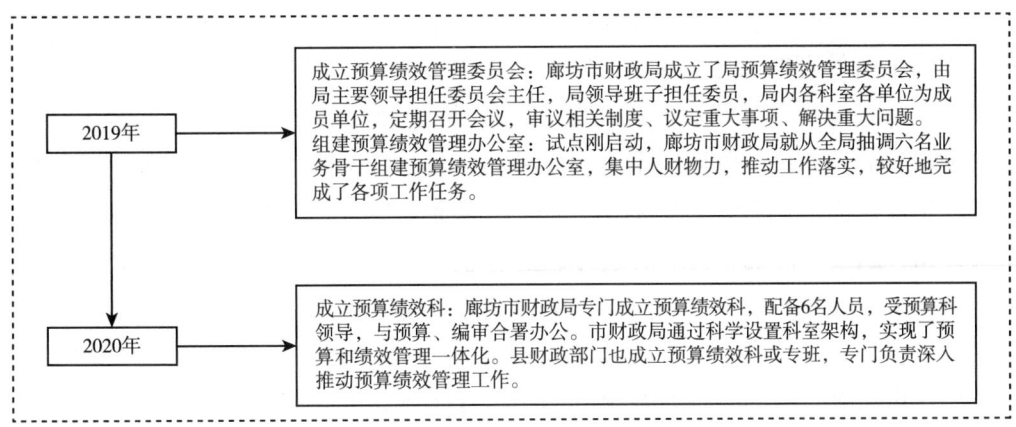

图2-1 廊坊市财政局工作专班成立情况

明确内部分工。主体明确、界限清晰、协同紧密的分工机制对于预算绩效管理改革的推进具有事半功倍的作用。为建立配合紧密、高效协同的局内预算绩效管理工作机制，市财政局结合工作实践，研究制定了局内预算绩效管理相关规程，明确了各科室职责分工，界定了各环节绩效边界（见图2-2）。通过一系列改革，实现了财政部门内部预算、编审、绩效三个科室合署办公，预算编制执行与绩效全过程管理"合二为一"，拧紧了财政资金"水龙头"，推动资源配置由"全面灌溉"向"精准滴灌"转型。

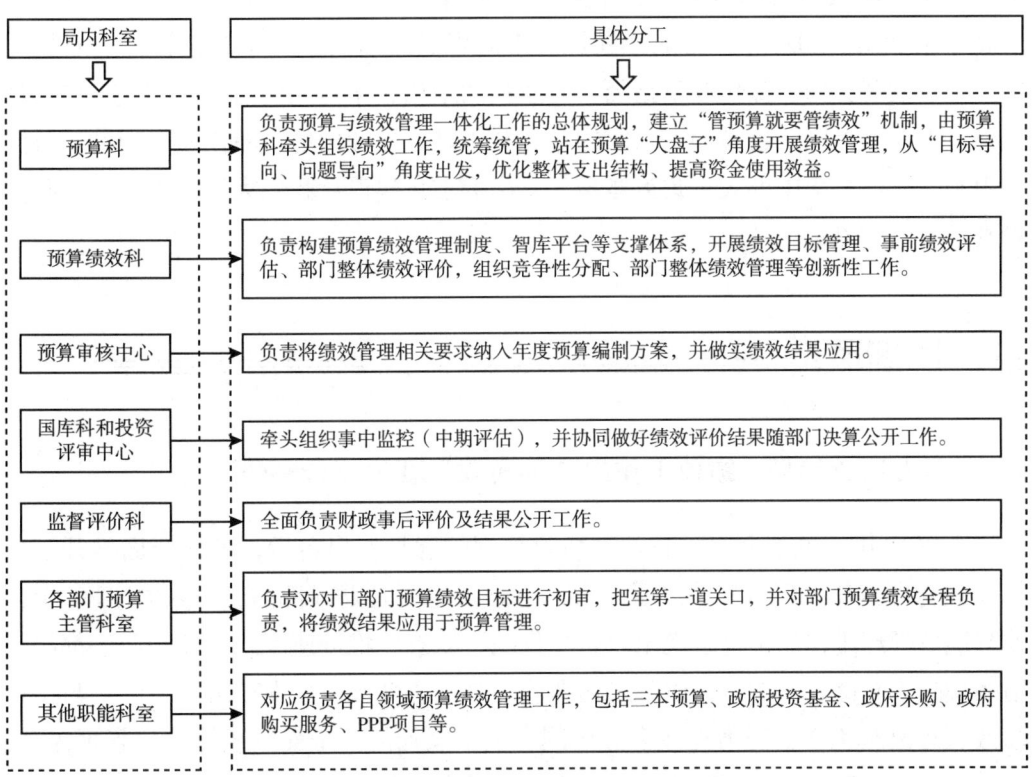

图2-2 廊坊市财政局局内各科室具体分工

分解落实目标。2019年7月印发的《中共廊坊市委 廊坊市人民政府 关于全面实施预算绩效管理的实施意见》（廊发〔2019〕23号），严格按照《中共中央 国务院关于全面实施预算绩效管理的意见》"力争用3—5年时间基本建成全方位、全过程、全覆盖的预算绩效管理体系"的要求，并结合自身较好的工作基础，适度超前部署，提出"力争用2年左右时间，全面建成全方位、全过程、全覆盖的预算绩效管理体系"这一更高的目标。2021年，廊坊绩效工作继续加力加速、提质提效，研究出台《进一步推进全面实施预算绩效管理的实施意见》，明确2021—2023年规划目标、主要任务、重点举措，把准了方向舵、划定了路线图，为实现"三全体系更完善、支撑系统更有力、绩效观念更牢固、具体业务更务实"夯实基础。市财政局每年制定工作方案，印发市直各部门及县级财政部门，按照年度任务、时间节点、职责分工，逐条逐项推动业务落实落细，推动各项预算绩效工作落地见效。通过制订详细计划表，流程图、任务书，上墙表旗、挂图作战，推动绩效管理相关理念和要求融入财政工作的每一个环节、每一个领域。

此外，改革推开后，廊坊市也始终注重学习培训、借鉴先进，边探索、边学习。自2019年以来，廊坊市累计购买发放《中国财政绩效报告（2019）》《全面实施预算绩效管理系列丛书》等书籍几百本，加强财政系统工作人员业务学习。2020年组织市县两级财政部门相关工作人员30余名，赴厦门会计学院专程参加预算绩效高级培训班。2021年，又前往浙江、上海考察学习，进一步开拓视野、对标先进，修正改革方向，深化改革路径。一系列的培训、学习和调研，让相关工作人员明确了方向和差距，也激励了大家的斗志和干劲。参加廊坊市浙江考察团的某位同志提到"浙江的集中办大事政策体系、支出标准化建设让我们大开眼界，也让我们看到了自己的差距"。

三、协同联动

（一）多方广泛参与，绩效工作由"独角戏"变为"合奏曲"

在2018年《关于全面实施预算绩效管理的意见》出台后，各地全面推开了预算绩效管理工作。但从实践来看，大部分地区主要是财政部门"一家之事"，全面预算绩效管理工作的推进呈现出"单兵作战"状态，推进速度、广度和深度都面临诸多挑战。对此，廊坊市在改革之初即着力推动各个部门全面动员、广泛参与预算绩效管理改革工作，努力构建多方协同、上下联动的"全面"预算绩效管理体系，将预算绩效管理工作由"独角戏"变为了"合奏曲"。

在市委、市政府高度重视和高位推动下，廊坊市构建了行业主管部门主动担当作为，各部门分工协调的全方位预算绩效管理工作体系。市国资委、市教体局等各预算部门和单位也纷纷成立部门内部预算绩效管理工作领导小组，一般都由部门和单位一把手担任领导小组组长，部门和单位其他领导作为副组长，部门内部各科室负责人均作为成员参与其中，形成了全员讲绩效的局面（见专栏2-3）。尤其在将预算绩效管理工作纳入领导班子和领导干部绩效管理考评后，压实了部门职责，逐步推进部门整体评价全覆盖，转变部门"重投入、轻管理"观念，有效发挥考评"指挥棒"作用。基于统一的部门整体评分指标体系，对87个市直部门进行横向评价，并将评价结果与部门预算安排挂钩，累计压减评价结果不佳的部门公用经费976万元。

> **专栏2-3 廊坊市国资委《关于成立预算绩效管理工作领导小组的通知》**

廊坊市国资委
《关于成立预算绩效管理工作领导小组的通知》

按照市财政局关于印发《全面实施预算绩效管理推进工作方案》的通知文件要求，为做好国资系统预算绩效管理工作，经研究，决定成立市国资委预算绩效管理工作领导小组，组成人员如下：

组长：市国资委党委书记、主任。

副组长：党委副书记、调研员、党委委员、副主任、统工会主任、副调研员。

成员：财务与收益管理科负责人，企业改革科负责人，人事科科长，办公室主任，综合法规科科长，产权规划科负责人，企业财务监督评价科科长，考核分配科科长，监督科科长，安全生产管理科科长，企业领导人员管理科科长，党建工作科负责人，群众工作科科长，系统工会副主任，老干部科负责人，机关党委负责人。

由财务与收益管理科牵头预算绩效管理工作，各相关科室密切配合，设置内部绩效目标，明确任务分工，压实工作责任，形成时间表、路线图、任务书，自控自评预算绩效管理的落实执行情况，确保我委预算绩效管理工作顺利推进。

廊坊市人民政府国有资产监督管理委员会

2019年5月21日

市直各部门、各单位在严格按照预算绩效管理要求完成编制项目和部门（单位）绩效目标、开展绩效监控和自评等"必修课"的基础上，也积极主动作为，市发改部门对基本建设项目开展事前评估，市财政部门联合人社部门对编外用工项目进行专项评估，市网络信息化管理部门对信息化建设开展专家评审，市财政部门联合市教育、农业部门组织所属单位开展重点领域竞争性分配，预算绩效管理不留口子、没有死角。此外，各部门通过核算自身运行成本和项目支出成本，形成部门内部支出标准，作为申报预算的重要依据，促进其不断提升项目质量、优化支出结构、提高资金管理水平。

更多主体的广泛参与是推动财政资源优化配置、提升财政资金使用效益的内在需要。2018年，中共中央办公厅《关于人大预算审查监督重点向支出预算和政策拓展的指导意见》（中办发〔2018〕15号）提出"按照党中央改革部署要求和预算法、监督法规定，人大对支出预算和政策开展全口径审查和全过程监管"，并重点审查监督部门重大项目支出绩效目标设定、实现及评价结果应用情况[①]，审计查出问题整改落实情况等。为此，廊坊市财政局多次向市人大、市纪委监委专题汇报预算绩效管理工作，并在每年审议预算时，提请市人大财经工委听取预算绩效管理相关工作，制作预算绩效文本，与预算文本同步提交人大审议，同步批复部门。同时，邀请人大代表、政协委员，纪检、审计等相关工作人员参与重大项目事前绩效评估会，逐步建立预算绩效管理监督体系，切实担负起了预算监督责任，为推进实施全面预算绩效管理保驾护航，推动了预算绩效管理工作不断提质扩围。市财政局还将重点评价结果报送市人大、市政府，为领导决策、政府治理提供依据。

（二）市县同步，实现预算绩效工作全域"齐步走"

预算绩效管理改革不仅要在市级部门全面开花，还需要在区县落地生根。而这一点，廊坊市还面临着财政领域"省管县"和"市管县"共存的特殊财政管理体制的挑战。作为河北省全面实施预算绩效管理的"排头兵"，廊坊市始终坚持市县一体、全域推进，市级负责总体设计、统筹协调、督导帮扶，与所辖的12个县（市、区）管理模式、工作机制、推进步伐保持一致，市县两级统筹推进，管理模式由"多主体"变为"一体式"，实现了预算绩效管理的市县"齐步走"。

强化统一部署。坚持制度到底，实现市县两级预算绩效制度体系全覆盖；坚持"三全"落地，建成市县层面全方位、全过程、全覆盖的预算绩效管理体系；坚持整体布局，市级出台年度总体实施方案，县级在总方案下制定本地区实施方案并报

[①] 李小健：《推动新时代人大预算审查监督迈向更高水平——全国人大常委会预算审查监督工作亮点回顾》，《中国人大》2022年第19期，第24-26页。

送市局审核汇总，保持求同存异，总体步调一致，各县突出特色。在改革试点开始后，市财政局要求各县（市、区）积极贯彻落实工作部署，在2019年年底前完成试点工作，特别是要在2020年预算编制中全面落实绩效管理要求。同时，在相关培训学习过程中，将各县（市、区）都纳入其中，如到北京市大兴区财政局进行的观摩学习队伍中就包括了各县（市、区）财政局主管局长和预算股长。在"市县一体、全域推进"的工作思路指导下，针对事前评估、事中监控、事后评价、全成本绩效管理、竞争性分配等业务流程仍未统一的现状，为尽快实现步调一致、规范统一、成果共用的全市"一盘棋"局面，2023年9月廊坊市财政局研究印发《廊坊市全流程预算绩效操作细则》（廊财绩〔2023〕19号），让市县两级绩效工作发挥乘数效应。

强化重点任务联动。2020年，市县共同开展义务教育领域部门整体绩效评价，在市本级及各县市区学校中分别选取初中和小学各一所，共23所学校，通过制定统一的工作方案，开展集中培训，统一评价内容、评价程序、指标体系等，市县同步开展，形成23个分报告，汇总形成廊坊市义务教育领域绩效评价总报告。2021年，市级开展县级财政运行综合绩效评价，县级同步开展乡镇财政运行综合绩效评价。2022年，市级全面开展全成本预算绩效管理，同时要求县级选一个领域或某领域的一个部门开展全成本预算绩效管理，最终目标是形成各领域的预算支出标准，在全市推广使用。

强化指导督导。一方面，在全市财政系统建立联络员、工作台账、工作报送、随机督导、定期通报五项机制，明确专人对口指导辅导，定期进行工作成果总结报送，市财政局及时汇总分析，对进度慢的实时督导，确保上下协同。另一方面，提请市委将县级预算绩效管理工作纳入督导范围，将督导结果在全市进行通报，对于结果较差的县，向县委主要领导下发整改通知书。同时，将县级预算绩效管理工作考核结果纳入市管领导班子领导干部考核体系，也极大地推动了预算绩效管理工作在区县的落地。

第二节 系统完备的制度体系

廊坊市以制度为先,按照"夯实制度基础、突出工作实效、坚持全域推进"的目标,2019年即出台了《中共廊坊市委 廊坊市人民政府〈关于全面实施预算绩效管理的实施意见〉》(廊发〔2019〕23号)、《廊坊市人民政府关于印发〈廊坊市市级部门预算绩效管理办法〉的通知》(廊政字〔2019〕34号)等全市预算绩效管理改革纲领性文件,随后围绕绩效目标、事前绩效评估、绩效运行监控、绩效评价、绩效工作考核、绩效结果应用、绩效信息公开等陆续制定一系列预算绩效管理制度,从宏观层面明确了廊坊市预算绩效管理干什么、怎么干,为做实做细绩效与预算全过程、全方位、全覆盖、全成本、全融合深度融合提供了制度基础。

一、顶层设计

(一)《中共廊坊市委 廊坊市人民政府 关于全面实施预算绩效管理的实施意见》

开展预算绩效管理改革试点后,廊坊市组织财政部门、业务部门相关人员及预算绩效管理相关专家,经过半年时间的系统研究和反复几轮的征求意见,于2019年7月出台了《中共廊坊市委 廊坊市人民政府关于全面实施预算绩效管理的实施意见》(廊发〔2019〕23号)(以下简称《实施意见》)。《实施意见》既是廊坊市委、市政府对党中央、国务院全面实施预算绩效管理重大决策部署在廊坊的具体实施和落地,也是全市全面实施预算绩效管理的顶层设计。《实施意见》首先提出"力争用2年左右时间，全面建成全方位、全过程、全覆盖的预算绩效管理体系"这一更高的目标，同时明确从"构建政府预算绩效管理体系、构建部门和单位预算绩效管理体系、构建政策和项目预算绩效管理体系"三个维度推动绩效管理全面实施。

一是，构建政府预算绩效管理体系。要实施各级政府收支预算全面绩效管理，将各级政府一般公共预算、政府性基金预算、国有资本经营预算、社会保险基金预算全部纳入绩效管理，实施政府财政运行综合绩效评价，推动提高政府预算配置效率。

二是，构建部门和单位预算绩效管理体系。将部门和单位预算收支全面纳入绩效管理，事前关注部门预算编制质量、要求各部门各单位科学设定部门年度整体绩效目标，事中要求各级政府及各部门和单位对绩效目标实现程度和预算执行进度实行"双监控"，事后各部门各单位开展部门和单位整体绩效自评，推动提高部门和单位整体绩效水平。

三是，构建政策和项目预算绩效管理体系。将政策和项目全面纳入绩效管理，实行全周期跟踪问效，建立重大政策和项目事前绩效评估机制、强化政策和项目绩效目标管理、实施政策和项目绩效运行监控、全面开展政策和项目绩效评价，推动提高政策和项目实施效果。

（二）《关于加强财源建设壮大财政实力的实施意见》等6个文件

在前期改革和探索快速推进，2019年《实施意见》提出的"力争用2年左右时间，全面建成全方位、全过程、全覆盖的预算绩效管理体系"这一目标基本实现后，中共廊坊市委办公室、廊坊市人民政府办公室于2021年1月印发《关于加强财源建设壮大财政实力的实施意见》（廊办〔2021〕3号）等6个文件的通知，明确了进一步推进全面实施预算绩效管理，并提出"力争到2023年年底，在巩固全方位、全过程、全覆盖的预算绩效管理体系基础上，形成重点领域财政资金竞争性分配、重点部门整体绩效管理、重大政策全周期跟踪问效的绩效管理机制，以绩效管理促进成本核算，健全重点领域财政支出标准体系，提高财政资源配置效率和使用效益"的更高目标以及"强化制度建设，完善绩效支撑体系""强化源头管控，扩围事前绩效评估""强化目标导向，优化绩效目标管理""强化过程跟踪，做实绩效运行监控""强化责任约束，深化事后绩效评价"五大举措。

一是，强化制度建设，完善绩效支撑体系。各级财政部门要按照财政部《预算管理一体化规范（试行）》的最新要求，依据"人员类、运转类、特定目标类"的项目分类，修订事前绩效评估、绩效目标、绩效监控、绩效评价等制度，并加快预算绩效管理信息系统建设，对现有预算绩效数据实施有效整合和共享，进一步建立健全预算绩效专家库、标准库等智库体系，与各预算部门、各县市区财政部门实行分建共享、动态管理，为预算绩效管理提供智力支持和制度保障；各级预算部门要按照全面实施预算绩效管理要求，建立健全本部门预算绩效制度、预算绩效指标库等支撑体系。

二是，强化源头管控，扩围事前绩效评估。各级预算部门、预算单位应对拟新出台的财政支出政策、新增项目开展事前绩效评估，评估报告及时报送同级财政部门，未按要求开展事前绩效评估的新增财政支出政策和项目不得申报财政资金；各级财政部门联合同级投资主管部门建立事前绩效评估联动机制，并与工程项目审批、信息化项目立项等紧密结合，形成大数据共享共用；各级财政部门要加强对新增重大政策和项目的财政事前绩效评估，评估对象逐步向部门整体支出层面扩展，将评估结果作为预算安排的重要依据。

三是，强化目标导向，优化绩效目标管理。各级政府要围绕高质量发展主题，将"集中财力办大事"作为指导原则，设定政府财政运行绩效目标，明确政府年度重大工作任务，报上级政府备案；各级预算部门应对部门整体支出、政策和项目设定绩效目标，并加强对所属预算单位绩效目标的审核把关和归纳分析，增加量化指标，减少定性指标；必要时，各级财政部门可聘请行业专家、绩效专家开展绩效目标专家审核，凡是没有编制绩效目标或绩效目标未通过财政审核的，一律不得安排预算；各级财政部门组织预算部门编制以部门整体、政策和项目绩效目标为主要内容的绩效文本，与预算文本"同步提交、同步审议、同步批复"，推动绩效目标管理与项目设立、资金安排、预算管理有机融合。

四是，强化过程跟踪，做实绩效运行监控。各级财政部门、预算部门及其所属单位依照职责，对预算执行情况和绩效目标实现程度开展"双监控"，预算部门日常监控与财政部门定期监控相结合。各级预算部门对重大政策、重点项目，以及问题较多、绩效不高的项目予以重点监控，并逐步开展部门整体绩效监控。财政部门可根据实际情况对部门整体、政策和项目开展财政重点绩效监控。各级预算部门通过监控深入分析执行进度慢、绩效不高的具体原因，对绩效目标出现执行偏差或显现管理漏洞的，应及时采取措施予以纠正。各级财政部门、预算部门对于绩效监控中发现严重问题的，如预算执行与绩效目标偏离较大、已经或预计造成重大损失或风险等情况，应暂停项目实施，按照程序调减预算并停止拨款，及时纠偏止损。

五是，强化责任约束，深化事后绩效评价。各级政府要建立对下级政府财政运行综合评价机制，并逐步实现评价结果与转移支付分配挂钩机制。预算执行后，各级预算部门要及时组织本部门及所属单位开展项目绩效自评，查找资金使用的薄弱环节，认真分析评价结果所反映问题，制定改进和提高工作成效的措施，及时将绩效自评报告提交财政部门。绩效自评报告作为预算部门申报下年度预算的前置条件，自评工作逐渐由"软约束"向"硬要求"转变，各级财政部门要以"问题导向、目标导向"为原则，对预算部门自评开展抽查复核，并选取部分重点政策和项目开展绩效评价，以3年为周期实现财政评价重点政策全覆盖，以5年为周期实现部门评价重点项目全覆盖。评价结果为"差"的，不得安排预算资金，相关支出政策按照程序进行清退。

二、管理办法

有了顶层设计的目标和方案，还需要推动落实的具体举措。在《实施意见》出台后的三个月内，即廊坊市人民政府于2019年9月印发了《廊坊市人民政府关于印发廊坊市市级部门预算绩效管理办法的通知》（廊政字〔2019〕34号），对全市预算绩效管理各方面内容和要求进行了明确。

事前绩效评估管理。部门和单位对拟出台的重大政策和项目开展事前绩效评估，投资主管部门要加强基建投资绩效评估，在预算审核时均需出具事前绩效评估报告。事前绩效评估结果要报市政府作为决策依据，并作为申请预算的必备条件，未开展绩效评估或绩效评估结果差的政策和项目不得列入年度预算，相关项目不得纳入财政项目库。财政部门根据部门和单位提供的事前绩效评估报告等结果，对拟新出台重大政策和项目预算进行审核，必要时可以组织第三方机构独立开展绩效评估，并依据审核和评估结果安排预算。

绩效目标管理。绩效目标是编制部门预算、实施绩效运行监控、开展绩效评价等工作的重要基础和依据，包括部门整体绩效目标、财政政策绩效目标和项目绩效目标。未按要求设置绩效目标或绩效目标设置不合理且不按要求调整的，不得纳入项目库管理，也不得申请部门预算资金。

绩效运行监控管理。绩效运行监控是指通过动态采集数据，及时、系统地反映预算执行、项目实施和项目绩效目标完成情况等重点内容，发现运行偏差并提出及时、有效的纠偏措施予以纠正，以确保项目预算资金按计划使用并实现预期绩效目标。按照监控的内容和时间，绩效运行监控可分为针对绩效目标实现程度开展的预算绩效运行监控、针对预算执行进度开展的预算执行进度监控和针对绩效目标实现可能性开展的中期绩效评估。

绩效评价管理。按照预算管理主体和内容，可分为部门和单位整体绩效评价、财政政策绩效评价和项目绩效评价。按照实施主体和工作内容，可分为部门绩效自评、绩效再评价和财政重点评价。

绩效结果应用管理。绩效结果应用是指针对开展预算绩效管理所形成的事前绩效评估、绩效目标、绩效监控、绩效评价等绩效信息，通过采取反馈整改、与预算挂钩、信息公开、激励约束等方式予以应用，以提高财政资金使用效益。

三、制度办法

在《关于全面实施预算绩效管理的实施意见》《廊坊市市级部门预算绩效管理办法》的统领下，廊坊市陆续制定了涵盖事前评估、绩效目标、事中监控、事后评价以及绩效考核等预算绩效管理各个环节的若干项制度办法（见表2-1），为廊坊市"五全"预算绩效管理工作开展奠定了坚实制度基础。

表2-1　　　　　　廊坊市预算绩效管理制度办法一览表

序号	政策文件名称	出台时间	目的及作用
1	《廊坊市市级事前绩效评估管理办法（试行）》（廊财〔2019〕74号）（已废止）	2019年7月	进一步加强预算绩效管理，规范事前绩效评估行为。
2	《廊坊市市级预算绩效目标管理办法（试行）》（已废止）	2019年7月	进一步加强预算绩效管理，提高预算绩效目标管理的科学性、规范性和有效性。
3	《廊坊市市级部门绩效运行监控管理办法（试行）》（廊财预〔2019〕56号）（已废止）	2019年9月	进一步加强和规范预算绩效运行监控工作，建立预算绩效运行监控机制，确保绩效目标如期保质保量实现，提高财政资金使用效益。
4	《廊坊市市级部门整体绩效评价管理办法（试行）》（廊财预〔2019〕47号）（已废止）	2019年9月	加快建成全方位、全过程、全覆盖的预算绩效管理体系，切实加强部门整体绩效管理，强化支出责任，进一步规范部门整体绩效评价工作。
5	《廊坊市市级政策和项目绩效评价管理办法（试行）》（廊财预〔2019〕53号）（已废止）	2019年9月	提高政策和项目预算绩效管理水平，规范政策和项目绩效评价行为。
6	廊坊市财政局关于印发《廊坊市预算绩效管理工作考核办法（试行）》的通知（廊财预〔2019〕54号）	2019年9月	推动预算绩效管理的全面实施，促进预算绩效管理工作的制度化、规范化、常态化。

续表

序号	政策文件名称	出台时间	目的及作用
7	廊坊市财政局关于印发《廊坊市市级预算绩效信息公开管理办法（试行）》的通知（廊财绩〔2020〕7号）	2020年10月	进一步加强预算绩效管理，明确预算绩效信息公开的原则、公开方式、监督管理等。
8	廊坊市财政局关于印发《廊坊市市级第三方参与预算绩效管理工作办法》的通知（廊财绩〔2020〕8号）	2020年10月	规范引入第三方参与预算绩效管理的行为，提升廊坊市预算绩效管理水平。
9	廊坊市财政局关于印发《廊坊市市级事前绩效评估管理办法》的通知（廊财绩〔2021〕10号）	2021年6月	进一步规范事前绩效评估工作，提高事前绩效评估的科学性、准确性。
10	廊坊市财政局关于印发《廊坊市市级预算绩效目标管理办法》的通知（廊财绩〔2021〕11号）	2021年6月	进一步提高预算绩效目标管理的科学性、规范性和有效性。
11	廊坊市财政局关于印发《廊坊市市级部门整体绩效评价管理办法》的通知（廊财绩〔2021〕12号）	2021年6月	加快建成全方位、全过程、全覆盖的预算绩效管理体系，切实加强部门整体绩效管理，强化支出责任，进一步规范部门整体绩效评价工作。
12	廊坊市财政局关于印发《廊坊市市级中期绩效评估管理办法（试行）》的通知（廊财绩〔2021〕17号）	2021年9月	进一步加强市级各部门、各单位预算绩效管理，提高预算执行效率和财政资金使用效益。
13	廊坊市财政局关于印发《廊坊市市级政策和项目绩效评价管理办法》的通知（廊财绩〔2021〕25号）	2021年11月	提高政策和项目预算绩效管理水平，规范政策和项目绩效评价行为。
14	廊坊市财政局关于印发《廊坊市市级部门绩效运行监控管理办法》的通知（廊财绩〔2022〕8号）	2022年6月	进一步加强和规范预算绩效运行监控工作，提高预算执行效率和资金使用效益，确保绩效目标如期保质保量实现。
15	廊坊市财政局关于印发《廊坊市市级预算绩效结果应用管理办法》的通知（廊财绩〔2022〕7号）	2022年6月	规范预算绩效结果应用，增强绩效结果约束力，切实提高财政资金使用效益和管理水平。
16	廊坊市财政局关于印发《廊坊市财政局预算绩效框架协议实施细则》的通知（廊财绩〔2022〕9号）	2022年6月	进一步加强预算绩效管理，规范框架协议内第二阶段任务分配，促进入围第三方机构机会公平、有效竞争。

续表

序号	政策文件名称	出台时间	目的及作用
17	廊坊市财政局关于印发《廊坊市市级全成本预算绩效管理实施方案》的通知（廊财〔2022〕36号）	2022年6月	积极推进成本预算绩效管理，引入管理实施方案，实现降本增效。
18	廊坊市财政局关于印发《廊坊市市级预算支出标准管理办法》的通知（廊财预〔2023〕16号）	2023年8月	构建内容完整、结构优化、程序规范的预算支出标准体系，使财政支出更加科学、合理和规范，更好发挥预算支出标准在预算管理中的基础性作用。

（一）预算编制环节

预算编制环节的预算绩效管理主要内容包括事前绩效评估管理、绩效目标管理。自2019年起，廊坊市先后制定了事前评估制度、绩效目标管理制度，并于2021年进行了及时修订，为市直部门开展事前绩效评估、编制与审核绩效目标提供了制度保障，推动了事前绩效评估、绩效目标管理的科学性、规范性和有效性的提升。

1.事前绩效评估

早在2019年7月廊坊市财政局即印发了《廊坊市市级事前绩效评估管理办法（试行）》（廊财〔2019〕74号）。这一办法明确了事前绩效评估的概念、目标、评估内容、基本原则、组织实施等要求，提出了事前绩效评估三大类型、三项评估内容、四个量化等级。经过一年多的试行，于2021年6月修订形成了《廊坊市市级事前绩效评估管理办法》（廊财绩〔2021〕10号），对原办法的适用范围、评估内容进行了微调，同时新办法明确了事前绩效评估定性结论与定量等级。《廊坊市市级事前绩效评估管理办法（试行）》（廊财〔2019〕74号）同时废止。

廊坊市财政局率先提出根据评估对象的不同划分为项目事前评估、政策事前评估和部门整体项目事前评估三类。其中，项目事前评估以单个项目为评估对象，由财政部门或各部门各单位组织实施；政策事前评估以包含单个项目或多个项目的财政政策为评估对象，由财政部门或政策出台部门组织实施；部门整体项目事前评估是以部门所有特定目标类项目、运转类其他项目为评估对象，以预算为评估重点的评估工作，由财政部门组织实施。将事前评估类型扩围至部门整体支出，在一定程度上避免了单一项目事前绩效评估"只见树木、不见森林"的局限性。另外，廊坊市财政局还探索了"事前评估+预算评审"的模式，创造性地将预算评审融入事前绩效评估工作中，评估结果不仅包含是否安排预算，也明确了部分安排预算的项目预算安排数，确保了评估结果一步到位，实现了"评估"与"评审"同频共审。

2.绩效目标管理

2019年7月,廊坊市财政局制定并印发了《廊坊市市级预算绩效目标管理办法(试行)》(廊财〔2019〕75号),明确了绩效目标的概念、分类,绩效目标管理的概念、对象、基本原则,绩效目标设置与审核管理等内容,全面系统支撑绩效目标管理高效运行,促进部门提升项目谋划能力。2021年6月,廊坊市财政局在原办法的基础上,修订形成了《廊坊市市级预算绩效目标管理办法》(廊财绩〔2021〕11号),《廊坊市市级预算绩效目标管理办法(试行)》(廊财〔2019〕75号)同时废止。新办法丰富了部门整体绩效目标的设置方法,调整了绩效目标审核结果的不同应用方式等。

廊坊市在绩效目标管理方面狠抓绩效目标的全覆盖、一般审核和重点审核分级分类同步开展、审核结果应用等工作。廊坊市按照预算支出的范围和内容将绩效目标划分为项目、政策和部门整体绩效目标3个维度,实现了项目、政策、部门整体的全覆盖。廊坊市将绩效目标审核划分为一般审核和重点审核。一般审核是指绩效目标的规范性审核,采取定性审核的方式开展,主要审核完整性、相关性、适当性、可行性。重点审核是指依托绩效目标对财政资金进行的实质性审核,对重点部门的部门整体绩效目标、重点预算项目或政策绩效目标开展审核。主要采取定量审核、专家评审的方式,审核内容包括立项的必要性、项目的可行性、资金的合理性、绩效目标的完整性。其中,一般项目和政策的绩效目标,由财政部门按照预算管理流程进行一般审核;社会关注程度高、对经济社会发展具有重要影响、关系重大民生领域或专业技术复杂的重点项目和政策的绩效目标,由财政部门按照预算管理流程进行重点审核;部门整体的绩效目标,由财政部门按照预算管理流程进行一般审核,并以五年为周期实现重点审核全覆盖。廊坊市在绩效目标管理办法中明确重点审核结果作为预算安排的重要参考因素,绩效目标不完善或设置质量不高的,不予安排预算。

(二)预算执行环节

预算执行环节绩效管理主要包括绩效运行监控、中期绩效评估。2019年以来,廊坊市先后制定了绩效运行监控和中期绩效评估制度,通过加强和规范预算绩效运行监控和中期绩效评估工作,根据绩效目标指标完成情况、执行进度及时纠偏,以预防出现偏差。

1.绩效运行监控

2019年9月,廊坊市财政局印发《廊坊市市级部门绩效运行监控管理办法(试行)》(廊财预〔2019〕56号),明确了绩效运行监控的概念、目标、监控内容与方式、基本原则、监控实施程序等要素，提出了绩效运行监控的"三大类型"和"三大方式"。其中，"三大类型"是指部门整体绩效目标和预算执行进度监控、政策绩效目标和预算执行进度监控、项目绩效目标和预算执行进度监控；"三大方式"包括绩效目标实现程度监控、预算执行进度监控、中期绩效评估。结合前两年实践经验，廊坊市财政局在原办法的基础上对绩效监控情况表类型等进行了优化调整，并于2022年6月修订印发了《廊坊市市级部门绩效运行监控管理办法》（廊财绩〔2022〕8号），进一步提升了部门绩效运行监控操作性，同时将部门绩效运行监控制度固化下来。《廊坊市市级部门绩效运行监控管理办法（试行）》（廊财预〔2019〕56号）同时废止。

廊坊市绩效运行监控实现了项目、政策和部门整体全覆盖。廊坊市根据设定的绩效目标类型和范围，将绩效运行监控也划分为了项目、政策和部门整体绩效监控3大类型。其中，政策和项目绩效运行监控关注预算执行进度和绩效目标实现程度，包括资金是否落实到位，资金支出进度及资金使用情况；政策和项目是否按计划进度实施，并分析目标任务未完成及进度滞后的原因；绩效目标和绩效指标的完成情况，是否需要修改相关目标、指标等。部门整体监控主要关注部门预算执行进度和绩效目标实现程度，包括部门预算资金落实情况、支出进度及资金使用情况；部门年度目标任务实施进度情况，分析进度滞后原因；部门整体绩效目标指标完成情况，分析预期目标契合程度、偏离程度，是否需要调整目标，是否需要采取措施进行纠偏等。

2.中期绩效评估

2021年9月，廊坊市财政局印发《廊坊市市级中期绩效评估管理办法（试行）》（廊财绩〔2021〕17号），明确了中期绩效评估的内涵、范围、分类和内容、评估方法程序和结果应用等要求。按照办法要求，对部门（单位）的政策和项目在监控过程中发现的运行偏差、执行缓慢、未能达到预期效益以及重点关注的项目开展评估。中期绩效评估主要关注阶段性预算资金执行状况、预算绩效目标计划完成情况。必要时，可对重点政策和重大项目的开展情况、执行进度、具体实施计划调整等情况进行延伸评估。包括：政策内容的吻合程度、政策执行是否超时限、资金立项规范性、资金分配的合理性、支出方向与政策规定是否匹配等；项目立项审批、政府采购招投标、开工合同、竣工验收、信息公开公示、资产管理和预算资金财务核算等。

廊坊市在绩效目标、预算执行"双监控"外，创新性地提出了在预算执行中期对项目、政策等开展中期绩效评估。一般的绩效目标、预算执行"双监控"主要关注预算执行进度、工作推进进度是否符合计划，是否与设置的绩效目标相符。廊坊市在"双监控"基础上，明确提出可对项目、政策等开展更加深入的中期绩效评估,并形成评估结论。尤其对重点政策和重大项目的开展情况、执行进度、具体实施计划调整等情况进行的延伸评估,为重点政策和重大项目的及时优化调整提供决策支撑,避免事后评价可能面临的"亡羊补牢"困境。

(三)决算环节

预算执行后的决算环节,预算绩效管理的主要抓手是绩效评价。2019年9月,廊坊市财政局先后印发了《廊坊市市级部门整体绩效评价管理办法(试行)》(廊财预〔2019〕47号)、《廊坊市市级政策和项目绩效评价管理办法(试行)》(廊财预〔2019〕53号),明确了评价内容、评价类型、评价工作程序,为全市范围内开展自评价、绩效再评价、重点绩效评价三大类型事后评价以及项目、政策、部门整体绩效评价提供了支撑。

2021年6月,廊坊市在《廊坊市市级部门整体绩效评价管理办法(试行)》(廊财预〔2019〕47号)的基础上,修订形成了《廊坊市市级部门整体绩效评价管理办法》(廊财绩〔2021〕12号)。此次办法修订将部门和单位整体支出绩效自评方式由主管部门先行汇总所属单位自评表和自评报告、后随同本部门自评表和自评报告一并报送财政局,调整为主管部门形成部门整体支出绩效自评表后按要求报送财政局;将部门和单位整体支出绩效自评成果由自评表、自评报告调整为自评表;将财政局再评价成果由《部门(单位)整体绩效再评表》《部门(单位)整体绩效再评报告》调整为《复核情况表》。同年11月,廊坊市在《廊坊市市级政策和项目绩效评价管理办法(试行)》(廊财预〔2019〕53号)的基础上,对原办法中的各责任主体职责、评价范围和内容、评价指标与标准等内容进行了补充和完善,修订形成了《廊坊市市级政策和项目绩效评价管理办法》(廊财绩〔2021〕25号)。

廊坊市从多个维度强化了事后绩效评价,逐步形成了部门自评、抽查复核与再评价、重点评价相结合的事后绩效评价模式,实现了部门项目和整体绩效评价的全覆盖。一是全力开展部门整体支出绩效自评、再评和重点评价。围绕部门资金管理、资金使用效益等内容,在部门自评基础上,廊坊市财政局选取部分部门和单位依照预算执行情况和重点工作开展情况进行重点评价,对部门和单位的自评结果进行抽查并开展再评价,以全面评价促进部门提升,并将结果纳入市管领导班子领导干部考核体系,促使部门进一步优化管理水平。二是全面推进政策和项目绩效自评、抽查复核和重点评价,在各部门自评的基础上,廊坊市财政局抽取政策和项目进行复核,对重大政策和项目开展重点评价,提出优化政策、改进管理、压减低效资金的建议。另外,面对预算绩效评价事后为主、应用效果不明显等问题,廊坊市财政局建立了评价任务清单和结果应用清单的"双清单"制度,将事后预算绩效管理进一步深化，不仅在政策和项目评价上推广应用，在各县区也进行实践和探索，推动绩效评价结果应用向纵深发展。

（四）成本绩效管理

开展成本绩效管理、建立财政支出标准是预算绩效管理的重要内容，是破解预算测算不准、预算申报过高、预算执行缓慢等问题的根本途径。廊坊市财政局在全面实施预算绩效管理中，借鉴北京市的先进经验，结合廊坊市实际，探索出了"析业务、明指标、找基线、定目标、补差距、提效能"的成本预算绩效分析思路[①]，打通了绩效与成本之间通道，建立绩效与成本关联关系。自2020年起陆续选取道路养护、公园养护等项目，通过分析历史数据、参考行业标准、细化成本构成等方式，核算每项工作的成本费用，核定开展相关工作所需的总体费用，制定相关项目费用标准，推动实现预算安排的科学精准，从源头上杜绝稀缺的财政资源配置不合理、低效无效、闲置浪费。

为贯彻落实党的十九大精神，积极推进全成本预算绩效管理，廊坊市财政局于2021年3月对市本级5所高中开展成本绩效管理试点工作。同年8月，廊坊市财政局、廊坊市教育局印发《廊坊市本级五所中学成本绩效评价工作方案》，对市本级五所中学的支出绩效指标和标准体系建设进行了评价与考核。在上述试点工作基础上，2022年6月，廊坊市财政局制定了《廊坊市市级全成本预算绩效管理实施方案》（廊预〔2022〕36号），提出"2022年年底前构建支撑体系，启动试点工作""2023年年底前制定分析框架，全面推进工作""2024年年底前完成标准构建，强化结果应用"的总体目标，同时明确了构建"管理制度、宣传培训、专业力量、绩效标准、信息技术"五位一体支撑体系，推进政策和项目全过程成本预算绩效管理，探索部门（单位）整体成本预算绩效管理，建立以成本数据为基础的支出标准体系，深化成本预算绩效管理结果应用及公开等五项重点任务。

在持续开展成本绩效工作基础上，廊坊市财政局于2023年8月出台《廊坊市市级预算支出标准管理办法》（廊财预〔2023〕16号），明确了支出标准体系建设实行"财政部门牵头组织，行业主管部门统一管理，各部门具体落实"的管理模式，将支出标准体系建设有机融入预算管理全过程，要求部门在申报预算时，必须开展支出标准分析、设定成本指标，无标准不能入库，原则上不安排预算，切实将标准作为预算安排的"硬杠杠"，提升预算管理精准化、标准化水平。

---

① 曹堂哲：《成本绩效评价的几个新方向》，《财政监督》2022年第21期，第24-26页。

（五）结果应用与信息公开

1. 结果应用

为规范预算绩效结果应用、增强绩效结果约束力、切实提高财政资金使用效益和管理水平，廊坊市财政局于2022年6月制定了《廊坊市财政局关于印发廊坊市市级预算绩效结果应用管理办法的通知》（廊财绩〔2022〕7号），从结果反馈及整改、结果报告和通报、结果应用联动、挂钩预算和政策调整、监督问责等五方面强调了绩效结果的应用。

一是，强化反馈及整改。明确财政局反馈、部门和单位整改时限等要求。首先，廊坊市财政局应在15日内将绩效结果和整改要求反馈部门（单位）。其次，相关部门和单位自收到绩效结果反馈之日起30日内，根据绩效结果及整改要求，制定整改措施，完成整改工作，并将整改结果报送至廊坊市财政局。廊坊市财政局和主管部门对相关整改情况进行跟踪，及时了解整改状况。

二是，关注结果报告和通报。建立绩效结果报告和通报机制，将绩效结果作为相关考核、政策和项目立项等工作重要参考依据。廊坊市财政局、部门和单位及时向市人大、市委、市政府报告，廊坊市财政局选取财政组织开展形成的绩效结果在全市范围内通报，部门将自行组织开展形成的绩效结果在本系统内通报，并按照政府信息公开的有关要求，逐步将绩效结果予以公开。

三是，重视结果应用联动。廊坊市财政局将绩效结果应用于全过程预算绩效管理的各个环节，强化全过程预算绩效管理的内部联系。针对预算绩效管理过程中存在问题的政策和项目，廊坊市财政局全过程追踪绩效状况；针对预算绩效管理发现的部门整体绩效问题，廊坊市财政局加强部门整体绩效管理。

四是，推动预算挂钩和政策调整。事前绩效方面，将事前绩效评估、绩效目标审核结果与当年度预算安排挂钩。事前绩效评估结论为"不予支持"的，不得纳入项目库管理，未纳入项目库管理的项目不得安排项目预算；绩效目标审核结果为"差"或60分以下的，不得进入下一步预算安排流程。事中绩效方面，将绩效运行监控及中期绩效评估结果作为资金拨付、预算调整、资金分配的重要依据。事后绩效方面，将政策和项目重点绩效评价结果与预算安排和政策调整挂钩，形成"评价结果应用清单"，评价结果为"差"的列入绩效"负面清单"，不得安排预算资金，并按照程序对相关政策进行清退；将部门整体绩效评价结果与部门运转类其他项目经费挂钩。另外，通过重点领域竞争性资金分配、部门整体绩效管理等评选出的优质项目，根据政策导向、部门（单位）实际需要以及当年财力情况予以优先保障；下级政府财政运行综合绩效评价结果作为测算分配相应转移支付资金的一项重要因素予以考虑。

五是，深化监督问责。廊坊市财政局负责对市直部门、下级财政部门预算绩效管理工作开展情况进行考核，并对预算绩效管理工作成效明显的部门和县（市、区）予以表彰，对工作推进不力的进行约谈并责令限期整改，考核结果分别报送各级党委、政府。

2.信息公开

为进一步加强预算绩效管理，明确预算绩效信息公开的原则、公开方式、监督管理等，根据《中共廊坊市委 廊坊市人民政府关于全面实施预算绩效管理的实施意见》的精神，廊坊市财政局于2020年10月制定了《廊坊市财政局关于印发廊坊市市级预算绩效信息公开管理办法（试行）的通知》（廊财绩〔2020〕7号），对公开范围、公开渠道、公开方式等方面进行了明确规定。市直各部门将部门整体及项目绩效目标编入部门预算进行公开，将部门整体及项目绩效自评、重点绩效评价结果编入部门决算进行公开。财政部门组织开展的重点绩效评价结果纳入政府决算公开，在政府决算信息公开专栏公开。至2022年，廊坊市实现了部门所有专项项目绩效自评全公开。

四、其他制度

此外，廊坊市财政局针对专项债券、转移支付资金等重点领域，出台了《廊坊市新增政府专项债券项目绩效管理暂行办法》（廊财债〔2021〕5号）、转发了《河北省财政厅关于印发〈河北省对下转移支付资金绩效管理办法〉的通知》（廊财预〔2019〕63号），分别对新增政府专项债券项目、省对下转移支付资金预算绩效管理提出了明确要求。

第三节 专业规范的技术体系

对于缺乏经验、人才队伍与专业化水平还有所不足的业务部门和区县来说，不仅需要通过制度办法"提要求"，更需要更加细化的技术标准、规范和模板"作参考"，让具体工作人员能够"按图索骥"，提高工作效率和质量。自2019年以来，廊坊市印发了3项操作规程、1项制度模板以及教育领域竞争性资金分配、全成本绩效管理操作指引，为具体部门、工作人员等提供了专业技术支撑。

一、操作规程

随着我国全面实施预算绩效管理的不断深入推进，各地围绕"三全"预算绩效管理体系制定了相关管理制度、办法，但操作规程相对较少。廊坊市在这方面下了大功夫，通过制定标准化规程，推动预算绩效管理工作做实做细。2020年，廊坊市财政局制定了《廊坊市财政局关于印发〈廊坊市财政局预算绩效管理内部规程〉的通知》（廊财绩〔2020〕9号）、《廊坊市财政局关于印发〈廊坊市事前绩效评估内部规程〉的通知》（廊财绩〔2020〕10号），并转发了《财政专项扶贫资金绩效管理操作指引（试行）》《财政部政府和社会资本合作（PPP）项目绩效管理操作指引》等文件；2023年，印发了《廊坊市全流程预算绩效操作细则》（廊财绩〔2023〕19号），对预算绩效管理的各个方面、各个环节作出了具体的规定，让各部门、各单位清晰地知道要干什么、怎么干、干成什么样（见表2-2）。

表2-2　　　廊坊市预算绩效管理具体操作规程一览表

序号	政策文件名称	出台时间	目的及作用
1	《廊坊市财政局预算绩效管理内部规程》(廊财绩〔2020〕9号)	2020年10月	贯彻落实中央、省、市关于全面实施预算绩效管理的意见,建立分工明确、责任清晰、协调配合的预算绩效管理工作机制,打造"预算编制有目标、预算新增有评估、预算执行有监控、预算完成有评价、评价结果有应用"的全过程预算绩效管理链条。
2	《廊坊市事前绩效评估内部规程》(廊财绩〔2020〕10号)	2020年10月	进一步加强预算绩效管理,明确事前绩效评估对象、评估内容、工作步骤、具体程序等。
3	《廊坊市全流程预算绩效操作细则》(廊财绩〔2023〕19号)	2023年9月	从事前绩效评估、预算绩效目标管理、绩效运行监控、政策和项目绩效评价、部门整体绩效评价、第三方机构参与预算绩效管理、预算绩效专家管理等七个方面进一步明确全流程预算绩效操作细则,构建全方位操作流程与模板。

(一) 预算绩效管理内部规程

《廊坊市财政局预算绩效管理内部规程》(廊财绩〔2020〕9号),面向市财政局各相关科室(单位),明确了操作规程的适用范围、各科室职责分工、绩效目标管理及事前绩效评估、绩效监控及绩效评价、信息公开及绩效考核等内容。其中,绩效目标管理由预算绩效科牵头组织,各部门预算主管科室负责审核及批复部门绩效目标;事前绩效评估由预算绩效科牵头组织,部门预算主管科室针对难以出具审核意见的专业性较强、社会关注度较高且金额较大(原则上在100万元以上)的政策和项目提出财政事前绩效评估申请,并根据事前评估标准程序组织实施财政评估,预算绩效科和部门预算主管科室共同审核事前绩效评估报告并做好结果应用;绩效"双监控"由国库科牵头组织,部门预算主管科室负责做好绩效监控的具体工作;中期绩效评估由投资评审中心牵头组织,各部门预算主管科室做好结果应用;部门整体绩效评价由绩效科牵头组织、项目和政策绩效评价由监督评价科牵头组织,各部门预算主管科室做好结果应用;绩效目标公开由预算绩效科、预算审核中心牵头组织,各部门预算主管科室负责督导归口部门做好相关工作;市直各部门、各县(市、区)财政局预算绩效管理工作开展情况的考核验收由预算绩效科牵头组织,各部门预算主管科室及县级财政局负责督导相关部门做好考核工作。

(二) 事前绩效评估内部规程

市财政局在出台《廊坊市财政局预算绩效管理内部规程》对预算绩效管理工

作整体进行规范的基础上，随后印发《廊坊市事前绩效评估内部规程》（廊财绩〔2020〕10号），向局内各相关科室（单位）明确了事前绩效评估五项评估内容、两个评估程序、五大评估步骤以及不同科室职责等内容。

五项评估内容：立项必要性、绩效目标合理性、实施方案可行性、投入经济性、筹资合规性。

两个评估程序：事前评估的标准程序和简易程序。标准程序工作流程含7个流程，分别为：（1）成立工作组。（2）制定工作方案。（3）收集整理资料。（4）召开预评估会。（5）提出预算调整意见。（6）召开正式评估会。（7）撰写评估报告。简易程序工作流程含3个流程，分别为：（1）成立评估工作组。（2）组织简易评估会。（3）撰写事前评估意见。

五大评估步骤：（1）预算部门（单位）开展事前绩效自评估。（2）部门预算主管科室审核自评估报告并反馈审核结果。（3）预算绩效科组织开展事前评估。（4）预算绩效科、部门预算主管科室审核第三方评估报告。（5）部门预算主管科室做好事前评估结果应用。

局内科室职责：市财政局组织开展的事前评估工作，由预算绩效科牵头组织，部门预算主管科室审核评估报告并做好结果应用，申报预算的部门（单位）全程配合评估工作。

（三）全流程预算绩效操作细则

为一体化推进全市预算绩效管理工作，廊坊市财政局于2023年9月面向局内各科室及各县（市、区）财政局印发《廊坊市全流程预算绩效操作细则》（廊财绩〔2023〕19号），包括《廊坊市事前绩效评估操作细则（试行）》《廊坊市绩效目标管理操作细则（试行）》《廊坊市绩效运行监控操作细则（试行）》《廊坊市政策和项目绩效评价操作细则（试行）》《廊坊市部门整体绩效评价操作细则（试行）》《廊坊市第三方机构参与预算绩效管理操作细则（试行）》《廊坊市预算绩效专家管理操作细则（试行）》7个文件，对预算绩效管理事前、事中、事后各个环节，以及第三方机构、专家等参与主体的具体操作流程、模板等进行了统一和明确。

（四）重点工作分类指引

针对竞争性分配、成本绩效等部分具有创新性、复杂性的重点工作，廊坊市还制定了相关工作指引，为相关工作提供操作指引。廊坊市自2019年在财政资金分配中引入竞争机制，连续五年开展"教育领域竞争性资金分配"工作。在每年该项工作开始前，廊坊市财政局均会同市教育局共同发布《廊坊市教育领域竞争性资金分配重点投入方向与项目申报指引》，至2023年已连续发布5年，为各县（市、区）财政局、教育和体育局及市直有关院校（幼儿园）规范、完整申报项目提供支撑。《廊坊市教育领域竞争性资金分配重点投入方向与项目申报指引》明确了项目申报形式要求、主体要求、数量要求、项目支持方向、评审工作流程以及项目申报书模板、申报材料清单、评审指标体系等内容。另外，廊坊市针对全成本预算绩效管理工作还制定了《全过程成本预算绩效管理指引》，明确了预算编制明成本、预算执行控成本、预算完成核成本、评价结果出标准等环节的实操应用，为各级预算部门（单位）提供了有力指导。

二、制度模板

为规范廊坊市市直各部门及所属单位的预算绩效管理工作，加快推动部门预算绩效管理深入开展，廊坊市财政局于2019年10月制定了《廊坊市财政局关于印发〈廊坊市××（部门）预算绩效管理办法（参考模板）〉的通知》（廊财绩〔2019〕64号），向市直部门提出了高度重视预算绩效管理制度建设工作、抓紧制定本部门预算绩效管理办法、切实抓好制度落实等要求，并提供了廊坊市××（部门）预算绩效管理办法（参考模板）。模板为部门内部职责分工、事前绩效评估管理、绩效目标管理、绩效运行监控管理、绩效评价管理、绩效评价结果应用管理等提供了参考（见专栏2-4）。

▶ 专栏2-4 廊坊市XX（部门）预算绩效管理办法（参考模板）内容框架

廊坊市××（部门）预算绩效管理办法
（参考模板）

第一章　总则
第二章　职责分工
第三章　事前绩效评估管理
第四章　绩效目标管理
第五章　绩效运行监控管理
第六章　绩效评价管理
第七章　绩效结果应用管理
第八章　附则

三、廊坊特点

全面实施预算绩效管理是对原有预算管理模式的一种改革和调整，需要重塑预算管理理念和流程，核心在于"制"。廊坊市一步步走过来，逐步探索出了适合基层、具有很强操作性的预算绩效管理专业技术体系。

（一）预算绩效管理要求更加细致和全面

市县一级预算绩效管理工作的核心在于做实做细、在于实际落地。在绩效管理顶层制度、管理办法的基础上，廊坊市财政局制定了更为具体、可操作、能落地的具体工作步骤和模板文件，提出了更为细致和全面的要求，更好指导了内部科室、不同层级财政部门、预算部门更好执行预算绩效管理制度。

财政部门内部的业务流转秩序和处理方式更加明确，对于预算绩效管理涉及不同部门，廊坊市财政局在内部操作规程中不仅明确了具体工作步骤，还规范和固化了相关单位、部门的权利责任和工作边界，明确了事前绩效评估、预算绩效管理的业务流转秩序和处理方式。

（二）市县绩效工作要求和程序更加统一

全国统一的预算绩效管理规范和业务流程目前尚未形成，各地都在积极探索相关规范、流程和标准。廊坊市作为河北省预算绩效管理试点市，通过研究制定廊坊市预算绩效全过程操作规范，并印发区县参照执行。通过操作规范统一了全市范围内事前评估、事中监控、事后评价、全成本绩效管理、竞争性分配等业务流程，实现了全市"上下左右"步调一致、规范统一、成果共用的"一盘棋"局面，实现"市县一体、全域推进"，让市县两级绩效工作发挥乘数效应。

第四节　完善的支撑保障体系

全面预算绩效管理的深入实施不仅需要依托坚强的组织保障体系、完善的制度体系和专业的技术体系，还需要坚强有力的支撑保障体系。为此，廊坊市坚持理念先行、务求实效，多措并举、综合施策，不断树立树牢"花钱必问效、无效必问责"绩效理念，构建完善预算绩效管理支撑保障体系，夯实改革基础。

一、系统培训，让预算绩效管理快速入脑入心

注重理念先行，创新培训方式，深化"我要变革"的思维。面对"花钱大手大脚"习惯与预算绩效管理意识和知识普遍缺乏的现实，廊坊市在2019年即针对不同层面、不同群体的需求，制订了"一揽子"培训计划，有指向性地开展分类化、分众化、分层化精准培训。一是，针对财政系统，坚持"市县一体、全域推进"，重点培训预算专管员，提升其把握预算绩效政策、指导部门落实的能力。二是，针对预算部门，区分财务人员、项目负责人、绩效指标填报人，重点培训其项目填报的能力。廊坊市财政局联合上海财经大学组织开展了4期160人次部门财务人员培训工作，并在本地组织了4期1600人次的项目负责人实操培训，组织了45期项目绩效指标填报人"一对一"辅导培训。三是，针对预算绩效专家库队伍，重点培训其评审能力以及廊坊市预算绩效管理要求和程序等内容。

通过组织部门领导、财务科长开展专题绩效培训，紧抓

领导干部这个关键少数，推动预算绩效管理理念快速普及。通过对业务人员、绩效专家5000余人次进行业务实操培训，让廊坊预算绩效管理相关要求和制度迅速落地生根。分门别类的培训，有效提升了培训质量，实现了预算绩效理念与操作能力双提升，在全市厚植了"全员绩效""花钱必问效，无效必问责"的法治意识，变"要我干"为"我要干"，改变了近年来预算绩效培训"一刀切""一锅煮"的现状，受到了国内其他地区的关注。例如，盐城市转发了中国财经报刊发的"看紧'钱袋子'打好'铁算盘'——河北省廊坊市推进预算绩效管理改革纪实"文章（见专栏2-5）。

▶ 专栏2-5 其他地区对廊坊绩效的关注

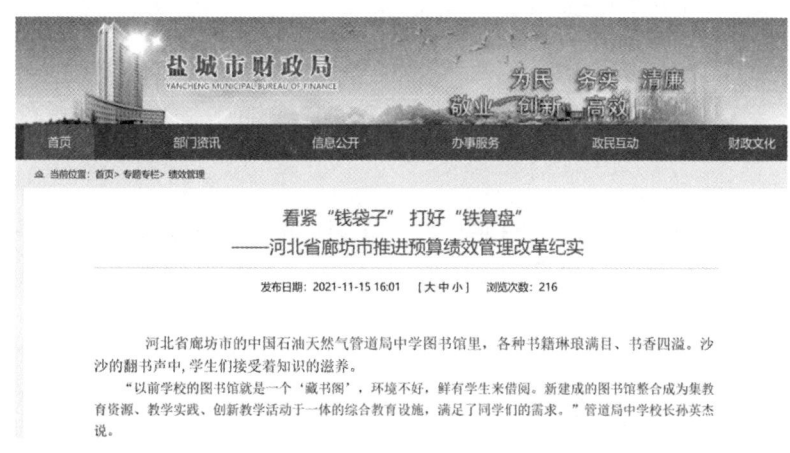

二、将宣传培训作为切入点，实现理念破冰

为树牢绩效理念，廊坊市一方面加大常规宣传力度，另一方面积极创新宣传方式，多措并举提升宣传效果，让绩效理念和相关工作要求广泛传播。廊坊市创立了预算绩效信息专报。利用《人民日报》《中国财政》《学习强国》《河北日报》等主流媒体和终端刊发廊坊实践探索和经验，宣传廊坊绩效，进一步浓郁绩效氛围。专门设计了预算绩效管理彩色宣传册，编印5000本向全市发放，将绩效知识要点进行生动普及。创立了"寻绩问效在廊坊"微信公众号，及时发布财政重大政策、绩

效最新文件，以及廊坊绩效最新动态等，不断树牢"花钱必问效、无效必问责"绩效理念（见专栏2-6）。

专栏2-6　廊坊市预算绩效管理宣传

1. 人民日报宣传。 2022年12月5日，人民日报刊发"河北廊坊推进预算绩效管理改革——让有限财政资金发挥更大效益"文章。

人民网 >> 经济·科技

河北廊坊推进预算绩效管理改革
让有限财政资金发挥更大效益

本报记者　史自强

2022年12月05日05:50｜来源：人民网 - 人民日报　　　　　　　　　　　小字号

"项目现实需求不迫切，预期效果不高""申报预算缺乏标准，价格不合理"……近日，在河北省廊坊市财政局会议室内，一场预算绩效目标专家评审会的参会人员，正围绕21个部门申报的2023年预算项目支出进行激烈讨论。

2. 中国财政。 2023年8月，《中国财政》刊发了"河北廊坊：用好考核'指挥棒'跑出绩效'加速度'"文章。

原创　《中国财政》 中国财政　2023-08-11 11:15　发表于北京

点击"中国财政"即可关注！

中国财政
财政部主管的中央级财经媒体，全国百强社科期刊。我们坚持与时代发展同步，与财政改……
2477篇原创内容

公众号

河北廊坊：用好考核"指挥棒"　跑出绩效"加速度"

刘文杰　王永杰

为加强绩效评价结果应用和绩效管理工作考核，强化预算绩效管理责任约束，近年来，河北省廊坊市财政局结合实际制定具有"廊坊特色"的绩效管理考评指标，并将考评结果纳入市管领导班子和领导干部综合考核体系，以考评促管理、以考评提质效，有效发挥考核"指挥棒"作用，极大调动部门（单位）提升预算绩效管理深度和广度的积极性。

3. 河北日报。 2020年7月，河北日报-01版：头版刊发"廊坊：花钱必问效 无效必问责"文章。

4. 宣传手册。 2019年7月，廊坊市财政局制作并印发宣传手册，内容包括"全面实施预算绩效管理重要性""全面实施预算绩效管理目标任务""什么是全方位、全过程、全覆盖的预算绩效管理""如何实现全方位、全过程、全覆盖的预算绩效管理""保障措施""多方联动，共同推进预算绩效管理实施"六方面。

5."寻绩问效在廊坊"。2019年12月，廊坊市财政局开发了"寻绩问效在廊坊"公众号，主要用于宣传全面实施预算绩效管理改革、预算绩效工作动态，讲述廊坊市预算绩效改革成果。

学习绩效

《廊坊市全面实施预算绩效管理政策解读》

专家讲堂 案例分析 先进经验 联系我们

【专家讲堂】健全绩效听证会制度 提升人大预算监督效能

【专家讲堂】逐层进行财政支出总额绩效评价的思考

三、构建智库体系,为廊坊预算绩效管理提供外脑支持

除了努力修炼内功,高水平的预算绩效管理还需要专业技能和知识支撑,需要积极引入外部智力资源。廊坊市通过创新构建预算绩效智库平台(包含指标库、标准库、中介机构库、绩效专家库、案例库、制度库、文献库、财政政策库等8类智库),为深入推进各项绩效工作提供强大智力支撑。

(一)将绩效指标作为关键点,构建指标库和标准库

在共性指标体系方面,廊坊市在制定绩效评价管理办法的同时,着重研究指标体系,分别制定了《部门整体绩效评价共性指标体系框架》《政策绩效评价共性指标体系框架》《项目绩效评价共性指标体系框架》,将体系细化到三级指标,并明确了计分规则。同时,研究制定了《廊坊市市直部门预算绩效管理工作考核评分体系》和《廊坊市县级财政部门预算绩效管理工作考核评分体系》,为将预算绩效管理工作落实到最基层提供标准和指导。

在分行业指标体系方面,廊坊市按照一个预算主管科室选取一个对口试点部门的原则,探索建立分行业、分领域、分层次的绩效指标和标准体系。一方面,构建了政策性专项项目指标体系和定额标准体系;另一方面,构建了涉及12个行业领域、29个行业类别的《分行业分领域绩效指标和标准体系》,并逐年修改完善绩效指标库、动态管理部门指标库,指导部门提升整体预算绩效管理水平。

在支出标准体系方面,廊坊市尝试将事业单位成本核算与预算绩效管理融合为成本绩效管理,制定了企业补助、政府采购类等11项预算项目申报规范,并出台房屋租金等定额标准,修订出台日常公用经费定额标准,从中选取市本级15个代表性单位重新制定日常公用经费定额标准。其次,将市园林绿化、市级五所中学(一中、二中、七中、八中、管中)、市中心血站作为成本绩效管理试点。通过市级中学运行成本、确定支出标准、评定资金绩效,对各学校5年的预算支出情况进行成本拆分、数据清洗、模型拟合、实地调研、专家论证,制定出50余项支出标准。通过分析市中心血站业务流程中的人工、材料和设备等资源消耗情况,将业务工作中的各项支出折算为血液、血浆、血小板等方面标准,同步建立动态调整机制。此外,市财政局还出台了《廊坊市市直行政事业单位印刷费支出标准》《廊坊市行政事业单位物业及相关服务支出标准》等多项预算审核标准,并研究制定了预算支出标准体系管理框架和相关制度。

（二）开展第三方机构、专家工作质量评价，抓好智库人才建设

廊坊市一方面积极引进北京、天津、上海、浙江、江苏、广东等地专家，另一方面大力培育本地专家队伍。目前，廊坊市已建立了包含500余名专家的共享型绩效人才库，为预算绩效管理提供充足的智力支撑。同时，廊坊市建立了专家工作质量考评机制，依据专家参与预算绩效管理工作情况，从工作态度、所属领域业务知识掌握情况、调研工作参与程度、与相关人员沟通协调情况、对项目材料的分析研究情况、团队配合情况、评价会议现场发言情况、对部门改进工作的有效建议或意见、严格按照评价方案和规定程序完成评价工作、专家意见书的完成质量十个方面，对专家进行工作质量考评，定期评选优秀专家，并进行通报表彰，《专家参与预算绩效工作质量考评表》如表2-3所示。

表2-3　　　　　　专家参与预算绩效工作质量考评表

委托方（委托方工作组）（签字）：　　　　　　填表日期：　年　月　日

专家姓名						
负责的项目名称						
服务类型	□部门整体　□绩效目标审核　□事前评估　□中期评估　□事后评价（对应打√）					
实施评价起讫时间	20　年　月　日			20　年　月　日		
序号	考核内容（从以下十个方面对被考核专家打分评级）	考核等级				得分
		优秀（10分）	良好（7.5分）	合格（6分）	不合格（0分）	
1	工作态度方面（积极、主动、责任心强）。					
2	所属领域业务知识掌握情况（全面、精准、专业）。					
3	调研工作参与程度（实地考察项目、深入部门调研等）。					
4	与相关人员沟通协调情况。					
5	对项目材料的分析研究情况（全面、深入、细致）。					
6	团队配合情况（融入度高、配合默契）。					
7	评价会议现场发言情况（分析科学、逻辑清晰、数据翔实、结论准确）。					
8	对部门改进工作的有效建议或意见。					
9	严格按照评价方案、规定程序完成评价工作。					

续表

序号	考核内容（从以下十个方面对被考核专家打分评级）	考核等级				得分
		优秀（10分）	良好（7.5分）	合格（6分）	不合格（0分）	
10	专家意见书的完成质量。					
一票否决：1. 评价中索取、收受不当利益；2. 不遵守保密纪律；3. 如需要回避，不按要求提出回避申请（如有以上任一情况，总分为0分，无此类情况不填写）。		—	—	—	1. 2. 3.	
合计（分值累计）						
对评价等级为"不合格"的内容需要说明原因：						
备注：（1）此表由财政部门填写；（2）评价工作组织实施情况包含整个评价过程；（3）该考评表满分为100分。						

廊坊市建立了中介机构库，通过严格招投标共有30家中介机构入库。30家机构分别来自京津沪浙等地区，为廊坊市预算绩效管理提供了高质量智力支持。为进一步加强预算绩效管理，规范市级财政部门、市直各部门、各单位引入第三方参与预算绩效管理的行为，廊坊市财政局制定印发了《第三方参与预算绩效管理工作办法》（廊财绩〔2020〕8号）、《廊坊市财政局预算绩效框架协议实施细则》（廊财绩〔2022〕9号），探索形成了规范合理、科学严谨的任务分配机制，建立了工作周报、项目跟踪单过程管理机制及定期评优机制，并对优秀中介机构进行通报表彰，评选结果作为后期委托方选取第三方参与预算绩效管理工作的参考依据。重点从评价方案和评价通知等制定及印发情况、评价工作开展情况、评估组人员结构合理性和专业性、与相关单位沟通协调情况、前期调研及材料收集情况、相关会议组织协调及现场把控情况、专家评议组织情况、评价工作完成及时性、评价报告完成情况、信息档案管理情况和特别加分项等11个方面，对第三方工作质量进行考核（见表2-4）。通过评选通报优秀中介等一系列举措切实强化第三方管理，确保力量辅助、技术支撑随时能用、确实管用、切实好用，有效提升了预算绩效管理工作本身的绩效。2021年，廊坊市采取线上+线下的模式[①]，选取了有代表性的40份评估报告和50份评价报告，委托专家对绩效报告进行全面评审。既考核评价评估报告本身，也考量中介的执业态度和执业能力，既要评选出好报告、差报告，也要建立优秀报告标准和报告评选机制。

表2-4　　　　　　　　　第三方机构评价考核

委托方（委托方工作组）签字：　　　　　　　填表日期：　　年　月　日

中介机构名称	
负责的项目名称	
服务类型	□部门整体 □绩效目标审核 □事前评估 □中期评估 □事后评价（对应打√）

---

① 李忠峰、赵加仑：《看紧"钱袋子" 打好"铁算盘"》，《中国财经报》2021年11月16日第001版。

续表

实施评价起讫时间		20　　年　　月　　日		20　　年　　月　　日		
序号	考核内容（从以下方面对被考核中介机构打分评级）	考核等级				得分
		优秀（10分）	良好（7.5分）	合格（6分）	不合格（0分）	
1	评价方案、评价通知等制定及印发情况（内容翔实、流程明确、节点清晰、印发及时）。					
2	按照评价方案和规定程序开展工作情况。					
3	评估组人员结构的合理性、专业性。					
4	与相关单位沟通协调情况。					
5	对评价项目的前期调研及材料收集情况。					
6	相关会议的组织协调及现场把控情况。					
7	如组织专家评议，专家组对项目的研究程度及专业知识的掌握情况。					
8	评价工作完成及时性（主要考察工作方案、报告的提交、修改）。					
9	项目评价报告的完成情况（结构完整、分析科学、逻辑清晰、数据翔实、结论准确）。					
10	信息档案管理情况（业务资料保存和移交）。					
11	特别加分项：每聘请1名优秀专家（正文）加2分，最高加分不超过5分。	1. 1名优秀专家2分 2. 2名优秀专家4分 3. 3名以上5分				
一票否决：1.评价中索取、收受不当利益；2.不遵守保密纪律；3.如评价组人员需要回避，不按要求提出回避申请（如有以上任一情况，总分为0分，无此类情况不填写）。		—	—	—	1. 2. 3.	
合计（分值累计）						
对评价等级为"不合格"的内容需要说明原因：						
备注：（1）此表由财政部门填写；（2）评价工作组织实施情况包含整个评估、评价过程；（3）该考评表基础分满分为100分，特别加分项满分为5分。						

此外，为解决工作中面临的创新研究能力不强、本地专家力量不足等难题，廊坊市抓住高校科研能力强，且有主动服务地方经济发展的需求等特点，积极推动校地合作。与中央财经大学、北华航天工业学院、河北工业大学等高校，共同开展预算绩效理论研究、预算绩效智库管理等工作。廊坊市还建设案例库、制度库、文献库、财政政策库等支撑体系，汇集了中央、河北省、廊坊市等海量的数据。部门和区县可以实时查询共享信息数据，实现评估内容的横向、纵向分析，有助于预算绩效管理结果科学性及工作效率的提高，也为后续政策制定、落地、优化提供了强有力的数据支撑。

第五节 各具特色的县域推进模式

廊坊市始终坚持市县统筹，全域推动，努力实现全市预算绩效管理"一盘棋"。廊坊市所辖12个县（市、区）在市级预算绩效管理体系和总方案下，积极推进预算绩效管理"三全"体系建设，各县（市、区）在预算绩效管理方面各显身手、积极探索，并取得一定成效，构建了各具特点的预算绩效管理模式。

一、三河市"抓重点 寻突破 求实效，全力推进预算绩效管理工作"

5年来，三河市财政局按照预算绩效管理相关文件精神，全面推进预算绩效管理工作，已基本构建完成适合本市的预算绩效管理工作体系，并逐步探索形成了绩效目标联评联审、"3+2+N"事前绩效评估模式。

（一）绩效目标联评联审模式

在财政资金紧张背景下，为便于预算编制时能够区分轻重缓急，合理安排财政资金，三河市财政局以绩效目标为切入点，邀请专家组成审核组，分批次对全市"A""B""C"类项目（即"A"类为有政策有标准项目、"B"类为有政策无标准项目、"C"类为部门自主开展项目）开展联评联审，并最终形成专家意见书，作为年度预算安排的重要依据。2022年、2023年，三河市审核全市181个"A"类项目，调出项目38个，调出金额9250万元，审减金额1200万元；审核285个"B"类项目，调出项目111个，调出金额27755万元，审减金额5924万元。

（二）"3+2+N"事前绩效评估模式

为进一步提升事前绩效评估质量，三河市财政局逐步建立了"3+2+N"的事前评估管理模式。"3"，即分"三个阶段"逐步推进，在避免年底评估高峰的同时，又能保障项目评估质量；"2"，即部门整体绩效评估和竞争性资金分配"两种新方法"，多维度推进事前绩效评估开展；"N"，即选择新增和已到期的"N个政府购买服务项目"开展重点绩效评估，全面压缩政府购买服务资金总量。5年来，三河市共开展政府购买服务类项目69个，金额总计11.38亿元，累计审减3.34亿元，审减率29.35%。

二、大厂回族自治县"明确职责、明确范围、明确结果，做深做实事前绩效评估"

大厂回族自治县全方位、全过程、全覆盖的预算绩效管理体系已基本建成。在此基础上，大厂回族自治县为进一步提高财政资源配置效率和使用效益，保障财政资金用到实处，通过明确职责、明确范围、明确结果，做深做实事前绩效评估，确保事前绩效评估结果全面应用于预算安排。

（一）明确职责

围绕"谁申报、谁负责""谁主张、谁举证"要求，压实预算部门申报责任，明确各预算部门、财政局相关股室的职责分工。充分依托专家意见，重点分析资金预算，核算项目成本。财政局各分管局长、各部门预算主管股室全面了解项目情况，会同预算股对评估结论开展复审并提出意见。

（二）明确范围

按照新增重大政策和项目、重点领域的专项项目、部门整体分类开展事前评估。2019年，对全县各预算部门申报的2020年预算项目全面开展事前评估，共评估1888个项目、资金44.43亿元，结论为"不予支持"的项目共计547个、核减资金23.49亿元。2022年，对大气、污水、垃圾填埋三个重点领域的42个项目进行了分领域整体评估，涉及4个部门、1.25亿元资金，通过评估核减0.83亿元，核减率66.4%。2020年，对全县5个镇、587个项目开展部门整体事前绩效评估，涉及资金6.9亿元，通过评估核减3.9亿元，核减率57.6%。

（三）明确结果

大厂回族自治县坚持事前评估结果全面应用，以成本控制为理念，在事前绩效评估和绩效目标管理中引入成本核算机制，精准核定项目投入成本，努力推动并形成"预算编制核成本、预算执行控成本、绩效评价重成本、评价结果真应用"的闭环管理体系，从源头控成本，全力提高财政资金使用效益，真正使事前评估起到了低效无效资金"过滤器"的作用。

三、香河县"推进全成本预算绩效管理，探索'降本增效'路径"

为进一步推进全成本预算绩效管理、探索"降本增效"路径，2022年香河县以办公取暖费为突破口，对农村义务教育领域开展了成本绩效分析。从农村义务教育各个学校办公取暖费实际支出成本情况出发，通过分析与论证，确认支出费用、成本绩效指标，并明确之间的关联；并通过对香河县农村义务教育学校2019年至2021年预算执行情况和实际业务的调研分析，将办公取暖费支出和生源分布作为成本绩效分析重点，给出其成本支出的定额标准，形成了以核成本、评绩效、出定额为主要内容的成本绩效分析模式。

（一）核成本

从全成本口径，对2019年至2021年学校支出的历史成本进行分析，摸清成本核算与分摊方法，分析影响成本的关键因素和成本变动趋势。

（二）评绩效

从投入成本、产出质量、效益效果三个维度，建立香河农村义务教育领域成本预算绩效评价指标体系和质量标准体系，清晰反映成本、质量、效果之间的对应关系，按照确定的成本标准，对农村义务教育成本支出实施绩效评价。

（三）出定额

按照30%抽样选取样本学校，通过现场勘察获得基础资料，组织专家针对不同的样本学校确定成本核算所需的支撑数据，与教育部门、财政部门、燃气供应单位及电力公司沟通，多方收集数据。同时，参照发改局、物价局及相关行业的各项成本费用标准，对各学校实际义务教育成本要素进行对比分析，结合当地社会经济发展情况，分析测算出本年度的实际成本要素支出水平，给出各个成本支出项的定额标准，印发教育部门参照执行。

参照机关标准，教育部门2023年共计申请公用经费预算3458万元，与2022年预算相比减少了1319万元。同时通过评价，也让教育部门认识到了农村义务教育学校资源分配不科学的现状，准备对所有农村义务教育学校各镇域学校校址、校舍面积及生源分布进行全面摸排，针对目前部分学校生源数量下降、校舍闲置等资源分配不科学的问题，准备对此类学校实施撤并，推动镇域教学资源集中，优化资源配置，节约成本，提升财政资金使用效益。

四、廊坊经济技术开发区"实碰实拉开预算绩效，'四共'发展新序章"

廊坊经济技术开发区紧跟省、市预算绩效管理改革步伐，不断深化预算绩效管理改革，不断优化工作手段，以"共改革、共节约、共突破、共增效"的"四共"发展模式，积极开展全过程预算绩效管理，选准路子创新绩效，处处对标提质增效。

（一）全面铺开预算绩效，凝心聚力共改革

通过印发17项预算绩效相关制度文件，建设公安系统、消防领域、民生领域分行业分领域绩效指标和标准体系，探索开展民生领域项目支出定额标准体系，开展事前、事中、事后全过程预算绩效管理，实现了绩效有序化、信息化、标准化、常态化。

（二）严格落实结果应用，真抓实干共节约

通过在绩效管理全过程中以《绩效问题整改通知书》的形式提出问题和建议，要求部门单位在10个工作日内将《整改反馈书》上报财政局，并结合整改结果调整下一年度预算安排，做好事前、事中、事后绩效评价结果应用，预计每年节省财政资金4.5亿元。

（三）着重推进城市运行，克短治弱共突破

按照"增广度、拓宽度、延深度、提精度"的原则，开展部门整体绩效管

理、重点项目评审和城市运行成本绩效评价，提出预算安排建议，并形成成本定额标准。

（四）科学规划工作重点，开拓创新共增效

通过完善预算绩效管理体系、加强组织领导及培训、协调合力注重成本绩效管理、深耕预算绩效结果应用，进一步促进预算绩效管理提质增效。

五、广阳区"统筹谋划 因地制宜，探索广阳预算绩效事前评估特色道路"

自2019年以来，广阳区财政局将绩效理念和方法融入预算编制、执行、监督全过程，预算绩效管理初见成效，尤其在事前绩效评估阶段，探索出了一条符合广阳区特色的预算绩效管理道路，包括"健全制度、完善体系、规范程序、加强学习"四大路径。

（一）健全制度，有规可依

在绩效管理工作开展初期，广阳区财政局就出台了《廊坊市广阳区事前绩效评估管理办法》。2023年，结合实际，广阳区财政局进一步修订完善了《廊坊市广阳区财政局事前绩效评估内部规程》，建立了事前评估指标体系和评分标准，规定所有的新增重大政策和项目全部实施事前评估。

（二）完善体系，增强互动

广阳区目前正处于由"吃饭型财政"向"发展型财政"过渡时期，呈现新增项目数量多但项目金额不高的特点。针对此特点，广阳区确定了对金额较少、项目内容较单一的新增项目实行事前评估简易程序。同时，明确了不同类型的项目，评估工作组成员有所不同，除了绩效办、预算股、预算部门主管股室成员以外，如涉及采购服务类项目，需邀请局采购办参加；涉及改造提升类项目，需邀请局资产管理股参加。

（三）规范程序，多方参与

一是，要求评估组成员反复研究项目单位提交的申请资料，并对预算绩效所需

填报的内容进行一一解读，与项目单位进行多次沟通。二是，安排预算部门主管股室、投资评审中心等成员参与项目单位入户调研，形成股室初审意见，在评审会之前向评估工作组汇报情况，进行意见交流。三是，监督评价股全程参与简易评估程序，对现场打分情况进行汇总，对流程的客观公正和评估档次的确定进行监督。

（四）加强学习，提升水平

一是，组织多场事务所与项目申报单位的事前评估沟通会，开展面对面的事前评估辅导，逐步提升项目自评材料的编制水平。二是，邀请有经验的绩效专家针对工作职责，制订专门的培训计划，指导各股室如何在事前评估中进行分析、审核。三是，通过财政局各股室人员定期学习交流、参与知识竞赛等多种形式的学习，逐步提升财政人员业务水平和综合素质。

六、安次区"精准调好预算绩效游标卡尺，扎实推进事前评估与预算评审融合落地"

事前绩效评估是预算绩效管理的第一道关口，而预算评审作为预算管理改革的重点，在主客体、内容、指标等方面与事前评估具有一致性，为两者的融合提供了可能性。为此，安次区瞄准优化决策机制和预算资源配置目标，积极创新探索，走出了事前评估与预算评审相融合的新路径，解决了"评什么""怎么评""谁来评"问题，实现了"1+1＞2"的效果。

（一）"评什么"

逐步探索出了"评估理念融合立目标""评估体系融合建机制""评估流程融合加速度"三融合路径，进一步提升事前决策效率、明确规范各方职责、科学安排业务流程，逐步实现公共服务"质""量"双赢。一是，评估理念融合立目标。创新立项评估决策模式，更加关注财政资金投入与绩效的紧密结合，将预算评审纳入财政预算绩效管理的范畴，使其服务于绩效工作，进而在绩效中融入成本控制，合理配置财政资源。二是，评估体系融合建机制。将事前评估管理办法与预算评审细则合并。项目评审前，先回答"职能相不相关、立项必不必要、需求迫不迫切、目标合不合理"，再结合财政可承受能力对项目建设规模、标准等进行科学评估，真正实现"无评估不入库，不入库无预算"。同时，在促进主体一体化、对象一体化、过程一体化、权责一体化和信息一体化上下功夫，推动预算与绩效管理融合。三是，评估流程融合加速度。一方面将财政绩效工作重点从事后延伸至预算编制前端，实现绩效目标审核、预算评审、预算申报"三位一体"，即"一套班子、一套预算编制资料、一套审核结果"；另一方面，充分运用事前绩效评估、绩效运行监控和绩效评价中形成的报告，通过优化项目库、完善制度、与预算安排挂钩等方式，改进预算管理过程。

（二）"怎么评"

划分经常性项目财政审、新增项目专家审、重点项目和重点部门第三方审，形成横向到各预算部门、纵向到各财政支出股室的"全覆盖"新模式，实现事前绩效评估与预算评审应评尽评、不遗不漏，累计削减财政预算资金10.72亿元。一是，经常性项目"一对一"审，财政与部门协同提质量。充分发挥联动优势，加强与预算部门以及业务股室的沟通协调，按照"谁分配资金，谁审核目标"的原则，抽调业务骨干建立内部评审组，形成"预算绩效股+业务股室"的组合模式。财政业务股室侧重"前置性审核、复核性审核"，财政绩效股侧重"成本效益审核"。现场沟通评审结果，结合预算评审压实项目预算、绩效目标。二是，新增项目重点审，结合专家意见提要求。通过股室组织初审、专家辅助评估和预算绩效股终审，借用行业专家的优势，掌握前沿信息，找准项目效益发挥的着力点，加强风险识别和防控，科学精准谋划资金支出规模，实现从形式规范审核向内容实质审核转变，增强审核针对性。三是，重点项目和部门多方论证，挤干资金"水分"。选取重点部门、重点项目开展专项调研，结合第三方评估，抓住问题根源诊好脉、开好方。对各部门单位预算编制、绩效目标编制工作进行有效的引导规范，在预算评审中引入成本效益分析，核算好项目成本。

（三）"谁来评"

一是，用好制度。强化制度设计，建立健全制度办法和工作机制，修订《廊坊市安次区预算绩效目标管理办法》《廊坊市安次区事前绩效评估管理办法》等制度，为全面推动绩效评估评审工作奠定坚实的政策制度基础。二是，用好三方。强化"一对一"全覆盖辅导，指导部门科学设定切实可行的绩效目标，体现部门职能和年度重点工作任务，实事求是反映预算项目资金预期绩效。三是，用好实操。定期组织全区业务培训，提升从上到下的绩效管理概念认知。四是，依托平台。通过省厅一体化平台系统，将成本指标设置为二级指标必选项，及时为各部门提供预算绩效目标模板。要求部门编报预算时，同步编报包含成本绩效指标的绩效目标。五是，用好审核。责成相关股室对成本绩效指标进行分口严格审核，实现全员参与绩效管理。按照项目复杂程度和专业程度，匹配参与主体、工具和方法，引导多方技术力量参与绩效管理，提高"经济性"与"效率性"，打造"制度、三方、实操、平台、审核"五种工具，有效提升"效果性"，引入人大、政协与社会公众，切实提升"公平性"。

七、固安县"创新实行'绩效+评审+采购+事后重点评价'联动模式"

固安县在项目全流程管理方面有着独特经验与特色。为加速项目实施进度，高效利用财政资金，创新实行"绩效+评审+采购+事后重点评价"联动模式，加速了项目实施进度，实现了项目的规范、高效、科学管理。

一是，优化事前绩效评估流程。明确项目单位报送资料要求和时限，原则上报送资料不超过3天。同时，根据评估对象的实际情况，明确有简易评估、标准评估两类程序。其中，简易评估适用于100万元（含100万元）以下的政策和项目；100万元以上的政策和项目适用于标准评估程序。

二是，提升绩效、评审管理工作效率。在优化事前绩效评估流程的基础上，由项目单位同步开展事前绩效评估和预评审，确保最终报审资料与绩效评估结论一致。资料报送齐全后，由评审机构组织安排评审，提升绩效、评审工作效率。

三是，实现评审、采购环节无缝衔接。坚持日办结制度和采购项目备案事前介入制度，实现评审、采购环节无缝衔接，确保完成评审即可进行采购项目资料备案，随即进入网上招标程序，切实提高了工作效率。

四是，事后评价确保评价指标"统一化"。构建"全方位、全过程、全覆盖"的"统一化"指标评价体系，提高项目管理指标权重，将单一项目管理指标细化为组织实施管理、资金管理、资产管理三部分。同时将项目竣工后的资产备案和产权登记、资产管理情况纳入绩效评价范围，确保财政项目建设完工后产权明确、管理人明确，为未来财政资金使用提供有力支持。

八、永清县"严把'五关'做实预算绩效'双监控'"

为强化预算支出责任，加快预算执行进度，确保实现项目绩效目标、提高财政执行效率和资金使用效益，永清县财政局严把"制度、责任、监控、审核、应用"等"五关"，做实预算绩效"双监控"。5年来，永清县实现了专项项目绩效监控全覆盖，实施"双监控"的预算部门全覆盖，确保监控无死角。

一是，把好"制度关"。研究制定《永清县预算部门绩效运行监控管理办法》，印发绩效运行监控工作通知，将绩效监控流程进一步细分到每个环节、每个工作节点，并对每个节点的工作行为和工作成果要求进行细化明确，用以指导预算部门（单位）和第三方机构高质量开展绩效监控工作。同时成立了由党组书记、局长任主任，其他班子成员任副主任，机关各股室主要负责同志为委员的永清县财政局预算绩效管理委员会，建立"一把手"亲自抓、各分管副职具体抓、各相关股室分工落实的工作机制。

二是，把好"责任关"。按照"谁支出、谁负责""谁使用、谁监控"的原则，明确预算部门和财政部门的主体责任，规范职责分工，建立"预算部门（单位）自行监控+财政部门重点监控"机制。预算部门为监控工作的实施主体，借助一体化系统，在6月底进行1次监控反馈，在年度结束后15个工作日内，预算部门（单位）按时填报绩效监控信息，压实预算部门监控的责任意识。县财政局作为绩效监控工作的监管主体，定期开展项目数据分析和跟踪检查，动态掌握预算部门绩效监控工作的现状，梳理出问题清单。

三是，把好"监控关"。将全县所有预算部门（含乡镇政府）部门整体及项目纳入绩效运行监控范围，以"点面结合"的方式确保绩效运行监控的及时性、合规性和有效性，实现预算部门（单位）和项目支出全方位、预算执行动态监控全过程和监控信息全覆盖的绩效监控体系。预算部门对部门所有资金开展自行监控，县财政局在部门单位自行监控基础上选取有一定社会影响、关系到民生的重大、重点项目进行重点监控。

四是，把好"审核关"。明确细化监控工作流程，提高绩效运行监控质效。部门（单位）自行监控工作程序为"收集资料信息—汇总分析数据—填报绩效监控情况—报送监控报告—财政部门审核"。预算部门按照统一时间在"一体化平台"中及时填报部门整体绩效目标、预算项目绩效目标，并且保证填报内容的真实性、完整性。县财政局主管股室对部门填报的资金信息、绩效目标、使用方向、拨付情况等进行审核把关，从财政投入、过程、产出、效果等方面进行全面梳理，并做好监控分析工作。

五是，把好"应用关"。将绩效监控与预算管控相结合，建立绩效监控结果应用机制，构建了"全面覆盖、突出重点、权责对等、约束有力"的绩效运行监控格局，确保了监控不跑偏、问效有方向，充分发挥了绩效监控"纠偏止损"作用，提高了财政资金使用效率。

九、霸州市"严把事前绩效评估关口，实现向绩效改革要财力"

预算绩效管理改革启动伊始，霸州市勇于先行先试、开辟新路，根据当地可用财力、预算管理模式等实际情况，制定多项管理办法，创新"部门自评估—财政再评估—三方独立评估"的三重评估机制，探索了绩效评估全覆盖模式。5年来，通过"建专班、广培训、聘三方、请专家"，霸州市预算绩效管理理念已深入人心，制度体系已全面建立。

一是，评估时间上，将预算编制时间提前，为事前评估留出充足时间。自2020年开始，霸州市将每年的预算编制工作会提前至7月，自8月起开始组织开展项目支出事前绩效评估，并邀请三方机构配合开展，所有项目事前绩效评估在10月底全部结束。

二是，评估依据上，制定多项管理办法，为推进改革打造制度支撑。霸州市先后印发了《霸州市事前绩效评估管理办法》《霸州市第三方参与预算绩效管理工作办法》《关于严肃事前绩效评估工作纪律的通知》等实操性、规范性文件，明确各部门各单位内部预算绩效责任分工，让部门知道"为什么干、怎么干、干的结果怎么用"。

三是，评估机制上，探索出"部门自评估—财政再评估—三方独立评估"的三重评估管理模式。对部门申请资金支持的项目，由部门全部开展自评估，自评估合格的项目提交财政部门，由财政部门按照资金额大小、项目复杂程度，分别组织财政再评估或委托第三方机构独立评估。

四是，评估范围上，坚持预算项目事前绩效评估全覆盖，实现向绩效改革要财力。霸州市自2020年起全面实施事前绩效评估工作，要求部门单位申报预算项目时必须提交事前绩效评估自评报告，实现了真正意义上的"全覆盖"。2020年，累计评估预算项目745个，涉及预算资金22亿元，其中60分以下"不及格"项目237个，审减不合理资金6.3亿元，审减率28.6%。2022年，累计评估预算项目485个，审减不合理资金2.6亿元，对80分以下的"非三保"支出项目，原则上一律不予安排。

五是，评估方法上，探索开展成本绩效分析、预算评审与竞争性资金分配。按照资金量大、社会关注度高的原则，选取了政府购买服务领域的"公交运营"项目试点开展了项目成本绩效分析，对如何节约资金、提高项目效益提供了真实准确、有理有据的数据参考。抓住"城乡环卫一体化"项目合同即将到期这一契机，对新一轮环卫一体化项目试点开展了预算评审，精准核定项目投入成本，顺利压减项目年支出需求0.5亿元。选取革命老区项目开展了竞争性资金分配，实现同类项目之间横向的优劣论证，确保将有限的资金花到最急需、效益最高的项目上。

六是，评估模式上，注重实地调研，项目安排更加科学合理。首创"调研+评估"的绩效管理模式，坚持深入基层、深入群众、深入项目现场，客观、全面、真实地了解项目的实施情况、效益情况，做到问需于民、问计于民、问效于民。

七是，评估结果应用上，将评估结论同步提交人大审议，积极争取各方的理解与支持。将评估报告汇编成册提交人代会审议，显著提高了霸州市财政资金管理水平和统筹保障能力。

十、文安县"全面实施政府债券绩效管理"

文安县结合"本县债券资金投入力度不断加大"的实际，于2021年制定了《文安县新增政府专项债券项目绩效管理暂行办法》，明确了政府专项债券项目事前绩效评估管理、绩效目标管理、事中绩效运行监控管理、事后绩效评价管理等环节的全过程绩效管理机制，强化债券资金绩效管理。

事前评估方面，将事前绩效评估结果作为项目入库的重要参考依据，加强项目立项材料申报和现金流平衡测算，对发债项目规模及举债资金需求进行评估论证，从源头上防控债务风险，切实提升债券项目储备质量。2021年以来，文安县下达专项债券资金25.82亿元，涉及28个专项债项目，项目入库前全部通过事前绩效评估。

绩效目标管理方面，邀请有关行业专家对绩效目标填报"一对一"辅导，要求绩效目标填报尽可能细化量化。2019年以来，文安县申报债券项目127个，涉及资金51.72亿元，每个债券项目绩效目标填报、审核均高质量完成。

事中监控方面，全面开展对专项债券资金预算执行进度和绩效目标实现情况进行"双监控"，落实项目建设清单式管理、支出进度"周通报"制度，向实施进度偏慢的项目主管部门发送督办函29份。同时，依托预算管理一体化、专项债券穿透式管理系统，对项目实行穿透式监管，查找资金使用和项目实施中的薄弱环节和管理漏洞，及时采取分类处置措施予以纠正，堵塞管理漏洞。

事后绩效评价方面，建立债券资金绩效评价机制，组织第三方评价机构开展业务培训，全程督促指导第三方机构，做好评价全流程工作，有效保障了绩效评价质量，推进绩效评价规范、深入、真实、客观。2021年以来，共计开展了8个债券项目重点绩效评价，涉及资金2.67亿元。重点评价后，向部门下达整改通知书，要求项目单位完善项目管理制度，加强债券项目资金管理，提高财政资金使用效益。

十一、大城县"建立预算绩效管理例会机制，推进预算绩效管理工作有序开展"

大城县结合本县预算绩效管理工作推进过程中存在的"预算绩效管理责任意识不足""财政内部股室之间缺乏有效的沟通和协调"等困难，从内部管理着手，创新组织方式，形成了专题局长办公会及专项任务工作组例会机制，进一步增强意识、明确职责、规范程序，高位推动预算绩效管理工作落实落地。财政上下形成了懂绩效、用绩效、重绩效的工作氛围，例会机制常态化已成为大城县预算绩效管理工作打硬仗、打胜仗的有力武器。

（一）预算绩效管理局长办公会例会机制

每周五下午为预算绩效管理局长办公会专题例会日。参会人员包括局领导班子、预算绩效相关股室负责人及工作人员。主要内容包括"梳理任务分工，制定工作方案""落实工作任务，追踪推进情况""审议制度文件，完善制度体系""融合绩效管理，合理安排预算""学习政策文件，提高绩效认知"。

（二）专项任务工作组例会机制

针对特定的预算绩效管理问题或工作任务建立专项任务工作组，由特定工作的相关股室工作人员组成，一般由牵头股室责任人担任组长。例会主要内容包括"制定或审核第三方机构制定的工作方案""推进具体工作""形成结论并应用"。

（三）例会工作保障机制

一是，加强培训教育。财政部门内部及全县范围内开展相关业务培训，财政一把手全程参训，带头维护培训的纪律性及严肃性。培训内容包括政策综合培训、专题业务培训及日常工作规范培训三个层次。二是，建立联络员制度。大城县财政局内部预算绩效管理相关股室分别指定一名绩效联络员，绩效联络员由各股室业务骨干或者股室负责人担任，各股室预算绩效业务由联络员负责汇总并与预算绩效股对接，避免因沟通不畅延误工作的情况发生。三是，建立问题反馈机制。县财政局面向所有预算单位及财政部门内部征集预算绩效管理工作中遇到的问题以及相关意见和建议，对于普遍存在的问题由预算绩效股形成议题提交例会讨论解决方案，做到例会制度能够有的放矢。

十二、临空经济区"聚焦全过程预算绩效管理链条，加快构建预算绩效管理体系"

为充分发挥财政职能作用，推动积极的财政政策提升效能，临空经济区发展改革和财政局在市财政局工作总体部署下围绕"全面实施预算绩效管理"目标，聚焦全过程预算绩效管理链条，加快构建预算绩效管理体系，提高财政资源配置效率和使用效益，为全区经济社会高质量发展提供坚强财政保障。

一是，聚焦预算支出管理，推进财政支出标准化建设。结合本区公共服务状况、支出成本差异、财政承受能力等因素制定并印发了园林绿化养护、道路清扫保洁、垃圾清运、公厕保洁、公园硬化路面保洁、水面保洁六项支出定额标准，作为预算编制的基本依据。

二是，聚焦绩效目标编制质量，构建分行业分领域指标体系建设。构建了分行业、分领域、分层次的核心绩效指标和标准体系，同时将绩效指标和标准体系与基本公共服务标准、部门预算项目支出标准等衔接匹配，突出结果导向。

三是，聚焦绩效自评质量，强化资金使用单位责任主体意识。印发自评工作规范，拟定自评报告参考格式，明确报告内容要素，规范指标设置和分值评定。针对部分单位对绩效评价自评工作理解不深、重视不够等情况，通过引入第三方机构开展集中培训，全面指导自评工作开展。

四是，聚焦绩效评价结果应用，推进财政科学化精细管理。开展项目重点绩效评价，为项目单位找出项目实施管理过程中存在的问题，深入剖析原因，促使预算部门和资金使用单位积极采取措施，加强项目的规划与科学论证，健全项目资金的核算与管理制度，改进资金使用管理方式，逐步形成自我约束、内部规范的良性机制。同时，绩效评价结果应用于后续年度预算安排，逐步实现绩效评价向绩效管理的转变。

五是，聚焦项目预算评审及事前绩效评估，优化政府财政支出结构。引入第三方机构及北京市财政局、廊坊财政局36名优秀绩效专家对追加项目及新增的项目开展事前绩效评估及专家预算评审，避免项目重叠和资金重复安排。2023年，开展事前绩效评估项目101个、预算评审项目109个，涉及资金74.17亿元。

第三章
事前绩效评估与竞争性分配"携手共进"

　　事前绩效评估是预算绩效管理的重要环节，绩效目标是预算绩效管理的基础和依据。廊坊市在开展全面预算绩效管理改革试点之初即将事前绩效评估和绩效目标作为其中的重要内容，迅速完成了相关政策在全域范围内的实施和落地。但随着事前绩效评估和绩效目标审核改革探索的深入，廊坊市发现针对单一项目的"一对一"评估机制无法实现优中选优、同类比较、集中财力办大事等目标，于是廊坊市财政局在事前评估工作中引入"整合、竞争、绩效"的理念，并在教育、农业等重点领域开展竞争性分配，创新了项目遴选与决策机制，成为了廊坊预算绩效管理领域的一项重大改革举措和创新做法。

第一节　下好事前绩效评估"先手棋"

一、廊坊市开展事前绩效评估的背景

(一)廊坊市事前绩效评估政策要求

2018年9月,《中共中央、国务院关于全面实施预算绩效管理的意见》(中发〔2018〕34号)中指出:"各部门各单位要结合预算评审、项目审批等,对新出台重大政策、项目开展事前绩效评估,重点论证立项必要性、投入经济性、绩效目标合理性、实施方案可行性、筹资合规性等,投资主管部门要加强基建投资绩效评估,评估结果作为申请预算的必备要件。各级财政部门要加强新增重大政策和项目预算审核,必要时可以组织第三方机构独立开展绩效评估,审核和评估结果作为预算安排的重要参考依据。"

2019年3月,河北省财政厅出台《全面实施预算绩效管理推进工作方案》,明确提出市县要全面落实事前绩效评估制度。同年7月,中共廊坊市委、廊坊市人民政府印发《关于全面实施预算绩效管理的实施意见》(廊发〔2019〕23号),明确要求建立重大政策和项目事前绩效评估机制,各级财政部门要加强新增重大政策和项目预算审核,必要时可以组织第三方机构独立开展绩效评估,审核和评估结果作为预算安排的重要参考依据。同月,廊坊财政局印发《廊坊市市级事前绩效评估管理办法(试行)》(廊财〔2019〕74号),对事前绩效评估的组织管理、评估内容、评估类型和方法、工作程序等进行了明确。开展事前绩效评估有助于预算科学决策、

落实绩效管理主体责任，对优化公共资源配置、提高政府理财和公共服务水平意义重大。

（二）廊坊市事前绩效评估现实要求

近年来，受宏观经济、各类管控、减税降费、去产能调结构等多重因素叠加影响，廊坊市财政收入组织工作压力增大，民生保障、生态治理等刚性支出却不断增长，收支长期处于"紧平衡"局面。如何把有限的财政资金用在"刀刃"上，让财政资金产生出更大的效益，成为必须要解决的紧迫问题。事后绩效评价虽然能够"复盘"财政资金使用中的短板弱项，但不能"防患于未然"，因此有必要通过事前绩效评估把好项目入库的绩效关口。通过将事前评估结果直接与预算安排挂钩，能够有效提高财政资金的配置效率和使用效益。

二、事前绩效评估解决预算编制中的突出问题

廊坊市各部门（单位）申报的预算项目呈现数量多、金额大、专业性强的特点。在实施事前评估机制之前，廊坊市存在"财政管钱不管使用，部门管用不管效益"的倾向[1]，财政资金难以统筹优化，预算管理相对粗放，项目谋划不实不细等问题（见专栏3-1）。廊坊市财政局将事前绩效评估作为提升预算管理水平的重要突破口和切入点，坚持问题导向、目标导向，深挖根源，在充分开展前期摸排、实地调研、材料会审基础上，组织行业专家与项目单位面对面沟通、质询，一笔一笔核算、一项一项评审，严把项目审核关，重点破解"重要钱、重分钱、轻管钱、轻效益"的问题。

（一）项目库不实，立项必要性不足

部分单位在申报预算时，存在未构建项目储备库，项目库管理不实；项目申报不规范，缺乏预算审核工作机制；申报项目过于零散、琐碎，未能完整体现"集中财力办大事"的预算管理要求等问题。另外，有的项目缺乏需求调研，存在政策性依据不足、现实需求迫切性不足的问题。如某市直部门设施维护及购置经费项目、宣传教育经费项目、站点设施设备维修项目，缺乏与国家、河北省、廊坊市最新的相关政策依据材料支撑等。通过事前评估，将部门盲目决策、虚编项目等现象挡在了预算安排之外，可以从源头上提升预算编制的科学性和精准性。

---

[1] 李忠峰、赵加仑：《看紧"钱袋子" 打好"铁算盘"》，《中国财经报》2021年11月16日第1版。

> 专栏 3-1 事前绩效评估必要性

  个别部门存在大量资金补助企业问题，例如，某部门的补助类项目极多，未从财政资金公益性、普惠性方面考量，普通生产经营主体及个人无法申报，也缺少严格的受补企业筛选机制和补助资金具体用途，4个补助项目预算共计2658万元，评估意见均为不支持。

  不少百姓发现，同一个地点往往装有好几个监控摄像头——这些来自不同部门的重复建设十分普遍。"由于缺乏前置审批和统筹管理，信息化项目一直存在价格虚高、功能重叠、投入重复、资源浪费等突出问题，已经成为财政资金'黑洞'。"廊坊市财政局预算审核中心副主任介绍。

  "我们对2020年度新增政策和超过150万元的项目，全部开展了事前绩效评估工作。"廊坊市预算绩效科科长介绍，他们将绩效目标填报作为预算申报前置条件，要求2020年所有申报的政策和项目，全面填报绩效目标指标，从数量、质量、成本、经济效益、社会效益等角度，衡量每项政策、每个项目该不该立、要达到什么效果，将谋划不细、"无绩无效"的部分项目挡在项目库外，挤出"水分"，提高预算资金分配的科学性。

资料来源：第1个示例的资料来源于廊坊市财政局内部资料——2022（报省厅）廊坊市级全面实施预算绩效管理情况报告。第2个和第3个示例来源于《廊坊：花钱必问效 无效必问责》，2020年7月3日，《河北日报》第1版。

（二）项目执行缓慢，财政资金沉淀较大

  以往年度，部门和单位将预算工作片面地理解为争取资金和扩张预算盘子，预算编制无依据。财政部门要识别无效、低效支出需要克服相关部门的阻力，预算削减常不得已采用在各个预算部门和单位间同比例压减等"一刀切"的方式，预算分配科学依据不充分。分配阶段项目成熟度不够，导致了多数部门（单位）普遍存在项目执行慢，财政资金沉淀较大问题，财政资金使用效率低下。事前评估将预算管理的"关口"进一步前移，将过去靠监控预算执行率指标推动项目实施的管理模式，转为以绩效预期拉动项目的方式，督促部门单位落实预算编制的主体责任，提高支出的计划性和可执行性，将花钱与办事统筹谋划，减少财政资金沉淀，提高资金执行率和财政资金使用效益。

（三）项目投入产出匹配性不强，盲目追求"高大上"

部分部门（单位）编制预算时未考虑项目投入产出，盲目追求"高大上"，与财政资金"雪中送炭"定位不符。例如，"新增二次刷卡换乘免费功能"项目，计划对硬件设备进行全部更换，投入较大，但实际通过软件更新便可以解决问题；"档案集中管理智能库房建设项目"预期目标没有充分考虑实际需要，盲目追求"顶配"；某医院就诊量偏低，日均门诊量为20人次左右，年均住院量为70—80人次，却要一次性投入847万元资金，建立信息化系统。

（四）预算编制独立性不足，质量有待提高

预算部门作为预算编制的主体，对部门预算负责。但实际工作中，预算申报存在虚编、代编预算、盲目决策等不当行为。一些预算部门的项目第三方过度介入，"绑架"了部门，少数部门的预算还存在第三方代编问题（见专栏3-2）。例如，某市直部门28个信息化项目的技术方案、资金测算均为第三方编制，市直部门采取"直接拿来主义"，向市财政局申报预算，而并未从部门履职角度分析项目实际需求，也未分析项目能够解决什么问题，导致项目存在技术设备"高大上"、必要性不强、成熟度不高等问题。经市财政局评估，该部门信息化项目预算仅审定934万元，核减了1.6亿元。通过对项目实施是否必要可行、财政支持方式是否得当、项目预算安排是否合理、预期目标是否能够达成等方面进行综合深入判断，有利于预算安排的客观公正，杜绝短期行为和造假虚报，推动实现"零基"预算。

▶ 专栏3-2 第三方过度介入

廊坊市某市直单位第三方过度介入已成普遍现象。在进行现场调研时，信息化专家详细询问了预算明细，发现多数项目实施方案、预算测算明细都是由第三方机构制定，预算申报部门未进行比对与核实。

专家还了解到：廊坊市某市直单位的电子健康卡建设项目，对电子健康卡的应用环节描述不清，未分析电子健康卡与现有社保卡、医院就诊卡的应用功能重叠情况，部门项目技术方案和预算编制过程对市场服务供应商的依赖程度较高，有的甚至直接让第三方帮忙做预算，成了第三方的"推销员""代言人"。

资料来源：廊坊市财政局内部资料——廊坊市2020年财政支出事前绩效评估总报告。

三、廊坊市事前绩效评估制度演变

为加强事前绩效管理工作成效,市财政局在全面实施预算绩效管理要求的指导下,2019年制定了《廊坊市事前绩效评估管理办法(试行)》(廊财〔2019〕74号),2020年在局内印发了《廊坊市财政局事前绩效评估内部规程》,2021年修订完善并出台了《廊坊市市级事前绩效评估管理办法》(廊财绩〔2021〕10号),形成了事前绩效评估制度体系。

2019年出台的《廊坊市市级事前绩效评估管理办法(试行)》(廊财〔2019〕74号)即明确了事前绩效评估的概念、目标、评估内容、基本原则、组织实施等内容,并提出了事前绩效评估根据评估对象不同划分为项目事前绩效评估、政策事前绩效评估和部门整体项目事前绩效评估三大类型,重点评估立项必要性、项目可行性、项目绩效性三项内容,以及"优良中差"四个量化等级等要求。将所有150万元以上的新增政策、项目纳入事前绩效评估范围。年度内,组织实施了1个部门整体项目事前绩效评估、信息化类和医疗卫生采购类专项事前绩效评估以及9个重点项目事前绩效评估。在制度支撑下,廊坊市首次开展事前绩效评估工作,并率先突破固有的以项目为单位的评估模式,打造了一套以"部门整体项目、重点关注项目、特殊类别项目"为评估对象,将"评估与评审相结合"的工作模式。

2020年,廊坊市财政局通过"绩效自评估+财政事前绩效评估"两种方式扩大事前绩效评估范围。首先,将所有申请预算的新增政策和项目纳入绩效自评估范围,由各部门(单位)自行开展,并明确提出"未开展评估或评估结果较差的不予安排预算"。其次,由市财政局选取重点部门、重点项目开展财政事前绩效评估。在总结工作经验的基础上,廊坊市印发了《廊坊市事前绩效评估内部规程》(廊财绩〔2020〕10号),明确了事前绩效评估内容、程序、评估步骤、科室职责等内容,助力局内各相关科室(单位)统一、规范开展事前绩效评估。年度内,廊坊市财政局组织实施了4个部门整体项目事前绩效评估。

2021年,廊坊市财政局结合两年工作开展情况,在原办法的基础上修订形成了《廊坊市市级事前绩效评估管理办法》(廊财绩〔2021〕10号)。与原办法相比,修订的主要内容具体包括(见表3-1):一是,将评估内容从"立项必要性、项目可行性、项目绩效性"调整为"立项必要性、绩效目标合理性、实施方案可行性、投入经济性、筹资合规性"5项内容。主要基于试点过程中实践经验对评估内容的框架体系进行了优化,更加符合实际情况,也更具操作性。二是,将事前评估结果从"事前绩效评估的评估结果(绩效评级)划分为四个等次,'优'等次:90分(含)—100分;'良'等次:80分(含)—90分;'中'等次:60分(含)—80分;

'差'等次：60分以下"调整为包含评估结论和评估得分两部分。同时，基于前期试点经验，进一步强化了评估结果的应用，明确了哪些项目予以支持、哪些项目部分支持、哪些不支持。

表3-1　　　　《廊坊市市级事前绩效评估管理办法》修订前后比较

制度内容	《廊坊市市级事前绩效评估管理办法（试行）》（廊财〔2019〕74号）	《廊坊市市级事前绩效评估管理办法》（廊财绩〔2021〕10号）
事前绩效评估概念	本办法所称事前绩效评估是指在申请财政资金支持前，部门和单位根据全市国民经济和社会发展规划纲要、行业战略规划、项目申报等内容，运用科学、合理的评估方法，对立项必要性、投入经济性、绩效目标合理性、实施方案可行性和资金筹集合规性进行客观、公正的评估，并根据评估结果确定项目立项、项目调整、预算安排等一系列预算管理活动。	本办法所称事前绩效评估（以下简称"事前评估"），是指财政部门或各部门各单位依据中央、省、市有关政策以及部门和单位发展规划等内容，运用科学、合理的方法，对财政支出项目（政策）设立必要性、投入经济性、绩效目标合理性、实施方案可行性、筹资合规性等进行客观、公正的评估。
部门主要职责	督促落实事前绩效评估改进工作。	督促本部门和所属单位对事前评估结果进行整改落实。
事前评估参与主体	财政部门和各部门各单位根据工作需要可邀请人大代表及专家学者参与事前绩效评估工作。	财政部门和各部门各单位可根据政策和项目情况邀请人大代表、政协委员以及纪检监察、审计等部门工作人员参与事前评估，开展相关监督工作。
事前评估内容	包括立项必要性、项目可行性（资金筹集合规性、实施方案合理性、资源投入经济性）、项目绩效性（预算编制合理性、绩效目标合理性）。	包括立项必要性、投入经济性、绩效目标合理性、实施方案可行性、筹资合规性。
事前评估结果等级	事前绩效评估的评估结果（绩效评级）划分为四个等次，"优"等次：90分（含）—100分；"良"等次：80分（含）—90分；"中"等次：60分（含）—80分；"差"等次：60分以下。	事前评估结果包括评估结论和评估得分两部分。评估结论分为予以支持、部分支持和不予支持三种。对于立项必要性充分、实施方案可行性强、绩效目标明确合理、投入产出比较高的项目（政策），应予以支持；对于项目（政策）在部分内容上，立项必要性充分、实施方案可行性强、绩效目标明确合理、投入产出比高的，可予以部分支持；对于立项必要性不够充分、实施方案可行性不强、绩效目标不够明确合理、投入产出比较低或不属于财政支持范围的项目（政策），应不予支持。评估得分是工作组或专家组根据评估指标体系，对评估内容和要点进行评分得出的结果。评估得分作为问题分析和对同类项目（政策）进行对比分析的主要依据。

续表

制度内容	《廊坊市市级事前绩效评估管理办法（试行）》（廊财〔2019〕74号）	《廊坊市市级事前绩效评估管理办法》（廊财绩〔2021〕10号）
评估结论应用	事前绩效评估报告审核结果为"合格"，评估结果（绩效评级）可被采用。评估结果为"优"，直接进入下一步预算安排流程；评估结果为"良"或"中"，调整完善后进入下一步预算安排流程；评估结果为"差"，不进入预算安排流程。财政部门根据绩效评估结果填写事前绩效评估结果反馈函，反馈至被评估的部门和单位。	部门和单位组织开展的事前评估，结论为"予以支持"或"部分支持"的，按照评估得分排序，纳入部门项目库管理，作为本部门本单位申报项目的参考依据；评估结论为"不予支持"的，不得纳入项目库管理，未纳入项目库管理的项目不得申请项目预算。 财政部门组织开展的事前评估，结论为"予以支持"或"部分支持"的，纳入市级财政项目库管理，并结合评估得分，在安排年度预算时予以优先考虑；评估结论为"不予支持"的，不得进入财政预算项目库。其他部门（行业主管部门）组织的事前评估，评估结果应用由部门根据实际情况制定。评估结果作为安排预算的必备要件，并报财政部门备案。
部门整体项目事前评估	部门整体项目事前绩效评估是以部门所有专项项目为评估对象、以预算为评估重点的评估工作，由财政部门组织实施。	部门整体项目事前评估是以部门所有特定目标类项目、运转类其他项目为评估对象、以预算为评估重点的评估工作，由财政部门组织实施。
评估工作程序	程序一般包括事前绩效评估准备、事前绩效评估实施、事前绩效评估报告审核、事前绩效评估结果应用四个阶段。	程序一般包括事前绩效评估准备、事前绩效评估实施、事前绩效评估结果应用三个阶段。

按照《廊坊市市级事前绩效评估管理办法》（廊财绩〔2021〕10号）要求，事前绩效评估工作由财政部门组织协调，部门和单位具体实施。财政部门组织开展部门整体项目事前绩效评估，审核部门和单位提交的政策、项目绩效评估报告；部门和单位按照预算编制要求，对新增的政策和项目开展事前绩效自评估，将事前绩效自评估报告随预算申报材料一同提交财政部门审核，预算执行中，应在提出追加预算申请时提交事前绩效自评估报告。2021年，廊坊市财政局持续扩围事前绩效评估范围。各部门（单位）对新出台的支出政策、新增项目开展事前绩效自评估，未按要求开展事前绩效自评估的新增政策和项目不得申报财政资金。

2022年，廊坊市财政局将成本分析理念融入事前绩效评估，通过开展事前评估，精准核定项目投入成本。在重点关注立项必要性、绩效目标合理性、实施方案可行性以及成本控制情况等方面内容的同时，选取部分资金量大、社会关注度高的项目进行成本分析及成本核算，精准核定项目投入成本，评估结果作为预算安排的重要依据。对市住建局、市卫健委、市公安交警支队及4所中职院校开展全成本绩效管理，对部门项目进行成本分析、标准核定，形成支出标准91项，全面实现"降本增效"。同时，对科技奖补、数字化转型、市区路网再融资等5个重大政策（项目）开展事前评估，提出政策优化和改进意见。

2023年，廊坊市提出多项措施促进事前绩效自评估提质增效。一是，明确提出各部门（单位）通过采取引入专家论证、调研服务对象需求等方式，提升评估质量。二是，明确提出由市财政局对100万元以上的新增及重大政策（项目）进行严格审核。三是，由市财政局对其中专业性强、社会关注度高的政策（项目）开展事前绩效评估，重点关注立项必要性、绩效目标合理性、实施方案可行性以及成本控制情况等方面内容，评估结果作为预算安排的重要依据（见图3-1）。

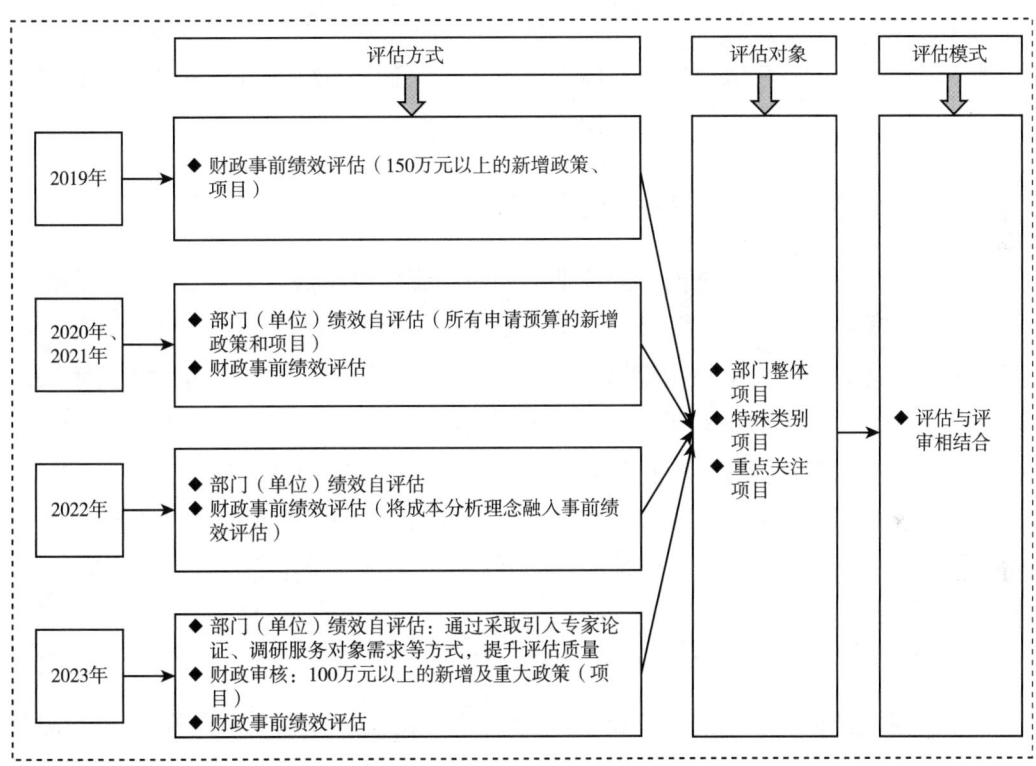

图3-1　廊坊市2019—2023年事前绩效评估创新举措演变

四、廊坊市事前绩效评估创新举措

在完成事前绩效评估工作落地基础上，廊坊市财政局探索将零散预算项目整合，将事前绩效评估从项目拓展至部门整体支出，将相同或者相似项目进行"分类"聚合评估等模式，构建了"整体+分类"的事前绩效评估模式。同时，推动实现事前绩效评估和预算评审融合，以及人大代表、政协委员、专家、第三方机构、公众等多元主体参与。

（一）从项目拓展至部门整体支出事前绩效评估，强化资源统筹整合

2019年，廊坊市选取市生态环境局作为部门整体绩效管理试点，探索将事前绩效评估从项目拓展至部门整体支出，推动部门尽快建立全方位、全过程自主开展整体预算绩效管理。2020年，进一步将市自然资源和规划局、市市场监督管理局、市政设施管理处纳入部门整体支出事前评估范围。2021年，对市公安局、市住建局、市文广旅局、市水利局4个部门开展事前绩效评估，同时对入库项目按轻重缓急程度、效益高低进行排序，为预算安排做好充足准备。通过部门整体支出事前绩效评估，全面清理整合散碎项目、压减低效无效预算，打破了部门基数概念、推动实现"零基"预算、优化了支出结构。

（二）"分类"聚合评估，实现同类项目横向可比

在探索部门整体支出事前绩效评估的同时，廊坊市还探索了按照项目类别将相同或者相似项目进行"分类"聚合评估的模式。如信息化类项目事前绩效评估、医疗采购类项目评估、新增且预算数在150万元以上项目评估等。比如，廊坊市缺乏针对信息化类项目的前置审批和统筹管理的部门，信息化项目一直存在价格虚高、功能重叠、投入重复、资源浪费等突出问题，已经成为财政资金"黑洞"[①]。为此，廊坊市财政局对申报预算的信息化项目进行了统计梳理，选择其中额度较大的31个信息化项目，委托四家中介机构，集中开展了事前绩效评估。

（三）同频共审，事前绩效评估和预算评审一步到位

事前绩效评估一般在预算评审前开展，需要解决"是否支持"的问题。按照各地以往经验，在评估之后还要单独进行预算评审，两套流程叠加无形中给财政部门和预算部门都增加了工作量，在工作过程中还可能出现评估与评审"两张皮"的现象，甚至出现预算评审阶段不采纳事前绩效评估结果的情况。对此，廊坊市财政局探索了"事前评估和预算评审相结合"的模式，创造性地将预算评审融入事前绩效评估工作中，评估结果不仅包含是否安排预算，也明确了部分安排预算的项目预算安排数，确保了评估结果一步到位，避免财政部门内部"二次工作"和预算部门"二次负担"。

---

① 刘文杰：《廊坊：花钱必问效 无效必追责》，《河北日报》2020年7月3日第16版。

（四）多元主体参与，增强预算安排透明度

2019年，廊坊市财政局围绕新增重大项目和重点投入领域首次尝试开展事前绩效评估，主动将"权力关进制度的笼子里"。事前绩效评估工作委托第三方中介机构全程独立开展，并邀请相关领域知名专家深度参与，给予部门（单位）预算项目科学、客观的评判。同时，还邀请人大代表、政协委员以及纪检监察、审计等部门工作人员参与部分社会关注度高的项目评估会，对项目的绩效情况提出意见并对绩效评估过程和被评估对象进行依法、民主监督，并对项目、政策提出意见或建议，增强绩效评估的独立性、客观性。廊坊市多元主体参与的事前绩效评估模式，增强了预算安排的透明度及评估结果的客观性、合理性。

五、廊坊市事前绩效评估的成效

自2019年试点至今，廊坊市从试点破题到扩面增量，从单项突破到体系构建，从模式创新到流程再造，基本建立了适应廊坊特点的事前绩效评估体系[①]，显著推动了财政资金聚力增效、预算管理水平提升，其中压减低效无效支出的效果尤为显著。

（一）初步形成事前绩效评估的"廊坊"模式，提高了财政支出管理水平

廊坊市财政局突破固有的以项目为单位的评估模式，打造了一套以"部门整体项目、重点关注项目、特殊类别项目"为评估对象、"评估与评审相结合"的工作模式。评估制度不断健全，评估指标逐渐丰富，评估方式逐渐科学，评估形式日渐完善，带动了廊坊市财政支出管理水平不断提升，且各部门各单位绩效意识普遍提升（见专栏3-3）。

> **专栏3-3　针对义务教育资金事前评估的专家访谈**
>
> "花每一分钱都要掂量掂量该不该花、能不能少花！"参加会议的高级会计师，原某大学财务处处长、北京教育会计协会秘书长说。义务教育资金支出结构不合理、预算编制不精准、年内支出进度慢等问题在许多地

---

① 李忠峰、赵加仑：《看紧"钱袋子"　打好"铁算盘"》，《中国财经报》2021年11月16日第1版。

方都不同程度存在，在整个教育系统开展预算绩效评价意义重大，事前通过专家评估，事后对财政投入效果进行评价，大大提高了预算管理的有效性、科学性。

在2020年度廊坊市级部门预算编制过程中，运营一条热线电话的市直某部门申请增加预算。事前评估发现，这个热线一年接2万个电话，除正式编制人员外，仅临时用工就有21人，平均一人一天只接3至4个电话，效率极低。通过评估，该部门增加预算的申请没有通过，今年的预算较去年反被"砍"掉了一半。

（二）压减低效无效支出，财政资金整体效率得以提升

2019年，廊坊对市本级部门（单位）申报的236个项目进行了事前绩效评估，涉及资金7.84亿元，审定2.68亿元，审减5.16亿元。通过把好预算管理"头道关"，为更加科学、精准、高效地使用财政资金奠定了基础。2020年，对具有"资金总量大、社会关注度高"等特点的市生态环境局、市自然资源和规划局、市市场监督管理局、市政设施管理处的4个部门（单位）开展整体事前评估，涉及项目311个、资金8.12亿元，审定资金4.58亿元，审减资金3.54亿元，审减率43.55%。2021年，对市公安局、市住建局、市文广旅局、市水利局4个部门进行事前评估，涉及资金28.7亿元，审定10.28亿元，审减18.38亿元，审减率64.04%。2022年，对科技奖补、数字化转型、市区路网再融资等重大政策（项目）开展事前评估，提出了政策优化和改进意见。同时协助各预算部门（单位）优化了财政资金支出方式和内容，显著提高了部门单位预算执行率。

（三）推动部门树立预算管理理念，财政资金使用成效全面提升

廊坊市事前绩效评估出具的评估结论非常明确。结论为"予以支持"或"部分支持"的，纳入项目库管理、预算批复范围；结论为"不予支持"的，不得纳入项目库管理，不得申请项目预算。通过直接触动部门（单位）财政资金分配和资源配置的方式和格局，在一定程度上改变了部门和单位对预算绩效管理"只评不用"的认识，使其更加重视事前绩效评估（见专栏3-4）。

> **专栏3-4　针对热线电话事前评估的专家访谈**

"我们将预算绩效管理改革任务分解到每个责任部门，重塑预算编审流程，在搭建完整管理框架的同时，尽可能盘活财政资金。"廊坊市财政局预算科长说。廊坊市生态环境局于2019年6月启动2020年市本级预算编制，全程融入"花钱必问效、无效必问责"的绩效管理理念，彻底解决了申请预算"狮子大开口"等问题。

"近年来，廊坊持续攻坚大气污染治理，取得突出成果，去年成为全省大气污染综合治理先进市。从2023年起，我们的治理资金相对要向水、土壤治理倾斜。"廊坊市某市直单位财务科科长介绍，财政绩效评估让他们能够更精准地安排财政资金，按照工作所需调配预算比例。

第二节 创新绩效目标管理

一、廊坊市开展绩效目标管理的背景

绩效目标是整个绩效管理工作的起点，也是绩效管理的基础。中央、河北省、廊坊市在预算绩效管理改革初始就重视绩效目标管理，提出了系列要求。

财政部2015年5月印发的《中央部门预算绩效目标管理办法》（财预〔2015〕88号），就明确提出"绩效目标是部门预算安排的重要依据。未按要求设定绩效目标的项目支出，不得纳入项目库管理，也不得申请部门预算资金。""绩效目标审核是部门预算审核的有机组成部分。绩效目标不符合要求的，财政部或中央部门应要求报送单位及时修改、完善。审核符合要求后，方可进入项目库，并进入下一步预算编审流程。"2021年8月印发的《中央部门项目支出核心绩效目标和指标设置及取值指引（试行）》（财预〔2021〕101号），进一步提出绩效目标要加强不同层级项目之间绩效指标的有机衔接，确保任务相互匹配、指标逻辑对应、数据相互支撑，绩效目标应当与部门职责及其事业发展规划相关，涵盖政策目标、支出方向等主体内容，体现项目主要产出和核心效果，坚持细化、量化，便于衡量评价。

河北省在2018年12月印发的《关于全面实施预算绩效管理的实施意见》（冀发〔2018〕54号）中明确"各级财政部门要将绩效目标设置作为预算安排的前置条件，加强绩效目标审核，对绩效目标不完善或编制质量不高的，不安排预算。各级财政部门将部门整体绩效目标、政策和项目绩效目标与

部门预算同步批复下达"。

廊坊市在以往年度开展绩效目标填报的基础上,结合中央、河北省有关要求,于2019年7月印发《廊坊市市级预算绩效目标管理办法(试行)》(廊财〔2019〕75号),也明确了绩效目标设置及审核要求,并将绩效目标设置作为预算安排的前置条件,建立了预算和绩效目标同步编制的长效机制,实现了绩效目标与预算同步审核、同步批复、同步下达。

绩效目标设置的好坏,将直接影响财政资金的预算申报与执行,也制约了全面预算绩效管理所要求的后续监控和评价工作的开展。开展绩效目标管理与审核,既有助于提高绩效目标编制质量,也有助于财政把好预算编制"头道关",从源头上提高资金使用效率。因此,加强目标管理与审核,并逐步建立指标库和指标体系的必要性和迫切性就显得尤为突出。

二、廊坊市绩效目标管理主要解决的问题

(一)绩效目标填报不规范

廊坊市开展预算绩效管理改革试点开始后,按照要求各个项目和各个部门(单位)均要设置绩效目标。但对于这样的要求,各部门(单位)对于应该设置哪些目标和指标、怎么设置、指标值如何确定等都不清楚。财政部门自身对于如何科学设置绩效目标和指标也认识不深。实际操作中也缺少相关指引和可供参考的指标库和指标体系。一边是政策的高要求,一边是薄弱的基础,廊坊市迎难而上,通过实践逐渐形成指标库,同时引入绩效目标的专家审查机制,推动绩效目标设置质量快速提高。

(二)预算申报不实

绩效目标的设置是基于工作内容和预算安排,因此绩效目标的设置和审核本身也离不开对部门和单位预算申报的审核。过去,廊坊部分单位存在财政资金"重投入、轻管理、少问效"的问题。同时,也存在绩效目标宽泛笼统、与项目实施内容达到的效果不匹配、大部分项目绩效指标不细化、不量化等问题。廊坊市财政局通过搭建专家评审平台,由专家面对面、"一对一"与项目单位进行沟通,一方面有助于项目单位更好、更实编制项目预算申报文本,提高项目可执行性;另一方面将问题项目挡在了项目库外,缓解了廊坊财政紧张与资金沉淀并存的问题,将有限财力集中用于全市大事要事和民生改善领域,让每笔财政资金都能"花钱见效"(见专栏3-5)。

（三）预算审核科学性、精准性不足

改革前，预算审核由财政部门自行开展，往往存在因业务专业性强等因素，导致财政部门预算审核底气不足，不能较好把握预算审核的科学性和精准性，导致存在财政管钱不管使用的误区。通过专家审核，能够针对不同领域的项目邀请不同行业的专家对项目一一指导与审核，有效提升预审审核的科学性和精准性。

▶ **专栏3-5　绩效目标审核必要性**

"改革前，财政管钱不管使用，部门管用不管效益，财政资金难以统筹优化，使用结果与部门职责、事业发展难以有效评估。"廊坊市财政局预算科科长说。

"项目现实需求不迫切，预期效果不高""申报预算缺乏标准，价格不合理"……在河北省廊坊市财政局会议室内，一场预算绩效目标专家评审会的参会人员，正围绕21个部门申报的2023年预算项目支出进行激烈讨论。

"在市本级预算编制'一上'阶段，共有涉及27.5亿元的多个项目被挡在库外，从源头上提升了资金效益，初步实现了预算收支平衡，预算编制效率比往年大幅提升。"廊坊市财政局预算科科长说。

三、廊坊市绩效目标管理制度演变

2019年，廊坊市财政局提出全面落实预算绩效管理要求，所有专项资金均需填报绩效目标，并于当年7月制定印发了《廊坊市市级预算绩效目标管理办法（试行）》（廊财〔2019〕75号）。办法明确了绩效目标分类、财政部门和各预算部门（单位）职责，以及绩效目标设置、审核、批复、调整等工作程序和要求，并给出了项目、政策、部门（单位）整体绩效目标申报表和绩效目标审核表模板。根据制度要求，廊坊市当年选取了部分试点部门填报2020年部门整体绩效目标，并采取"辅导+审核"方式对各预算部门（单位）目标进行审核。一是，对部门经常性项目绩效目标指标填报开展"一对一"辅导，全面提升绩效目标指标质量，并形成经常性项目政策库；二是，审核各部门（单位）重点项目的绩效目标指标，组织评审会，邀请专家参与绩效目标评审。

2020年，廊坊市在项目绩效目标填报全覆盖的基础上，实现部门整体支出绩效目标全覆盖，并提出进一步强化绩效目标审核要求。根据"谁分配资金，谁审核目标"原则，绩效目标审核由部门和市财政局逐级审核，市财政局预算绩效管理办公室针对主管科室上报的审核情况，选取重点部门和重点项目开展绩效目标辅导和审核，未按要求设置绩效目标或绩效目标设置不合理且不按要求调整的，不得纳入项目库管理，不予安排预算资金。

2021年，廊坊市财政局结合前两年工作开展情况，对原办法进行了修订，形成了《廊坊市市级预算绩效目标管理办法》（廊财绩〔2021〕11号）。其修订内容主要包括调整了绩效目标设置方法、新增部门整体绩效目标审核、调整了绩效目标审核结果。具体为：一是，细化部门绩效目标管理设置方法中"确定部门和单位的各项具体工作职责"的依据，将"对部门和单位的职能进行梳理，确定部门和单位的各项具体工作职责"调整为"根据部门职责（或'三定方案'）、市委市政府工作部署、部门战略发展规划和中长期规划、年度工作计划与工作要点对部门和单位的职能进行梳理，确定部门和单位的核心职责"。二是，新增部门整体绩效目标审核，"部门整体的绩效目标，由财政部门按照预算管理流程进行一般审核，并以五年为周期实现重点审核全覆盖"。三是，明确绩效目标审核结果为"良"或80分（含）到90分的，仍需由相关部门或单位对其绩效目标进行修改完善，按程序重新报送审核。审核结果为"优"或90分（含）以上、"中"或60分（含）到80分的、"差"或60分以下的结果应用与原办法相同（见表3-2）。

表3-2　　　　　廊坊市两项绩效目标管理办法不同点一览表

办法条目	不同点	《廊坊市市级预算绩效目标管理办法（试行）》（廊财〔2019〕75号）	《廊坊市市级预算绩效目标管理办法》（廊财绩〔2021〕11号）
第十六条	部门绩效目标管理的设置方法	1.对部门和单位的职能进行梳理，确定部门和单位的各项具体工作职责。 2.结合部门和单位中长期规划和年度工作计划，明确年度主要工作任务，预计部门和单位在本年度内履职所要达到的总体产出和效果，将其确定为部门和单位总体目标，并以定量和定性相结合的方式进行表述。	1.根据部门职责（或"三定方案"）、市委市政府工作部署、部门战略发展规划和中长期规划、年度工作计划与工作要点对部门和单位的职能进行梳理，确定部门和单位的核心职责，预计部门和单位在本年度内的核心履职效能以及所要达到的总体产出和效果，将其确定为部门和单位总体绩效目标，并以定量和定性相结合的方式进行表述。

续表

办法条目	不同点	《廊坊市市级预算绩效目标管理办法（试行）》（廊财〔2019〕75号）	《廊坊市市级预算绩效目标管理办法》（廊财绩〔2021〕11号）
第十六条	部门绩效目标管理的设置方法	3.依据部门和单位总体目标，结合部门和单位的各项具体工作职责和工作任务，确定每项工作任务预计要达到的产出和效果，从中概括、提炼出最能反映工作任务预期实现程度的关键性指标，并将其确定为相应的绩效指标。 4.通过收集相关基准数据，确定绩效标准，并结合年度预算安排等情况，确定绩效指标的具体数值。	2.部门和单位要结合市委市政府工作部署、年度工作计划与工作要点，对总体绩效目标进一步分解细化，制定分项绩效目标，并相应设置每一分项目标的核心绩效指标和指标值。 3.依据部门和单位总体绩效目标、分项绩效目标指标，结合各项具体工作职责和工作任务，确定每项工作任务预计要达到的产出和效果，从中概括、提炼出最能反映工作任务预期实现程度的关键性指标，将其确定为整体绩效指标。通过收集相关基准数据，明确绩效标准，结合年度预算安排等情况，确定具体指标值。
第二十条	新增部门整体绩效目标审核	未有规定。	部门整体的绩效目标，由财政部门按照预算管理流程进行一般审核，并以五年为周期实现重点审核全覆盖。
第二十条	部门整体绩效目标审核结果	审核结果为"优"或90分（含）以上的，直接进入下一步预算安排流程；审核结果为"良"或80分（含）到90分的，财政部门可与相关部门或单位进行协商，直接对其绩效目标进行完善后，进入下一步预算安排流程；审核结果为"中"或60分（含）到80分的，由相关部门或单位对其绩效目标进行修改完善，按程序重新报送审核；审核结果为"差"或60分以下的，不得进入下一步预算安排流程。	审核结果为"优"或90分（含）以上的，直接进入下一步预算安排流程；审核结果为"良"或80分（含）到90分的，以及审核结果为"中"或60分（含）到80分的，由相关部门或单位对其绩效目标进行修改完善，按程序重新报送审核；审核结果为"差"或60分以下的，不得进入下一步预算安排流程。

在2021年，为切实提升绩效目标填报质量，廊坊市将原"辅导+审核"方式调整为"以审代培"方式，对项目绩效目标进行审核。廊坊市财政局组织对25个重点部门的重点项目开展专家审核，通过组织专家评审会，科学指导部门提高绩效目标填报质量和绩效目标管理水平，审核未通过的，不予安排预算资金；对其部门整体开展绩效目标专家审核，并按照"部门职责—工作活动—预算项目"的工作逻辑，辅导部门构建部门整体绩效管理框架，系统梳理部门职

责,提炼核心绩效指标,形成部门整体的年度绩效目标指标,指导部门明晰整体绩效目标设置工作路径,确保部门整体绩效目标指标与国家、省、市重大发展战略规划、部门中长期规划及部门职责等方面相契合。这一年,预算绩效目标审核更细更严,在"一上"阶段就将任务目标不明、预期效益不佳的近27.5亿元项目挡在了项目库之外,真正将绩效目标作为了项目入库的前置条件、预算编制的核心要件,把好了资金使用的头道关,为部门更加精准、高效地使用财政资金奠定了基础。

2022年,对廊坊市委网信办、市中级人民法院等21个部门(单位)的项目预算绩效目标进行审核,以"简洁高效、易于推广"为原则,组织专家评审,专家组与项目单位面对面沟通问询,并围绕项目必要性、可行性、投入产出比、预期产生效果等方面进行综合评审,审减成本过高的预算、帮助部门优化绩效目标,对参评项目按轻重缓急进行"四色分档",并形成预算审核建议。

2023年,按照绩效目标专家审核五年全覆盖的目标,对廊坊市人大、市行政审批局、市农科院、市科技局、市残联、市商务局等20个重点部门的部门整体绩效目标和项目绩效目标进行审核(见图3-2)。

另外,廊坊市在关注绩效目标填报、审核的同时,也将构建绩效指标体系作为重点工作持续推进。首先,在共性指标体系方面,制定绩效评价管理办法的时候,着重研究指标体系,分别制定了《部门整体绩效评价共性指标体系框架》《政策绩效评价共性指标体系框架》《项目绩效评价共性指标体系框架》,将体系细化到了三级指标,明确了计分规则。同时,研究制定了《廊坊市市直部门预算绩效管理工作考核评分体系》和《廊坊市县级财政部门预算绩效管理工作考核评分体系》,为将预算绩效管理工作落实到最基层提供标准和指导。其次,在分行业指标体系方面,自2019年起,按照一个预算主管科室选取一个对口试点部门的原则,探索建立分行业、分领域、分层次的绩效指标和标准体系。一方面,构建了政策性专项项目指标体系和定额标准体系;另一方面,构建了涉及12个行业领域、29个行业类别的《分行业分领域绩效指标和标准体系》,并逐年修改完善绩效指标库、动态管理部门指标库,指导部门提升整体预算绩效管理水平。

四、廊坊市绩效目标管理创新举措

廊坊市财政局将预算绩效理念深度融入预算管理,在预算编制初始阶段切实加强绩效目标审核,通过预算和绩效目标审核真正实现了"审预算就是审绩效"。

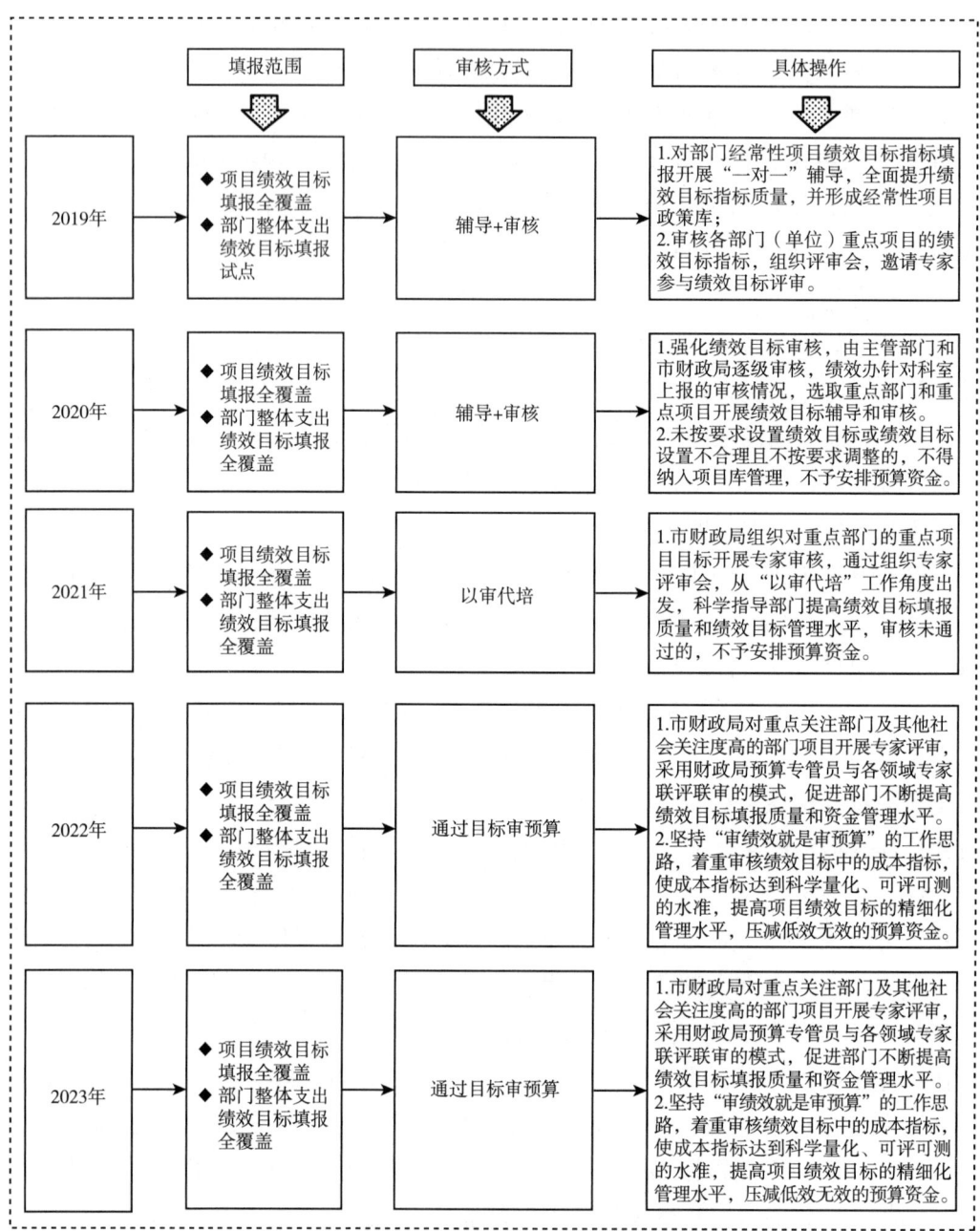

图3-2 廊坊市2019—2023年绩效目标管理创新举措演变

（一）首创项目"绩效身份证"

廊坊市财政局首创项目"绩效身份证"，每个预算项目都有《基本信息表》《绩效目标表》双表格，绩效目标与项目预算"同步提交、同步会审、同步批复"，将以往每个项目"先审预算，再审绩效目标"的模式，转变为"同频共审，一步到位",显著提高工作效率和质量。同时,还将市直各部门的部门整体和预算项目绩效目标汇编为预算绩效文本,形成"预算文本+绩效文本"双文本,经人代会审议通过后,批复各部门执行。

(二)深化绩效目标"专家审核"

廊坊市财政局按照"培训绩效、核算成本、确定标准、编制文本"工作思路,于2021年起深化绩效目标审核方式,在"全面审核"的基础上,实行"专家审核",推动预算绩效目标审核向更高质量、更高层次迈进。首先,由各部门对所属单位绩效目标进行初审,并随预算报送市财政局。其次,市财政局组建由科室专管员、各领域专家组成的专家组,对项目的必要性、紧迫性,以及绩效目标的合规性、相关性、可行性、完整性进行审核,统一审核程序、评分标准,专家组与项目单位面对面沟通、"一对一"质询,精准核定了重点部门和项目预算金额及绩效信息,形成审核结果,审核结果作为项目进入预算安排环节的重要依据。

(三)推动通过绩效目标"审预算"

廊坊市财政局坚持"审绩效就是审预算"的工作思路,着重审核绩效目标中的成本指标,使成本指标达到科学量化、可评可测的水准,提高项目绩效目标的精细化管理水平,压减低效无效的预算资金。通过组织财政预算专管员与各领域专家联评联审,客观评审部门整体绩效目标是否符合政府工作要求、是否符合部门职能,项目需求是否充分、投入产出是否合理、有什么效益,以及是否落实"集中财力办大事"原则,最后,按照资金预期效果及"轻重缓急"程度,对项目进行"四色分档",决定是否安排资金、安排多少资金。

五、廊坊市绩效目标管理的成效

经过3年实践,廊坊市目前已将"四本"预算全部纳入绩效目标管理范畴,实现全市所有项目、所有资金绩效目标填报全覆盖,并按照全年编制预算机制要求,对所有绩效目标分阶段、分级审核,组织第三方对重点绩效目标进行重点审核,倒逼部门提升预算项目谋划质量。通过专业审核,项目计划更实了、目标更明确了,项目执行也就更快更好了,不仅推动项目单位提升了资金管理水平和履职能力,从另一层面讲,也有助于解决项目金额虚、进展慢、落地难等一系列难题。同时,部门(单位)项目负责人深度参与,完善了预算申报机制,落实了部门主体责任,全面提升了入库项目质量，为部门更加精准、高效地使用财政资金奠定了基础。

（一）强化主体责任

廊坊市财政局注重培训讲解、规范编报，组建工作组，重点对相关部门（单位）的业务负责人进行培训讲解（线上、线下结合模式），包括绩效目标总体要求、指标规范性要求、成本指标细化量化要求等内容，明确财务人员旁听，进一步强化了业务负责人责任，为财务人员"减负松绑"，真正做到了"业财融合"。

（二）注重管理规范

廊坊市财政局制定了《预算绩效目标专家审核工作方案》，明确了专家审核主要流程及具体安排，通过统一审核程序、评分标准以及专家组与项目单位面对面沟通、"一对一"质询等方式，强化绩效目标专家审核规范管理，为重点支出政策、重大专项预算金额及绩效信息的精准核定提供了有力支撑。

（三）提高专业技术能力

廊坊市财政局要求工作组通过集中讲解、"一对一"等方式指导部门（单位）完善"部门职责—工作活动—预算项目"框架，梳理汇总相关部门（单位）的整体支出及项目绩效目标，形成完备的项目评审材料，包括部门整体及项目绩效目标、相关政策文件、预算测算明细、支出标准依据等，进一步提高了部门绩效目标填报能力和预算绩效管理意识。

（四）助力预算审核

廊坊市财政局在绩效目标审核阶段，真正实现了"审预算就是审绩效"。2021年度绩效目标专家评审涉及828个项目、资金34.7亿元，经审核，审减预算17.2亿元，审减率49.6%，整体预算项目数量较上年减少了915个。2022年，对市委网信办、市中级人民法院等21个部门（单位）的项目预算绩效目标进行审核，涉及项目142个、资金5.5亿元，审定2.29亿元，审减3.21亿元，审减率58%。2023年市财政局选取20个重点部门开展绩效目标专家审核。通过绩效目标审核，把好了资金使用头道关，不仅从源头上提升资金效益，而且初步实现了预算收支平衡。

第三节 引入竞争性分配机制

竞争性分配，指在项目资金分配环节引入竞争机制，从项目征集到资金下达全过程公开透明，通过竞争方式和集体决策机制，让财政专项资金分配从"一对一"单向审批安排，转向"一对多"的选拔性审批安排，建立"多中选好，好中选优"的项目优选机制，以强化绩效优先观念，形成科学的财政资金分配决策机制。2019年起，廊坊市财政局创新构建财政资金竞争性分配机制，旨在"集中财力办大事"，鼓励预算单位积极谋划有利于社会发展的优质预算项目，使财政资金用到实处、发挥实效。

一、廊坊市开展竞争性分配的背景

2008年8月，广东省在"双转移"财政扶持资金上实施竞争性分配，按经济区域和经济效益合理配置资源，将财政资金"集中起来"用在"刀刃上"，形成"拳头"效应，完全打破以往纯粹按行政区域配置资源传统方式，彻底改变财政资金"撒胡椒面"的低效局面。当年，6个欠发达地区积极参与15亿元财政专项资金的竞标争夺，拉开了财政资金竞争性分配改革的序幕。2009年12月，广东省进一步将财政竞争性分配方式引入了教育领域，率先在广东中职教育专业实训中心建设进行试点，当年42所学校73个专业争取了2亿元实训经费。

2012年5月，山西省晋城市将竞争引入资金分配环节，首次对发展县域主导产业的财政资金6000万元采取竞争性方式分配，成为中国内陆城市进行财政资金竞争性分配改革的领路人。

2013年7月,广西壮族自治区决定在自治区本级将预算安排超过2000万元(含2000万元)且符合有关条件的财政专项资金全部实行竞争性分配。同年11月,广西决定将财政专项资金竞争性机制纳入自治区本级部门预算编制工作,进一步扩大分配范围,大幅提升财政资金的使用效益。

2013年10月,石家庄、韶关等10个城市从15个入围城市中脱颖而出,成为首批由专家公开评审选定,而非财政部、发改委"钦定"的"节能减排财政政策综合示范城市",至此拉开了中央财政资金竞争性分配的序幕。随后,湖北、浙江等地探索开展省级财政部分专项资金试行竞争性分配的改革。但是长期以来竞争性分配与预算绩效管理融合还不够深入,竞争性分配中的绩效理念和方法融入不够充分。

2019年3月,河北省财政厅《全面实施预算绩效管理推进工作方案》中,廊坊市被确定为河北省全面实施预算绩效管理唯一设区试点市,廊坊市选取教育、农业(包含农、林、水等方面)领域开展财政资金竞争性分配,鼓励教育、农业领域的部门(单位)积极谋划创新类、提升类项目,市财政局组织各领域专家进行审核评选,大量运用成本效益分析法开展预算单位间的横向"绩效竞争",促进部门不断优化支出结构和提高项目质量,提升重点领域的财政资金保障力度和使用效益。

二、廊坊市竞争性分配主要解决的问题

竞争性分配改变了由单个领导或主办人员决定资金分配的模式,克服行政性分配的随意性问题,提高了财政资金的绩效水平,同时实行全过程绩效管理,财政部门和主管部门根据项目管理和实施情况组织绩效评价和监督检查,确保绩效目标的实现。以廊坊市教育领域开展教育资金竞争性分配为例,财政资金竞争性分配不仅提升了项目申报质量,更促使教育领域绩效管理提质增效,使财政资金用到实处、发挥实效。

(一)教育经费"只增不减",投入产出极不匹配

多年来,廊坊市坚持落实教育资金"两个只增不减"(确保一般公共预算教育支出逐年只增不减,确保按在校学生人数平均的一般公共预算教育支出逐年只增不减)的政策要求,教育资金投入逐年增加(见图3-3),甚至教育类支出规模位于全省靠前,但教育发展水平在全省靠后,投入与产出极度不匹配。近年财政形势更加严峻,但教育经费的使用效益并未显著提高,急需学校在更深层次思考自身教学事业发展存在的问题、前进的方向、提升的思路等,为此廊坊市财政局想要通过改

革资金分配方式来提高教育的效率与效益，最终决定了在保障教育基本投入的基础上，单独拿出一部分资金用于开展教育领域竞争性资金分配工作，激发"想干事、能干事"的校长谋划一批好项目，促进廊坊市教育事业优质均衡发展。

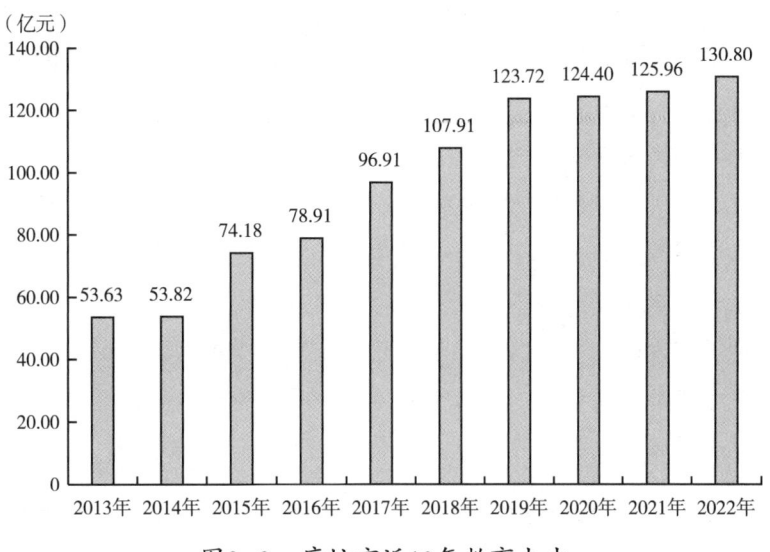

图3-3　廊坊市近10年教育支出

（二）教育项目成本过高，学校跟着机构走

在竞争性分配工作开始前的各校预算申报中，过于注重基本建设、维修改造、日常运转类项目，对学校特色教育自主发展能力、本校教师素质素养、校本课程与教材发展等方面的"造血能力"提升重视不足；一味追求"高大上"项目，学校扎堆申报3D打印、智能VR、智能机器人等项目，这类项目均具有高度依赖企业服务的特征，项目历年劳务费支出过大，导致学校陷入"购置即落后""大炮打苍蝇"的窘境，整体上重投入轻管理、重支出轻绩效、重硬件及服务性投入轻教育教学提升等问题突出（见专栏3-6）。

▶ **专栏3-6　针对教育资金竞争性分配突出问题的访谈**

"教育经费成了企业眼中的'唐僧肉'，项目背后多是利益驱动而非为了教育事业发展。廊坊财政创新开展教育领域竞争性资金分配，既是廊坊教育领域资金管理的迫切需求，又是全面实施预算绩效管理改革的应有之义。"廊坊市财政局局长。

"我们不能让学校跟着企业走,学校的眼球要盯着本校特色教育,通过竞争性分配,切切实实去支持那些'急、难、盼'项目,让企业追着学校跑。"廊坊市财政局绩效科干部。

"我们要扭转不科学的教育评价导向,坚决克服唯分数、唯升学、唯文凭的顽瘴痼疾,完善立德树人体制机制的重要目标任务,因此教育竞争性分配的评审机制中突出去教育'功利化',让教育回归育人本位。"廊坊市财政局教科文科干部。

从预算绩效管理改革进程来看,各中小学依然是改革的"攻坚区",由于实施预算绩效管理的第一主体是教育前线的教育工作者,尤其是一些农村地区教育资源并不充足,老师们实行一人多岗,导致绩效管理还是学校的"一次性"管理工作,学校还处在盲人摸象的阶段,因此"我们在设计竞争性分配机制时,要充分考虑这一现实特点,设计好服务、优化、提升学校预算绩效管理的配套机制。"廊坊市财政局绩效科主任。

(三)教育项目与教育方向"偏离"

竞争性分配开始前,项目申报"以费定事"的问题突出,各校散点式的项目申报,折射出学校的项目储备与教育规划、教育中期财政规划、单位规划的衔接不够紧密,如一些项目涉及提升教师教学能力和创新素质等目标较少,信息化项目缺少详细的规划引领和规划指标等,个别项目甚至违背了为中小学"松绑"的理念。此外,廊坊市财政局通过总结各项申报项目的特点,发现学校过度追求"智育"类项目,缺少对"德智体美劳"五育并举的协调发展,由此引发了哪些项目属于"超前教育""过度教育",哪些项目属于"长远发展、健康发展"疑惑,在改善学校办学条件的基础上,学校应该办什么样的教育,始终是教育经费需要回应的问题。因此,廊坊市财政局尝试通过竞争性分配重构教育领域"资金跟着项目走、项目跟着规划走、规划跟着目标走"的机制,更好发挥"以政领财、以财辅政"集中财力办大事的职能。

(四)绩效项目的"含金量"不高

过去,教育类资金低效无效、闲置沉淀、损失浪费等问题屡见不鲜,产出效益低下,廊坊市教育经费管理难题亟待解决。一方面,学校申报的项目质量一般,项目预算测算依据不充分、绩效目标申报不规范等问题,财政部门还需辅助学校去构建以预算绩效为导向的项目申报机制。另一方面，项目实施后的可持续性也不强，一些项目申请一次性资金后，无法用教育经费解决后续运维问题，导致项目"夭折"。此外，一些已支持的大项目好项目仅仅是"闭门造车"，教育设施的资源利用和开放共享不足，学校更倾向于从省外"引进来"，但忽略了区域内师资队伍、学科建设、成果转化等方面合作，各校没有成为协同发展的同行者，廊坊市财政局希望通过竞争性分配，构建学校既竞争又合作的良性发展格局。

三、廊坊市竞争性分配制度演变

2019年，廊坊市财政局首次开展教育资金竞争性分配，初步创新构建"多中选好、好中选优"的财政资金竞争性分配机制，这一年基本确定了竞争性分配指引的架构、评审流程，但也发现学校申报项目动辄5000万元以上，真正"有灵魂""接地气"的项目少之又少，最终优选7个项目支持2397万元，旨在鼓励预算单位积极谋划有利于社会发展的优质预算项目，使财政资金用到实处、发挥实效。

2020年，将竞争性分配扩大至农业农村领域，通过项目辅导、实地考察、符合性审核、竞争性评审等环节，确定优秀项目进入预算安排流程。在申报的66个教育项目、51个农业项目里优中选优、好中选好，最终确定13个教育项目、6个农业项目进入预算安排流程，共计3250万元，这一年不仅激发了部门干部的干事创业热情，部门单位在上年申报经验之上极大提高了项目申报质量，一批具有典型示范、"小而精"的项目涌现，促使相关领域绩效管理提质增效，使财政资金用到实处、发挥实效，达到了"好钢用在刀刃上"的目的。

2021年，在疫情干扰之下，市财政局始终坚持开展竞争性分配工作，当年首度引入成本绩效理念和方法，优化"德、智、体、美、劳"及创新类6大类14个重点支持方向，通过制定申报指引、组织专题培训、开展"一对一"辅导、工作组符合性审核、主管部门审核等多环节层层筛选，24个创新类、提升类项目现场竞争"pk"，涉及金额5074万元，经过专家组现场点评，人大代表、政协委员、学生、家长、教师五类民意代表打分排序。最终，红苗教育教学实践基地建设、人工智能实训室等8个项目脱颖而出，涉及资金1103万元，项目更接地气、更贴近教师学生需求，受到社会各界一致好评。

为强化绩效优先观念，持续提升财政资金使用效率和效益，2022年，廊坊市财政局继续开展教育领域竞争性分配，印发项目申报指引、鼓励学校提早谋划、引入专家精心指导，通过资格预审、事前评估、民意打分，从46个申报项目中"优中选优"，由人大代表、政协委员及教师学生对22个项目（涉及资金4790万元）进行现场打分，最终，智慧书法教室建设等10个特色项目脱颖而出，审定资金595万元。

在过去四年中，廊坊市教育领域共申报184个项目，涉及金额达39149.69万元，经过充分竞争，38个项目成功获得财政资金支持，涉及金额达5667万元，有效推动了教育资源的优化配置，准备竞争性分配申报已经成为各校"校长会"的重点议题。2023年，为了进一步提升资金分配效率，廊坊市财政局对既往支持的38个项目进行事后绩效评价，采取资料审核与现场勘查相结合的方式，通过回顾过去，总结经验，一方面对38个获批项目进行评价结果排序，另一方面对校长、老师进行访谈，优化项目申报评审机制，最终将评价结果运用于下年度竞争性分配工作中。

在充分做足准备工作后，市财政局将2023年工作重心放在聚焦"集中力量办教育"上，创新申报形式，首次允许学校选择独立申报和联合申报两种方式，各申报主体形成合力"组团申报"，当年申报项目数量和金额实现了极大突破，申报51个项目涉及6585.41万元，最终评审获得支持项目总计12个，审定金额总计849.19万元，其中有廊坊市第六中学与北旺中学协同发展师培教研提升建设项目等联合申报项目脱颖而出，该项目具有"优势整合、绩效放大、典型示范、创新应用"的特点，充分体现了组团推进教育均衡优质发展，推动"特色共同体学校"，实现优质教育资源共享。

四、廊坊市竞争性分配的举措

为进一步提高农业农村领域财政预算资金绩效水平，支持农业高质量发展，廊坊市财政局结合当地农业农村实际需求，创新财政预算资金分配与审批方式，对2021年度支持农业发展项目资金实行了竞争性分配。廊坊市把绩效管理理念和公共服务优先观念贯穿农业财政资金分配和使用的全过程，引入合理、规范、可操作性的竞争性资金分配程序，按照公开、公平、公正的原则，采取"征集项目—发布指引—报送材料—实地考察—资料评审—现场答辩—专家论证—集体研究—结果公示"的具体程序择优确定资金分配对象，建立多中选好、好中选优的项目优选机制，科学规范、讲求实效，发挥了财政资金的示范、引领作用，提高了农户、村级组织、生产经营主体参与项目的积极性，形成了"政府搭台、多方唱戏"的局面，促进了财政资金的有效分配和高效使用。

相较于农业领域，教育领域竞争性资金分配更加细化工作程序，整个流程分为申报、审核、评审、公示四个阶段，全程历时近两个月。申报阶段。廊坊市财政部门会同教育部门成立联合工作组，共同发布《廊坊市教育领域竞争性资金分配重点投入方向与项目申报指引》，制定项目申报书模板、绩效目标申报表、项目申报材料清单和项目评审指标体系等，明确项目申报流程、资金支持方向、资金使用范围等关键环节。项目单位准备申报资料，开展申报培训，完成项目申报。

审核阶段。一是，进行工作组审核，包括符合性审查、查重检验、规范性审查、重点资料审查、工程建设项目审批手续检查等；二是，对符合性审查中存在问题的申报单位进行"一对一"申报辅导，辅导完成后，对于通过符合性审查的项目，梳理形成《初筛项目清单》，对于辅导后仍不能通过符合性审查的项目，不进入竞争性资金分配的下一个环节；三是，主管部门审核《初筛项目清单》；四是，对于通过主管部门审核的项目，梳理形成《评审项目清单》。

评审阶段。重点包括成立评审专家组、遴选民意代表、专家组预审、召开评审会、形成评审结果等环节。在评审时，首先申报单位对申报项目的概况进行汇报，随后专家组对申报项目的立项必要性、资金筹集合规性、实施方案合理性、资源投入经济性、预算编制合理性、绩效目标合理性方面的问题对申报单位进行质询，工作组根据专家评审意见，结合民意代表排序，汇总形成评审结论，并依据民主评议分数排序确定资金优先保障次序。

公示阶段。市财政局将工作组递交的需整理入库项目清单及排序进行审核，审核后的入库项目清单及排序同步公示于市财政局官网、市教育局官网，公示期为7天。

五、廊坊市竞争性分配创新做法与经验

以教育领域为例，廊坊财政紧盯优质教育资源供给，深入分析学校教育教学发展现状与教学特点，在开展竞争性分配中形成了一些做法和经验。

（一）凸显"集中力量办教育"

健全现代预算制度，要按照高质量发展的要求，运用先进的理念方法深化改革创新。时任财政部部长刘昆指出，要"增强重大决策部署财力保障，健全财政资源统筹机制"。当前和今后一个时期，财政处于紧平衡状态，必须加强资源统筹，集中财力办大事。2021年，廊坊市以河北省、廊坊市《国民经济和社会发展第十四个五年规划和二〇三五年远景目标纲要》为依据，拟定了"德智体美劳五育并举"，以及"其他创新"六大类别14个重点支持方向，尤其突出了提升基

础教育发展水平、推进职业教育提质扩能、加强教师队伍建设、教育教学改革、"双减"切实落地等方面的重大政策。2023年，廊坊市以《廊坊市教育事业发展"十四五"规划》为引领，加强市级财政资金统筹规划，集中财力办大事，打破以往各校"闭门"申报的传统思维，聚焦各校普遍的共性需求项目，创新"组团申报""独立申报"两种方式，各申报主体形成合力，"组团申报"，工作组结合项目内容，"手动组合"，财政部门尽力而为、量力而行，加大对教育等重点领域的保障力度，确保重大决策部署落地见效，从"强化统筹"入手进一步提高财力统筹能力，从"突出绩效"入手进一步提高资源配置能力，从"支出标准"入手进一步强化预算法定约束，多方同步发力，力争以"小切口"推动"大变革"，牵引带动政府治理效能持续提升。

（二）构建"4321"评审模式

廊坊市财政局在推动教育领域竞争性资金分配过程中，建立了事前绩效评估与竞争性分配相融合的新机制，规范了竞争性分配流程、增加了项目立项的成熟度、提高了财政资金的配置效率和使用效益。财政资金竞争性分配工作重在公平公正、全程透明、多环节把关、多视角考评，构建了"4321"评审模式。

"4"是引入四方主体审核，即"工作组审核+主管部门审核+专家论证+民主评议"。首先由工作组进行合规性审核，形成《初筛项目清单》；其次由市县两级教育主管部门从廊坊市教育事业发展角度对项目提出相关意见；最后，组建由教育、管理、绩效、财务、信息化等领域的7位权威组成的专家团队，从立项必要性、投入经济性、绩效目标合理性、实施方案有效性、筹资合规性、成本绩效分析等多个角度评审项目；同时，引入人大代表、政协委员、家长、学生、教师五类民意代表参与民主评议对项目进行打分排序，真正做到了在"阳光"下分配教育资金。

"3"是关注三个层面建设，政策层面重点关注河北省、廊坊市教育领域长期规划和廊坊市教育事业发展方向，学校层面重点关注学校教育教学特色及自主教学事业规划，项目层面重点关注申报项目的必要性、可行性、经济性与绩效性。

"2"是起到两重关键作用，即遴选优质项目与预算绩效管理培训辅导。廊坊教育领域竞争性分配工作始终坚持"以评促培"，从项目申报阶段的集中培训、"一对一辅导"到评审阶段的专家现场质询，在遴选优质项目的同时更加注重帮助和指导学校谋划项目，提升预算绩效管理理念。

"1"是植入一个核心理念，即成本绩效管理理念。本年竞争性分配中尝试引入成本绩效理念，不仅在《项目申报书》中加入了成本定额、成本预算绩效分析等内容，又在《绩效目标申报表》中借鉴《中央部门项目支出核心绩效目标和指标设置及取值指引》，将成本指标细化提炼为二级指标，同时结合实际降低填报难度，通过简化成本测算、引入平均成本等方式，将同类项目置于统一的衡量标尺下，便于在同类项目中开展成本效益分析，逐步引导各学校树立成本绩效意识。

（三）引入成本效益分析方法[①]

2021年8月《中央部门项目支出核心绩效目标和指标设置及取值指引（试行）》将"成本控制要求"作为绩效目标的重要内涵，并将成本指标提升为一级绩效指标。但目前事前绩效评估更多依赖方案文本和项目陈述等资料，成本效益分析方法在事前评估中未得到充分利用。如何将成本效益分析引入事前评估，并融入竞争性资金分配机制中，实现为"绩效"而竞争，实现成本压减和质量效益"双优化"成为一个值得探索的新议题。为此，廊坊市财政局在项目申报与项目评审环节嵌入"成本效益分析"，充分调动学校积极性，实现为"绩效"而竞争。

一是，项目申报环节开展成本效益分析。廊坊市在项目绩效目标申报表中将成本指标升级为一级指标，按照经济分类科目，从人力成本、材料成本、资产等方面设置成本指标，申报单位估算项目成本，将虚化的成本做实；在明确项目目标的基础上，量化效益年限、受益人数，测算出项目的成本效益比。紧扣教育服务标准、成本定额、支出标准，要求申报主体在项目申报书中撰写简短的成本绩效分析自评报告。

二是，项目评审环节增加成本效益分析指标。在充分考察项目立项必要性、投入经济性、绩效目标合理性、实施方案有效性、筹资合规性的基础上，增加了成本绩效分析指标，包括成本绩效分析方法和分析结果两方面，占全部评分的10%（见表3-3）。将成本效益评价引入竞争性分配评审，形成了统一评审尺度下同类项目的可比可测。比如在"智育"类项目中有4个项目进入评审阶段，人工智能特色教育项目因项目受益群体不明确，项目实施内容与学校发展规划不符而不予支持，不纳入民主评议排序，人工智能实训室项目、创客空间项目、智能实验室项目平均成本57.72元/人·年、113.58元/人·年、186.9元/人·年，智能实验室项目因平均成本过高，在民主评议中排名靠后，最终未能获得支持。而人工智能实训室项目因成本效益最大予以支持、创客空间项目根据专家预算评审结果予以部分支持。

[①] 程广翔、刘文杰：《强化竞争激活力 提质增效促发展——廊坊市探索教育领域竞争性资金分配新路径》转引自北京大学中国教育财政科学研究所：《中国教育财政政策咨询报告2022年》。《将成本效益分析引入事前绩效评估——河北省廊坊市探索教育领域竞争性资金分配新路径》，《中国财经报》绩效新时代，2022年11月24日。

表3-3　将成本预算绩效分析纳入竞争性分配评审指标

一级指标	二级指标		评价要点	分值
成本预算绩效分析（10分）	分析方法		①是否开展成本预算绩效分析； ②所用成本预算绩效分析方法的项目适用性。	5
	分析结果	成本效益分析法	①与同类项目比较，是否实现了最小成本下的效益最大化，或最大效益下的成本最小化。 ②与同类项目比较，是否实现了最小成本下的产出最大化，或最大产出下的成本最小化。	5
		其他成本预算绩效分析方法	①成本预算绩效分析结果是否清晰反映成本和效益之间的紧密对应关系； ②成本预算绩效分析结果是否具有可操作性和可应用性。	

三是，在评审结果应用环节通过工作组开展预算评审，将成本效益分析结果运用到实处。根据专家评审结论对项目支持内容与支持金额进行预算评审，其中重点横向比较同类项目的成本效益，判断项目的成本构成与预算金额是否合理，从而挤出项目的"水分"，2024年度竞争性资金分配，专家审定金额918.81万元，工作组开展预算评审，核减69.62万元，最终核定金额849.19万元，核减率7.58%。

六、廊坊市竞争性分配的成效

以教育领域为例，竞争性分配取得了显著成效（见专栏3-7）。

▶ 专栏3-7　针对教育资金竞争性分配做法和效果的访谈

"竞争性分配应妥善处理预算安排方式与优先发展教育的关系，改革完善教育经费投入使用管理体制机制，以调整优化结构为主线，突出抓重点、补短板、强弱项，着力解决教育发展不平衡不充分问题，切实提高教育资源配置效率和使用效益，促进公平而有质量的教育发展。"廊坊市财政局绩效科主任。

"这么多年的竞争性分配，回归到最本质的问题，我们要办的是什么样的教育？有没有一些项目是值得全市推广的？竞争性分配该如何发挥财政资金统筹职能？"市财政局教科文科科长提出。

以高考改革走班"藏阅一体"图书馆改造工程为例，"以前学校的图书馆就是一个'藏书阁',环境不好,鲜有学生来借阅。新建成的图书馆整合成为集教育资源、教学实践、创新教学活动于一体的综合教育设施,满足了同学们的需求。"河北省廊坊市的管道局中学校长说。唤醒"沉睡"的图书馆,这得益于廊坊市的预算绩效管理改革。

(一)丰富预算安排手段,推动教育资源优化配置

廊坊市先后出台了《关于改进廊坊市教育领域预算资金绩效管理的意见》《廊坊市教育领域项目库管理暂行办法》《廊坊市教育领域竞争性资金分配重点投入方向与项目申报指引》等相关文件,用制度规范相关的行为准则,实现了"评估+评审"相结合、定性与定量相结合、成本和效益相结合。

竞争性领域资金分配丰富了预算安排手段,打造出教育精品项目,有力推动了教育资源优化配置。2021年,廊坊市连续三年开展教育领域竞争性分配,印发项目申报指引、鼓励学校提早谋划、引入专家精心指导,通过资格评审、事前评估、民意打分,从66个申报项目中"优中选优",由人大代表、政协委员及教师学生对16个项目进行现场打分,最终落堡小学附属幼儿园户外游戏课程装备采购、柴刘杨小学体育活动专项—校园足球等16个特色项目脱颖而出,审定资金1795.39万元。其中部分项目直指教育短板,精准对接教育现实需求,有效提升财政资金使用效率,真正把来之不易的财力用在"刀刃"上,让更多的"真金白银"实实在在地用于教育教学一线、教师和学生身上。

(二)突出项目前期申报辅导,着力提升评审项目质量

从最开始项目单位以为财政就是在分钱,申报几千万元的信息化项目,到后来项目逐渐精细化,初步建立以竞争促绩效的教育领域财政资金分配体制。竞争性分配促进教育领域相关部门更公正合理地分配项目资金,项目负责人"花钱必问效、高效多安排、低效多压减、无效要问责"的绩效意识不断增强,变被动为主动,涌现出一批有想法有能力的校长和老师,谋划出一批好项目,用好了财政资金。

扎实做好调查工作,了解项目申报单位相关情况,为学校研究制定项目资料范本,帮助学校掌握评审的内容和重点,项目单位在项目谋划、绩效分析、材料编制等方面遇到的困难,引入第三方机构及时介入,积极发挥中介、专家优势提供申报指导服务,从而在源头上提升项目质量。

经过层层筛选,来自不同学校不同类型的项目脱颖而出,项目更加倾斜农村、

突出软实力提升，立项依据不充分、实施方案不合理、预期产出及效益不足、投入经济性较差的项目坚决不予支持，项目更接地气、更贴近教师和学生需求，受到社会各界一致好评。竞争性分配成为提高公共产品服务能力的重要抓手。教育领域通过公开竞争、专家评审的方式，实施竞争择优分配，有效破解以往财政资金分配过于分散、难于监管等问题，其产生的经济和社会效益远大于"一对一"单项审批安排产生的经济效益和社会效益。

（三）推动了全成本预算绩效管理前移

将成本绩效管理前移到项目申报阶段，规范了成本绩效目标申报；制定了教育行业项目成本估算的基本框架，探索了公共服务标准、成本定额标准和财政支出标准的统一；通过成本效益分析，形成了一些可参照的生均成本，为同类项目的比较提供了决策参考，也为在教育领域进一步探索实施全成本预算绩效管理提供了实践支撑。

（四）形成了参与式预算新机制

廊坊市财政局、市区两级教育部门充分发挥主导作用，切实明确专家评审责任，邀请人大代表、政协委员和教师代表、家长代表、学生代表等民意代表全程参与，增加民意代表打分形式，积极探索实施第三方参与评审。专家从财政、绩效、业务角度质询申报主体，通过一来一回的答辩，也引发民意代表的思考与判断，给出符合受益对象需求的打分，从而不断完善社会监督机制，也起到了较好的宣传作用，促进了绩效理念在教育领域的推广。

（五）以评促管，管理水平持续提升

针对评审中发现的欠缺中期规划、支出界限不清、资金投入的效率性和效益性不高等普遍问题，专家给出了合理性建议，引导学校按照目标导向原则，通过明确项目绩效目标指标，硬化预算执行约束，从严控制预算调剂事项等方式，倒逼学校强化项目及财务管理能力，进而完善学校内部治理，提高学校整体绩效水平。竞争性分配将绩效作为项目资金分配和项目遴选的重要指标，突出绩效优先，强化了绩效目标评审，使项目申报方用详实的建设方案说话，凭项目实施的效果争取，营造了良好的竞争氛围。通过不同竞争单位申报项目"投入—产出效益"的比较，优胜者才能争取到相关项目资金，强化了资金使用的绩效意识。

第四章
财政预算绩效管理引入成本"基因"

全成本预算绩效管理是一种基于成本、质量、效益分析与比较方法的预算资金分配与管理模式。廊坊市财政局将开展成本绩效管理视为预算绩效管理的应有之义，全面试点政策和项目、部门整体成本预算绩效管理工作，探索完成以成本数据为基础的定额标准体系构建工作，形成"预算编制核成本、预算执行有规范、综合考评讲绩效、绩效结果有奖惩"的预算管理模式。

第一节 项目成本绩效分析与支出标准建设

2020年，廊坊市启动了市园林局绿化项目成本绩效分析工作，建立专用支出标准，随后对7个运转类公用经费进行修订完善，出台《市本级运转类公用经费定额标准》《廊坊市市直行政事业单位印刷费支出标准》《廊坊市行政事业单位物业及相关服务支出标准》等多项预算审核标准，2022年印发了《廊坊市市级全成本预算绩效管理实施方案》（廊财〔2022〕36号），按照"点面结合、分类推进、重点突出、积极稳妥"的原则，积极推进全成本预算绩效管理，推动部门决策科学化和政府治理现代化。

一、项目成本预算绩效分析与支出标准建设的背景

2018年7月中央全面深化改革委员会审议通过《中共中央 国务院关于全面实施预算绩效管理的意见》（中发〔2018〕34号），在对预算绩效管理的"总体要求"中强调"更加注重结果导向、强调成本效益、硬化责任约束"。2021年8月财政部研究制定了《中央部门项目支出核心绩效目标和指标设置及取值指引（试行）》（财预〔2021〕101号）重新定义了绩效目标，在原来预期产出和效益的基础上引入了成本控制，明确"项目支出绩效目标，是指中央部门依据部门职责和事业发展要求设立并通过预算安排的项目支出，在一定期限内预期达到的产出和效果以及相应的成本控制要求"。可见，开展

成本效益分析，实施全成本预算绩效管理已经成为未来我国预算管理和政府治理的重要政策趋向。

（一）缓解财政收支矛盾的必然要求

面对近年来经济紧平衡常态，加强成本绩效管理是提高支出效益、盘活存量、优化增量的重要手段，压缩无效支出、将财政资金用在刀刃上迫在眉睫。开展成本预算绩效分析工作，可以促进财政管理精细化、费用支出标准化，对项目实施每一个环节、流程、步骤、细节开展精细管控、精准管理，注重加强资源统筹整合，有利于充分利用现有资产资源，实现集中共享、经济节约、高效利用，各预算单位要在"过紧日子"上动真格，在支出管理上打好"铁算盘"，在项目实施上算好"成本账"，在经费使用上当好"铁公鸡"。

（二）预算绩效管理的本质要求

预算绩效管理的核心是处理好投入与产出、效益的关系，其目的与成本绩效一致，都是"花好钱、多办事、办好事"。开展成本绩效评价，有助于推进预算管理精细化、财政支出标准化、预算编制科学化、费用核算成本化，从而逐步建立分类分档的财政支出标准体系，将支出标准作为预算编制的基本依据，彻底打破项目预算"基数+增长率"的固化惯性模式，逐步实现无标准不安排预算项目，增强预算控制力和约束力，不断提升财政资金科学化精细化管理水平。

（三）提高决策水平的重要措施

开展成本绩效分析，有助于部门（单位）比较成本与所带来效益的关系，增强其效率意识，保证有限的资金优先用于效益高的支出，促进预算资金合理安排，并为决策者和利益相关方提供有用信息，以帮助改进决策，突出资金投入重点和使用方向，提高资金使用效益，让有限的财政资金发挥出最大的效益，确保财力有效转变为保障力、战斗力，进一步提升保障能力和保障水平。

（四）财务会计向管理会计转型的需要

财务会计和管理会计是现代会计的两个分支，两者之间既相互联系，又有明显区别。财务会计以财务核算为主，侧重于核算和监督单位发生的各项经济活动，属于"报账型"会计。管理会计侧重于预测前景、参与决策、规划未来、控制和评价单位发生的各项经济活动，属于"经营型"会计，其前身就是成本会计。对项目成本预算进行绩效分析就是对财务会计核算的项目历史成本费用数据进行科学加工与整理，摸清成本核算与分摊方法，分析影响成本的关键因素和成本变动趋势，保留有效成本，剔除无效成本，计算出单位标准成本，通过标准成本控制预算编制，以达到最大限度地节约费用、降低成本、提高财政资源配置效率和财政资金使用效益的目的。

二、廊坊市开展项目成本绩效分析与支出标准建设主要解决的问题

廊坊市在推动项目成本绩效分析与支出标准体系建设之前，主要面临以下亟待解决的问题：

（一）预算绩效管理工作中成本意识不足

一方面，当前财政部门在实施成本绩效管理时尚未理顺成本绩效与"事前、事中、事后"预算绩效管理之间的管理关系，尚未打通成本绩效与预算评审、项目入库等逻辑链条。另一方面，由于没有制定出台统一规范的操作指引，一些基础的成本核算方式方法尚未得到充分应用，成本效益分析的路径不够明确规范，部门不会干、财政不会审等基础问题仍然存在，导致项目成本测算不够细化，成本控制不够有力。

（二）预算编制缺乏统一的支出标准

在预算编制过程中，因为成本不明确、不细化，成本绩效指标矮化、虚化，支出标准不统一、不规范等问题，容易导致项目业务内容和成本边界不够清晰，加大厘清难度。项目成本分析的第一步是确定应纳入分析范围的全口径成本。比如对机关单位运转费开展成本分析，纳入分析范围内的费用为保障基本运行的相对稳定性的投入、日常维修费用、大型维修费用等。但在梳理具体费用时，如何界定大型维修、公用经费界限等，不够清晰。

（三）预算编制流程与成本细化整合不够

预算绩效管理工作中优化部门预算编制流程，推动预算编制与成本细化、绩效目标设定等业务整合、一体化实施，是推动项目成本绩效分析与支出标准体系建设的重要组成部分。预算部门、单位在编制年度预算时，往往不会考虑项目设立依据、事业发展需要、成本效益分析情况、财政承受能力、财政支出标准等多方因素进行预算编制，逐项细化预算成本构成，同步编制形成绩效目标表。绩效目标中

的成本指标缺乏根据成本对象特点，从总成本、单位成本、成本项目等方面的科学设置。

三、廊坊市推动项目成本绩效分析与支出标准体系建设的举措

（一）顶层设计规划全面推进任务

2022年，廊坊市财政局印发《廊坊市市级全成本预算绩效管理实施方案》（廊财〔2022〕36号），方案明确了按照"点面结合、分类推进、重点突出、积极稳妥"的原则，积极推进全成本预算绩效管理，践行"物有所值"理念，探索"降本增效"路径，推动部门决策科学化和政府治理现代化。该方案的出台，旨在通过核定成本、绩效评价、制定标准、调整机制、促进管理等一系列举措，建立全面规范透明、标准科学、约束有力的预算管理制度，推动财政资金聚力增效，提高公共服务供给质量，增强政府公信力和执行力。方案制定了"构建支撑体系，启动试点工作""制定分析框架，全面推进工作""完成标准构建，强化结果应用"三大推进目标，构建"管理制度、宣传培训、专业力量、绩效标准、信息技术"五位一体支撑体系，为各部门各单位积极谋划成本预算绩效管理工作提供了根本性支持力量。

（二）全方位推进项目成本绩效管理

1. 严格审核项目预算及投入成本

面对部门申报项目绩效目标粗放、成本标准不清等问题，大力推进预算绩效评估评审工作。一是，将项目预算与绩效目标同评同审。以"简洁高效、易于推广"为原则，通过现场培训指导、组织专家评审，专家组与项目单位面对面沟通问询等方式，围绕项目必要性、可行性、投入产出比、预期产生效果几方面进行综合评审，审减成本过高的项目预算、帮助部门优化绩效目标，对参评项目按轻重缓急进行"四色分档"，并形成预算审核建议。二是，以资金效果评定项目预算。2022年，廊坊市财政局对市住建局、市卫健委、市公安交警支队及4所中职院校开展全成本绩效管理，对部门项目进行成本分析、标准核定，形成支出标准91项，结合专家评审全面实现"降本增效"，涉及项目278个、资金24.27亿元，审定7.04亿元，审减17.23亿元。同时，对科技奖补、数字化转型、市区路网再融资等重大政策（项目）开展事前评估，提出政策优化和改进意见。

2. 加强绩效运行监控，严控预算执行成本

在预算执行阶段，廊坊市财政局督导部门积极开展项目绩效监控、试点推进重点项目跟踪问效、创新成本绩效监控及标准优化调整。一是，利用平台高效开展绩效监控。廊坊市财政局积极督导各部门通过财政一体化平台对所有项目开展预算执行进度和绩效目标实现程度"双监控"，并针对进度缓慢、偏离目标的项目提出解决措施，夯实了部门预算执行主体责任，提高了执行效率。二是，试点推进重点项目跟踪问效。2022年，廊坊市财政局对某项目2019—2021年执行情况开展了事后评价，同时对该项目进行中期评估，涉及资金2589万元（包含预算安排及年中追加），通过严格的"全程跟踪问效＋执行成本管控"，提出了调减预算609万元的建议，形成包含项目整改、预算调整等意见，促进项目部门高效利用资金、把好事办好。三是，创新开展成本绩效监控及标准优化调整。廊坊市对5所市管高中、市中心血站开展了成本绩效监控，对项目单位预算执行情况、支出模式开展调研分析，核实现有标准与实际执行是否存在偏离，规范项目单位预算执行，并优化了21项定额标准，应用于2023年预算，审减了1803万元。

3. 严评项目实施成本，增强资金使用效益

2022年，廊坊市针对2021年各部门项目实施效果，全力推进项目事后评价，形成了部门自评与财政再评结合、成本分析与绩效评价结合的模式。一是，全面推进项目绩效自评和抽查复核。廊坊市在各部门对2021年项目实施绩效自评的基础上，抽取了173个项目进行复核，针对各个项目提出了优化政策、改进管理、压减低效资金的建议。二是，将成本分析融入政策和项目重点评价。廊坊市严格落实绩效任务和结果应用"两清单"，对污水处理、公交运营补贴等重点支出进行成本绩效评价，逐步实现支出成本精准核算、绩效结果切实应用，对17个政策和项目开展了重点评价，涉及资金9.26亿元，发现问题120余个，提出整改意见130余条，并建议压减效果不佳的资金8842万元。

（三）全流程构建预算支出标准体系

1. 创新制定支出标准管理办法

2022年廊坊市财政局研究出台《廊坊市市级预算支出标准管理办法（试行）》（廊财预〔2022〕34号），首次明确了支出标准体系建设实行"财政部门牵头组织，行业主管部门统一管理，各部门具体落实"的管理模式，将支出标准体系建设有机融入预算管理全过程，随后在2023年印发正式文件，要求部门在申报预算时，必须开展支出标准分析、设定成本指标，无标准不能入库，原则上不安排预算，切实将标准作为预算安排的"硬杠杠"，提升预算管理精准化、标准化水平。

2. 将支出标准应用于次年预算编制

廊坊市印发《廊坊市市直行政事业单位物业管理费支出定额标准》《廊坊市市直行政事业单位印刷费支出定额标准》《廊坊市市级政府公物仓资产管理办法》等通用标准制度，同时，为适应经济发展形势，全面调整旧有标准，修订运转类公用经费定额标准、通用办公设备及家具配置标准等，建立了支出标准适时调整机制（见专栏4-1）。

> **▶ 专栏4-1 廊坊市财政局的访谈**
>
> "在2022年预算编制中，我们结合成本核算和支出标准，对5所高中申报项目进行审核，决定支持1.08亿元。"廊坊市财政局教科文科副科长，通过构建高中支出标准体系，有的学校因实验室仪器设备不足而增加了300万元单位预算，有的学校因为校车"上座率"低于定额标准而减少了200万元，不仅解决了学校之间资金分配不均衡、"苦乐不均"的问题，更有效破解了"重投入、轻成本"的预算支出难题。
>
> "强化支出标准对项目预算的约束作用，形成'定标准、用标准'的观念，切实将其作为预算安排的一个'硬杠杠'！"廊坊市财政局预算科科长介绍。

3. 初步搭建起支出标准体系框架

廊坊市通过开展全成本绩效管理、将支出标准体系建设纳入组织部考核等措施，基本形成了"定标准、用标准"的观念，并印发《廊坊市预算支出标准样本》、制定《廊坊市预算支出定额标准（模板）》，截至2022年年底，已累计形成35类、711项预算支出标准。

预算支出标准的应用，是预算支出标准体系建设的落脚点。2021年，廊坊市财政局对市本级5所高中开展成本绩效管理工作，对试点学校5年来的历史数据进行分析，制定出6大类、50余项支出标准。2022年，廊坊市将此预算支出标准应用于高中阶段"预算支出标准体系"的制定，为教育领域财政预算安排提供了重要依据。随后分领域支出标准百花齐放，《廊坊市市直行政事业单位交通道路护栏费支出定额标准》（廊财预〔2023〕33号）、《廊坊市市直行政事业单位交通道路标线施划与清除费支出定额标准》（廊财预〔2023〕35号）、《廊坊市市直行政事业单位交通道路标志牌费支出定额标准》（廊财预〔2023〕34号）等支出标准逐步印发运用。

四、廊坊市开展项目成本绩效管理的经验和创新

（一）全程管控项目成本，提升资金管理水平

廊坊市将成本效益理念贯穿预算绩效管理全过程，打造"事前核成本、事中控成本、事后评成本"的全过程成本绩效管理链条，精准核定项目成本，科学制定支出标准，严格评定资金绩效。

一是，推进开展事前评估，精准核定项目投入成本。市直各部门、各单位对拟新出台的支出政策、新增项目开展事前绩效自评估；同时，对新增重大政策和项目的事前绩效评估，重点关注成本控制情况方面内容，选取部分资金量大、社会关注度高的项目进行成本分析及成本核算，精准核定项目投入成本，评估结果作为预算安排的重要依据。

二是，科学设定量化绩效目标。市直各部门、各单位对本年度追加预算的项目，以及申报2023年预算的项目设置绩效目标，报廊坊市财政局各部门预算主管科室审核。坚持审绩效就是审预算的工作思路，着重审核绩效目标中的成本指标，使成本指标达到科学量化、可评可测的水准，提高项目绩效目标的精细化管理水平，压减低效无效的预算资金。

三是，全面开展绩效监控，探索实施成本质量管控。市直各部门、各单位利用财政一体化系统，对项目自主开展绩效运行监控，并按要求开展年中绩效运行分析，于7月底前将结果报送财政局各部门预算主管科室。廊坊市财政局选取重点项目进行跟踪监控，合理运用成本管控和质量管控方法提升绩效监控质量和效率，并对支出进度较慢、绩效目标未如期实现的项目进行中期绩效评估，评估结果不佳的项目将暂缓执行、停止拨款或收回资金。

四是，不断深化绩效评价，重点推进成本绩效管理。廊坊市财政局选取部分政策和项目开展重点绩效评价，涵盖"政府采购、政府购买服务、政府性债务、政府投资基金"等多个领域，对重大支出、重点政策开展成本绩效评价，按照"核成本、定标准、评绩效"思路，通过成本分析确定一批数据清晰、内容丰富、应用便捷的预算支出标准。

（二）探索推进全成本绩效管理

廊坊市尝试引入事业单位成本核算机制，与预算绩效融合为成本绩效管理，选择市一中、二中、七中、八中、管道局中学、市中心血站、市时代广场管理中心7个单位尝试开展成本绩效评价，通过梳理3—5年项目资料并进行成本核算分析，合理制定系列成本和质量等支出标准，在关注成本、质量和效益指标之间的关联性、有效性基础上，科学设定绩效指标体系，以实现成本绩效评价的科学性和精准性，指导部门提升成本核算意识、提高项目绩效管理能力。

评价完成后，评价结果将充分应用于2022年预算编制。并制定通用支出标准，市财政局结合建立节约型社会要求，通过走访调研、摸底排查、对比分析等方面工作，出台《廊坊市市直行政事业单位印刷费支出标准》《廊坊市行政事业单位物业及相关服务支出标准》等多项预算审核标准，并研究制定了预算支出标准体系管理框架和相关制度。

（三）有效破解"重投入、轻成本"的预算支出难题

廊坊市牢固树立"成本与效益并重"理念，攻难点、击痛点，聚焦那些资金量大、社会关注度高，且"看似很合理、看似砍不动"的领域和项目，在全省率先探索开展全成本预算绩效管理改革。廊坊市坚持全程管控项目成本，从2020年选取市园林局为突破口，到2021年以市级五所高中、市中心血站为试点，再到2022年全面启动，力求从源头上杜绝财政资源低效无效、闲置浪费成效凸显。

在2022年预算编制中，坚持精打细算，实现全成本绩效管理，可以压缩无效财政资金支出，有效缓解财政收支矛盾。廊坊市结合成本核算和支出标准，对5所高中申报项目进行审核，决定支持1.08亿元，有的学校增加了300万元的拨付资金，有的则减少了200万元，不仅解决了学校之间资金分配不均衡、"苦乐不均"的问题，更有效破解了"重投入、轻成本"的预算支出难题。

五、廊坊市项目成本绩效管理的成效

（一）节约了财政资金，增强了财政资金使用效益

2022年，廊坊市财政局以资金效果评定部门预算，对市住建局、市卫健委、市公安交警支队及4所中职院校开展了全成本绩效管理，对部门项目进行成本分析、标准核定，形成支出标准91项，结合专家评审全面实现"降本增效"，涉及项

目278个、资金24.27亿元,审定7.04亿元,审减17.23亿元,不仅缓解了财政紧张与资金沉淀并存的问题,还将有限财力集中用于全市大事要事和民生改善领域,让每笔财政开支都能"花钱见效",压缩了无效的财政资金支出,提高了财政资源的配置效率,增强了财政资金的使用效益。

(二)形成了一批预算支出标准

廊坊市以全成本预算绩效管理改革为抓手,印发《廊坊市市级预算支出标准管理办法》,大力推进预算支出标准体系建设,并根据国家政策变化、廊坊市经济社会发展等情况动态调整完善,在全市预算编报、审核、分配中得到了有效应用。同时研究制定"市直行政事业单位物业管理费支出定额标准""市直行政事业单位印刷费支出定额标准"等19项通用标准,为市级相关经费预算支出订立了"统一标尺"。

(三)提高了预算绩效管理水平

廊坊市财政局研究制定了《廊坊市本级全成本预算绩效管理实施方案》,全面统筹分析部门各级资金、重点政策和主要资产,围绕部门职能、支出责任、公共服务水平等方面,对经常性项目进行成本分析、新增项目开展专家评审,并按照不同的行业属性、重点事项,制定"全面核算支出成本+重点关注部门特点"的全成本绩效管理思路。同时,将预算绩效工作重心向"核成本、定标准、评绩效"转变,并融入全过程绩效管理闭环,打造了支出标准化、管理科学化的新模式,增强了各单位的成本绩效意识,提高了地区整体预算绩效管理水平。

第二节 部门整体成本绩效分析试点

部门整体成本绩效分析是政府绩效分析的重要组成部分，它涉及政府部门整体成本的评估和分析，以帮助政府部门更好地控制和管理成本，提升服务质量和效率。2021年起，廊坊市财政局将目光从单个项目拓展到了部门整体，以市级五所高中、市中心血站为试点，对单位的基本经费和项目经费开展了成本绩效分析，形成了部门整体支出定额标准；2022年，市财政局扩大成本绩效的覆盖范围，选取市公安交警支队、市卫健委、市住建局开展部门整体及其重点项目开展成本分析，并将事后成本分析拓展至事中监控，选取市管中学、市中心血站同步开展成本绩效监控，进一步动态完善已出台的支出标准。通过部门整体全成本绩效管理，力争用准确的支出标准确定部门预算，将有限的财政资金用于部门主要职能的实现。

一、部门整体成本绩效分析的背景

近几年我国经济逐渐由高速增长转向高质量发展，叠加疫情影响，财政收支进入紧平衡状态，中央对各级党政机关提出过紧日子的要求，大力压减一般性支出和非急需、非刚性支出的同时，更加强调投入产出的经济性和效益性。开展基于部门履职成本和成效的部门整体成本预算绩效分析，统筹一般性支出和项目支出，连通履职成本和效益，进一步压减成本、提高质量和效益，是进一步深化全面实施预算绩效管理的重要抓手和必要举措，对于推动财政资金聚力增效、提高公共服务供给质量等具有重要意义。

北京市自2018年起开创性实施全成本预算绩效改革，河北、山东等地也逐步开展了成本预算绩效分析探索和实践，但主要集中在项目成本预算绩效分析，部门整体成本预算绩效分析开展较少，尚未形成部门整体成本预算绩效管理的思路和模式。廊坊市研究提出基于部门履职效能视角，包含明职能、核成本、评绩效、出标准、促管理等环节的部门整体成本预算绩效分析思路，并以五所中学为例进行实际应用，为我国部门整体成本预算绩效分析加力提效提供支撑。

二、部门整体成本绩效分析解决的问题

（一）主体责任不够明确

当前，财政部门仍然是组织开展部门整体成本预算绩效管理工作的牵头主体，各部门整体成本预算绩效管理责任并未夯实，由于一些预算部门单位对成本预算绩效管理工作比较抵触，认为该项工作对人员业务能力要求较高，实施较为复杂，增加了额外负担，管理责任没有完全压实。由此造成财政难以推动预算部门自主实施成本预算绩效管理，从而导致部门支出效率不高，支出结构不够优化，支出标准在部门预算申报、审核、批复等过程中的应用不强。

（二）成本效益理念不够深入

目前，部门整体绩效管理框架为"三位一体"的"整体目标—部门活动—项目支出"，但如何将部门职责落实到部门战略目标和职责目标之中，进而细化为具体的活动和项目不够细化。在开展部门整体绩效评价的战略目标和职责目标设置阶段缺乏成本效益理念，不能有效推动规划目标化、目标活动化、活动项目化、项目成本化，导致部门职责与项目目标、项目目标与项目成本、项目成本与预期效益之间严丝合缝的对应关系不强，导致成本效益分析的分析内容与指标标准和分析方法未保持一致。

（三）部门支出标准体系建设滞后

当前，中央及各地方都在开展不同项目、不同领域层面成本绩效分析，但对于开展部门整体成本预算绩效分析工作的探索较少，未能将部门整体投入与履职成效有效关联，未能形成涵盖"部门履职产出—部门产出质量标准—部门整体投入成本"的预算支出标准。其中人员、公用等部门间通用费用类型，未形成统一的通用

标准，而建设分行业分领域的专用标准任务更加举步维艰，导致各部门成本绩效分析未能聚焦核心业务履职成本绩效。

（四）成本绩效分析结果应用不足

部门整体成本绩效分析结果得到应用是预算管理工作内容的落脚点，也是预算绩效管理贯彻执行、取得成效的重中之重。《关于全面实施预算绩效管理意见》（中发〔2018〕34号）要求绩效评价结果要与预算安排、政策调整相关联，然而大多数部门对其的应用只是流于形式，分析结果并没有得到有效应用。目前部门整体成本绩效分析体系尚未完善，分析结果可比性不高。因此，部门整体成本绩效分析结果的应用可能并不能达到资源最优配置的目的，成本绩效分析结果难以得到有效应用。

三、廊坊市部门整体成本绩效分析的主要路径

部门整体支出是财政部门批复的各部门、各单位的全部支出，主要用于支撑各部门、各单位履职所需要开展的日常工作以及对应部门履职的核心业务工作。因此，部门整体成本预算绩效分析应以部门履职为牵引，在明确资金等资源配置和业务耦合关系的基础上，打通投入与产出和效益之间的联系，形成业财融合的部门整体成本预算绩效分析结果，即需要基于部门履职效能视角开展部门整体成本预算绩效分析。

基于部门履职效能视角的部门整体成本预算绩效分析，是从部门职责入手，明确各项履职相关的人、财、物等资源配置和投入，厘清各项履职投入对应的产出和相应的效果，按照"部门职责—人员配备、项目设置、资产配置—部门产出、部门效益"的思路开展部门整体成本预算绩效分析（见图4-1）。即，通过分析部门职能、机构设置、项目设置等内容，识别出部门各项核心业务职能及日常工作，明确各项职能对应的人、财、物投入及履职产出和效益。

在明确各项职能人、财、物等总体投入与相应产出效益关系基础上，可参考项目"核成本—评绩效—出标准—促管理"分析技术路线开展部门整体成本预算绩效分析工作，即形成"明职能—核成本—评绩效—出标准—促管理"部门整体成本预算绩效分析工作思路（见图4-2）。具体来看，在明确部门各项核心业务职能及日常工作基础上，将人员经费、公用经费、项目经费按照职能和业务进行归集，对部门日常工作成本与效能、核心职能业务工作成本与效能进行纵向、横向对比分析，

结合人员经费、公用经费、项目经费定额标准，出具不同业务工作预算支出标准，并提出改进建议，促进部门完善内部管理，提高部门履职效率。

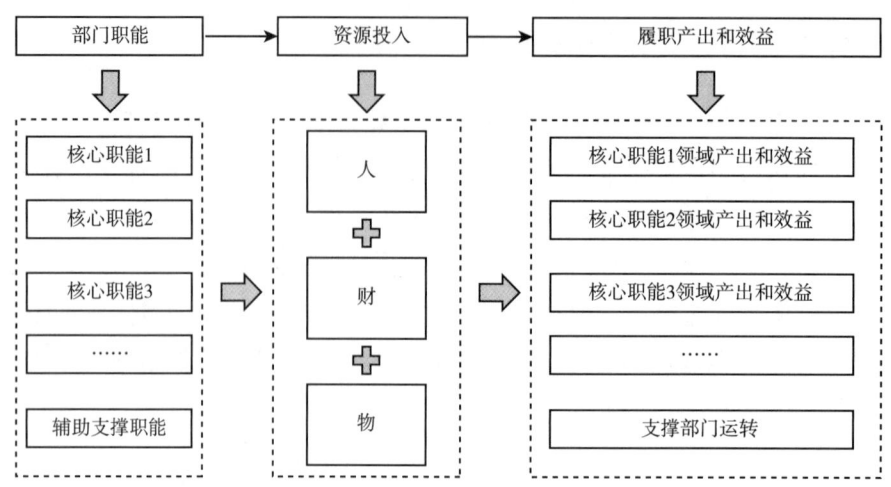

图4-1 部门整体成本预算绩效分析思路

一是，明职能。根据"三定"方案赋予的部门职能以及内部机构设置和项目设置，明确部门核心业务职能以及支撑其服务履职的办公、党建等日常工作领域。结合梳理明确的业务职能，建立职能与人员、资产、资金等要素投入的对应关系，并厘清不同职能领域之间的边界，为后续成本核定等工作提供基础。

二是，核成本。按照部门支出经济分类科目，从人员经费、公用经费、项目经费三个维度，对部门近3—5年的部门整体支出成本进行归集，并分析影响部门人员经费、公用经费、项目经费的关键因素和成本变动趋势。归集成本时，应注意对成本的修正。

三是，评绩效。从投入成本、产出数量、效益效果三个维度，建立基于部门履职效能的部门整体成本预算绩效分析框架。基于梳理的部门职能，按照必要性、经济性、效率性、效益性原则，确定每项业务工作产出所需的人员经费、公用经费、项目经费。其中，人员经费主要由在职人员经费、编外人员经费以及离退休人员经费组成；公用经费在部门支出经济分类科目中体现为商品和服务支出、其他资本性支出等，主要包括办公费、印刷费、水电费、取暖费、物业管理费、公务用车运行维护费、差旅费、维修（护）费、会议费等；项目经费，按照项目稳定程度、实施周期，可将部门项目分为一次性项目经费和经常性项目经费，重点关注年度间差异较小的经常性项目，根据项目产出和效果对应到部门职能、履职产出与效益。

四是，出标准。基于部门各项职能履职业务标准，分析各项履职所需人员、资产、资金等方面投入，结合人员经费、公用经费、项目经费相关定额标准，形成以部门履职为抓手的部门履职效能支出标准。

五是，促管理。结合部门履职绩效分析结果及各项履职支出标准，建立基于部门履职效能的预算支出管理机制和财政政策保障机制。对部门支出整体规划设计、职责分工、组织安排、实施模式、监督管理等提出优化建议。

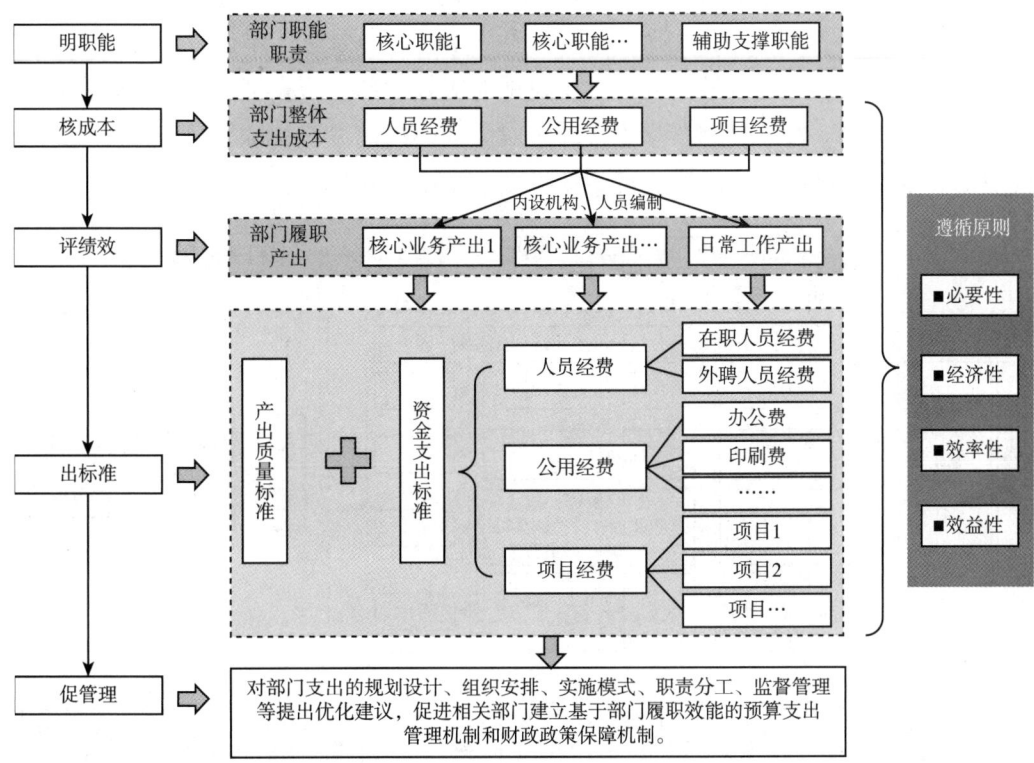

图4-2 部门整体成本预算绩效分析技术路线

四、部门整体成本预算绩效分析案例

本部分以A部门为例，开展了基于部门履职效能视角的部门整体成本预算绩效分析思路的实践应用。A部门为A市直属全额拨款教育类事业单位，主要承担组织德育和学生日常教育管理、日常教学等9项职责，内设办公室、人事科、财务科、总务处、工会、招生就业办公室、学生处、教务处、教学部9个职能机构，人员编制若干，建筑面积约4.4万平方米，专业10余个、教学班60余个、在校生2000余人，教职工近200人。近5年，A部门整体支出平均2.5亿元左右，其中人员经费约1.7亿元，公用经费约0.4亿元，项目经费约0.5亿元。

（一）明职能

作为教育类事业单位，A部门日常工作职能主要为部门公文处理、党建管理、人事管理、财务管理、学校环境维护等；核心业务职能主要为招生就业、学生管理、教学管理、学生授课等。部门日常工作对应办公室、人事科、财务科、总务处、工会5个内设机构，招生业务工作对应招生就业办公室、学生管理业务工作对应学生处、教学管理对应教务处、学生授课对应教学部。根据部门日常工作和招生就业、学生管理、教学管理、学生授课等对应的部门内设机构和项目，建立履职和人员、公用、项目经费投入对应关系（见图4-3）。

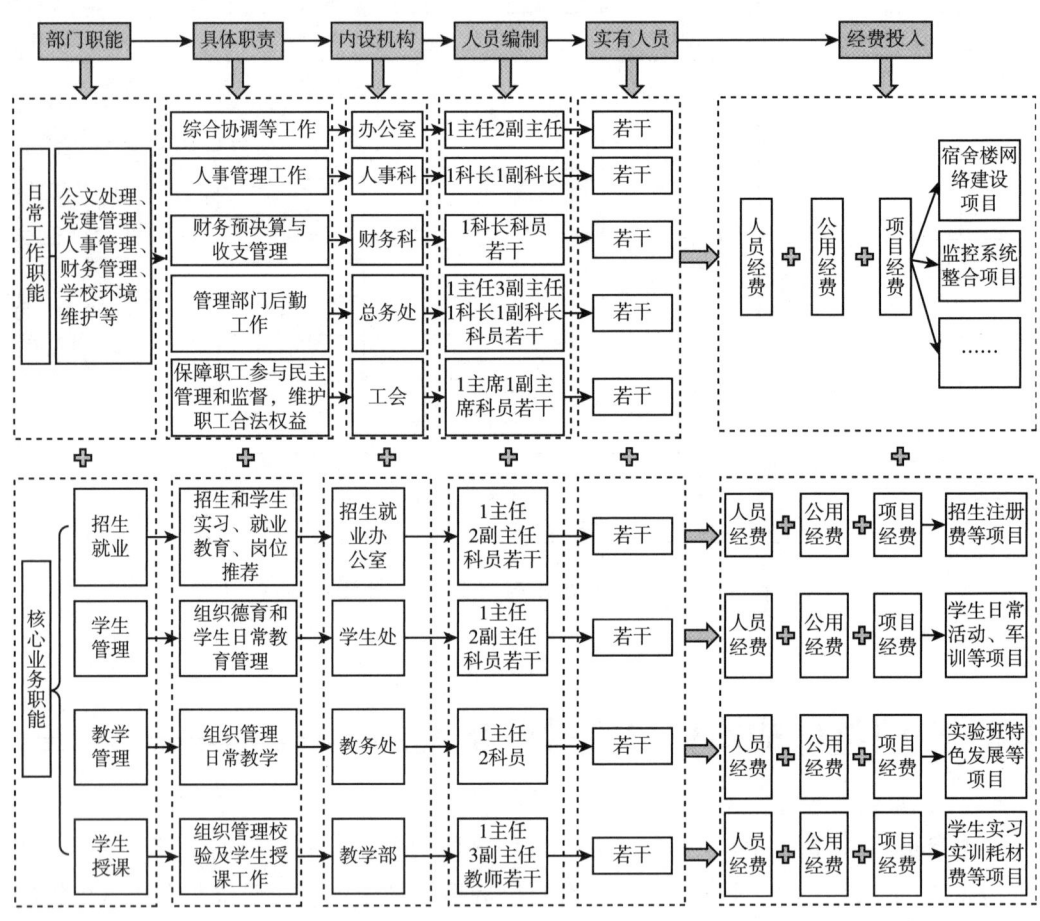

图4-3　A部门职能与人员、公用、项目投入对应情况

一是，日常工作。人员经费上，A部门日常工作对应的5个内设机构，共有1名主席、1名副主席、2名主任、5名副主任、3名科长、2名副科长、科员若干，以及外聘保洁、安保人员若干。公用经费方面，A部门日常工作主要涉及办公费、印刷费、水电费、邮电费、取暖费、差旅费、维修（护）费、物业管理费、培训费、

燃气费、工会经费、公务用车运行维护费、其他交通费用、基层党组织活动经费等。日常工作方面，A部门主要有宿舍楼网络建设、监控系统整合等项目。

二是，核心业务。以A部门核心业务"学生授课"为例，该项工作主要对应A部门教学部职责内容。人员经费上，教学部主要包括1名主任、3名副主任以及教师若干。公用经费方面，教学部主要涉及办公费、印刷费、邮电费。项目经费方面，教学部主要涉及经常性项目"学生实习实训耗材费"。

（二）核成本

收集A部门近5年决算及部门支出款级全部经济分类支出明细账数据，按照人员经费、公用经费、项目经费三个维度进行分析。A部门近5年部门支出整体支出有升有降、总体有一定增幅，无较大差异，但存在经费支出经济科目与实际支出内容不相符情况。如打印机维修费用记录在"办公费"、座椅等办公用品的购置费记录在"维修（护）费"中。在成本预算绩效分析时，对其经济分类科目进行了调整，重新归集了历史成本，以最大限度确保资金支出与部门实际需求相符。修正后，A部门整体支出的65%为人员经费、15%为公用经费、20%为项目经费。其中，人员经费、项目经费逐年增加，公用经费逐年递减。人员经费逐年增加的主要原因为外聘教师数量每年均有一定增幅。项目经费逐年增加主要是因为"宿舍楼网络建设资金""监控系统整合"等一次性项目影响，扣除一次性项目外，经常性项目规模无较大差异。公用经费逐年递减的主要原因为压缩一般性支出。

（三）评绩效

结合A部门日常工作职能、核心业务职能及历史成本情况，A部门日常工作产出资金投入占部门整体支出成本的14%左右，其中10%为人员经费、2%为公用经费、2%为项目经费；4类核心职能产出资金投入占部门整体成本的86%左右，其中55%为人员经费、13%为公用经费、18%为项目经费（见表4-1）。

一是，日常工作。10%的人员经费主要包括在编人员及外聘的安保、保洁人员。其中，部门实有在编人员与编制数量相吻合，且不存在工作量不饱和或人手紧缺的情况，在编人员数量较为合理；保洁人员相对清洁面积等，聘用人数较为合理，但是外聘安保人员相对于部门所需安保内容及岗位而言偏多，不够合理。2%的公用经费支出符合已有标准，且均有对应的产出，但是存在申报2台已报废公务用车运行维护费的情况，必要性不足。2%的项目经费主要为"日常保洁、后勤经费""宿舍楼网络建设资金""监控系统整合"3个项目，项目经费支出必要、合理。

表4-1　　　　　　　　A部门各项产出资金投入情况

部门履职产出		资金投入情况			
		人员经费支出占整体成本比例	公用经费支出占整体成本比例	项目经费支出占整体成本比例	合计
日常工作产出		10%	2%	2%	14%
核心职能产出	招生就业产出	8%	2%	2%	12%
	学生管理产出	12%	3%	3%	18%
	教学管理产出	10%	3%	5%	18%
	学生管理产出	25%	5%	8%	38%
	小计	55%	13%	18%	86%
总计		65%	15%	20%	100%

二是，核心业务。以核心业务"学生授课"为例，25%的人员经费主要用于发放教学部主任、副主任及在编教师、外聘教师工资。其中，教学部主任、副主任及在编教师均与编制数量吻合，且工作量较为饱和，但是外聘教师数量与教学核心专业课程、非核心专业课程设置及现有在编教师数量相比偏多，合理性不足。5%的公用经费主要用于办公费、印刷费、邮电费，均有对应的产出，支出较为合理。8%的项目经费主要用于"学生实习实训耗材费"项目，项目经费支出必要、合理。

（四）出标准

根据A部门履职产出情况，首先明确各项工作产出质量标准，如"教学办公楼与教室干净整洁、无深积水、地面无垃圾""财务管理规范、单据凭证审核及时、财务人员出错率≤2%、上级考核结果良以上""党的反腐倡廉建设有效、无恶劣事件发生"等日常工作产出质量标准；"招生计划编制准确、招生计划调整率≤5%、招生信息公开及时"等招生就业工作产出质量标准；"学生身心健康全面发展、学生安全事故发生率为0、师生及家长综合满意度≥90%"等学生管理工作产出质量标准；"课程教学规范、教学评价制度健全且执行有效、办学质量评价结果良以上"等教学管理产出质量标准；"教师教学目标明确、备课制度健全且执行有效、教学手段灵活多样、学生满意度≥90%"等学生授课产出质量标准。在此基础上，根据归集、分析的部门履职投入、产出情况，结合各项产出对应的人员数量、薪资定额标准，办公费、印刷费等公用经费定额标准，以及经常性项目定额标准，拟定各项业务工作产出质量标准下需要投入的人员经费、公用经费和项目经费（见表4-2）。

表4-2　A部门整体支出标准

序号	部门履职		履职产出标准	内设机构	投入成本		
					人员经费	公用经费	项目经费
1	日常工作	公文处理、党建管理、人事管理、财务管理、学校环境维护等	(1) 教学办公楼与教室干净整洁、无深积水、地面无垃圾 (2) 财务管理规范、单据凭证审核及时、财务人员出错率≤2%、上级考核结果良以上 (3) 党的反腐倡廉建设有效、无恶劣事件发生 (4) ……	办公室 人事科 财务科 总务处 工会	(1) 在编人员数量、工资标准 (2) 编外人员数量、工资标准	办公费、印刷费、工会经费、公务用车运行维护费、基层党组织活动经费等	(1) 宿舍楼网络建设资金 (2) 监控系统整合 (3) ……
2	核心业务工作	招生就业	(1) 招生计划编制准确、招生计划调整率≤5% (2) 招生信息公开及时 (3) ……	招生就业办公室	(1) 在编人员数量、工资标准 (2) 编外人员数量、工资标准	办公费、印刷费、邮电费等	(1) 招生注册费 (2) ……
3		学生管理	(1) 学生身心健康全面发展、学生安全事故发生率为0 (2) 师生及家长综合满意度≥90% (3) ……	学生处	(1) 在编人员数量、工资标准 (2) 编外人员数量、工资标准	办公费、印刷费、邮电费等	(1) 日常活动经费 (2) 军训经费 (3) ……
4		教学管理	(1) 课程教学规范、教学评价制度健全且执行有效 (2) 办学质量评价结果良以上 (3) ……	教务处	(1) 在编人员数量、工资标准 (2) 编外人员数量、工资标准	办公费、印刷费、邮电费等	(1) 实验班特色发展项目 (2) ……
5		学生授课	(1) 教师教学目标明确 (2) 备课制度健全且执行有效、教学手段灵活多样 (3) 学生满意度≥90% (4) ……	教学部	(1) 在编人员数量、工资标准 (2) 编外人员数量、工资标准	办公费、印刷费等	(1) 学生实习实训耗材费 (2) ……

一是，日常工作。结合日常各项工作产出质量标准，对合理的在编人员、外聘的保洁人员数量予以认定，对不合理的外聘安保人员数量进行重新核定。参考中小学安保人员配备标准，将安保人员岗位数量与"学校大门或需设置保安的关口数"挂钩，按照"1∶3"比例进行核定。人员工资方面，在编人员工资按照A市现

有人员工资标准核定，外聘保洁、安保人员结合保洁、安保服务公司报价记录及A市人均月工资水平等，核定每名保洁、安保人员工资标准。公用经费方面，沿用A市已有且合理的办公费、印刷费、水电费、邮电费、取暖费、差旅费、维修（护）费、物业管理费、培训费、燃气费、工会经费、其他交通费用、基层党组织活动经费，对不合理的公务用车运行维护费进行优化。项目经费方面，A部门总务处涉及的3个项目中，"宿舍楼网络建设资金""监控系统整合"2个项目为一次性项目支出，不出具定额标准；"日常保洁、后勤经费"属于经常性项目，主要用于委托外包供应商承担卫生清洁和垃圾收集、清运等工作，基于近5年历史数据，剔除异常值后，分析测算得出该项目费用的主要影响因素为建筑面积。根据项目经费与建筑面积之间的数量关系，出具了"单位面积定额标准13.5元/平方米×建筑面积"的项目经费标准。

二是，核心业务。以核心业务"学生授课"为例，结合上述学生授课产出质量标准，对教学部主任、副主任、在编教师数量予以认定，对不合理的外聘教师数量进行重新核定。结合课程设置情况分析教师总体工作量，依据工作量确定所需的稳定授课教师人数和临时聘用教师人数，由此确定A部门外聘教师数量。人员工资方面，主任、副主任、在编教师按照A市现有人员工资标准核定；长期外聘教师人员工资，参照在编人员设计其薪资结构，按照基本工资、绩效工资、社会保险和公积金三部分确定薪资标准；临时聘用教师薪资，按照课时数量确定定额标准。涉及的办公费、印刷费、邮电费等公用经费，按照确定影响因素、基于近5年支出数据剔除异常值后计算数量关系的方法核定。项目经费方面，教学部主要涉及经常性项目"学生实习实训耗材费"，对A部门近5年学生实习实训耗材费用进行重新梳理、归集并剔除异常值，以学生人数作为影响因素，测算得出A部门生均实习实训耗材费标准，考虑到学生规模可能产生的变化情况，参考A市同类部门、同类项目费用情况，针对不同学生人数规模分别出具了定额标准。

（五）促管理

针对A部门成本绩效分析结果及日常工作、4项核心业务工作支出标准，A市财政部门在一定范围内进行了公开，并通过组织召开宣讲会向A部门讲解支出标准、应用条件等，明确将支出标准应用情况纳入部门绩效考核，对未实现相应质量标准的予以扣减相应绩效得分。同时，A市财政部门根据成本预算绩效分析结论形成的A部门财政支出标准，安排了A部门下一年度预算，优化了财政对A部门整体预算的保障机制。

A部门对部门整体成本预算绩效分析时发现的"个别费用支出经济科目记账不

准确、不同渠道资金统筹管理不足、现有人员数量与实际需求存在一定偏差"等问题进行了整改。同时，A部门正在结合部门预算支出标准，完善人员体系，优化岗位设置及岗位配置人员数量等，计划制订基于部门履职效能的部门内部管理机制及动态调整机制，以进一步提高部门效率和履职效能。

五、廊坊市开展部门整体成本绩效分析的经验和创新

在部门整体支出成本绩效分析中，廊坊市深度融合成本管理及绩效评价要点，逐步构建具有廊坊特色的部门整体成本绩效分析路径。

（一）进一步落实部门成本预算绩效管理主体责任

廊坊市财政局积极组织开展部门整体成本预算绩效管理工作，夯实各部门整体成本预算绩效管理责任，优化部门支出结构，加强部门支出标准体系建设，提升支出效率，强化支出标准在部门预算申报、审核、批复等过程中的应用。预算部门积极组织运用成本预算绩效分析结论，组织开展内部支出标准应用培训，按照定额标准确定预算标准、进行预算测算。

（二）积极推进部门整体层面的成本预算绩效管理探索

廊坊市财政局在总结项目、领域层面成本绩效分析经验的基础上，探索开展部门整体成本预算绩效分析工作，将部门整体投入与履职效能有效关联，在人员、公用、项目定额标准的基础上，重视产出质量标准，形成涵盖"部门履职产出—部门产出质量标准—部门整体投入成本"的预算支出标准。对于其中人员、公用等部门间通用费用类型，逐步探索基础上逐步出台通用标准，各部门成本绩效分析逐渐聚焦核心业务履职成本绩效。

（三）强化结果应用与动态调整

廊坊市财政局加强支出标准在事前、事中、事后的应用，做到"预算编制严格按照支出标准申报、审核预算，预算支出严格执行支出标准，绩效评价考评支出标准"。同时，探索将支出标准应用情况纳入部门预算绩效管理、领导干部等考核体系中，进一步强化结果应用。此外，还根据绩效评价结果以及部门职能调整、经济发展等建立支出标准动态调整机制，为部门履职提供更为科学、合理的财力保障。

（四）探索部门事前评估和预算评审相结合模式

廊坊市财政局同步将下年度部门预算项目评审纳入成本绩效分析工作，将零散预算项目整合，以整体思维把握个体项目，该模式将预算评审融入部门整体成本绩效分析工作中，评估结果不仅包含是否安排预算，也明确了哪些项目应运用成本绩效分析结果和定额标准，部分安排预算的项目预算安排数，确保了评估结果一步到位，既避免财政部门内部的二次工作，又避免给预算部门造成二次负担。

六、廊坊市部门整体成本绩效分析的成效

（一）提升了财政资金使用效益

全面统筹分析部门各级资金、重点政策和主要资产，围绕部门职能、支出责任、公共服务水平等方面，对经常性项目进行成本分析、新增项目开展专家评审，并按照不同的行业属性、重点事项，制定"全面核算支出成本+重点关注部门特点"的全成本绩效管理思路。一是，住建和卫健系统重点"核权责"，市住建局、市卫健委都包含多个所属单位，通过实施全成本绩效管理，发现局本级和所属单位之间支出责任划分不清。如市政设施管理中心的2021年度新源道、广阳道等道路工程项目中包含绿化配套资金，但绿化未实施，市园林绿化事务中心在"2023年度新建道路绿化工程"项目中再次申请，涉及资金987万元，同项目、同内容多头申报，存在重复投入风险；又如，市卫健委（2019—2022年）安排医疗体制改革资金，用于重点学科、专业建设等公立医院综合改革，但市人民医院等多家医院也同时申报该类资金，涉及资金14152万元，缺少医改整体规划，影响全市医疗体制改革统筹推进，此外，市卫健委也缺少对于民生工程统筹管理，事权与支出责任不清，项目实施效果、资金使用效益难以保障，审减2023年此类项目预算4204万元。二是，4所中职院校重点"核运转"，对市级4所中职院校开展全成本绩效管理，发现各院校资金使用范围不清、支出结构差异较大，教育投入"苦乐不均"，实施全成本绩效管理实现了各所院校支出标准均等化的目标，相关标准重新核定、统一执行后，核减相关院校2023年预算992万元，使宝贵的资金集中用于教育提升、特色办学等关键点。三是，交警支队重点"核专项"，对市公安交警支队开展全成本绩效管理，发现部门在预算申报、项目执行等过程中未有效控制支出成本，部分项目的预算支出标准、公共服务标准较高，为此，对标线施划清除、标志牌交通护栏安装等10项内容进行了成本分析和标准核定，核减了7个相关项目2023年预算2928万元。

（二）优化了部门支出结构

廊坊市财政局在2019年、2020年分别针对市生态环境局、市自然资源和规划局、市市场监督管理局、市政设施管理处的部门预算开展部门整体成本绩效分析。廊坊市财政局在关注成本、质量和效益指标之间的关联性基础上，梳理各部门年度工作总结和工作计划、部门职能职责，对部门2019年、2020年所有项目进行归类整合，核算运行成本和项目成本，全面清理整合散碎项目、压减低效无效预算，打破了部门基数概念，不断提升项目质量、优化支出结构、提高资金管理水平（见专栏4–2）。

> **专栏4–2 廊坊市中心血站站长的访谈**

2021年7月，廊坊市财政局对市中心血站开展了成本绩效评价，发现个别品类耗材储备偏多、不均衡等问题。对此，评审组通过分析资源消耗情况，将各项支出折算为血液、血浆等标准，并提出精细化管理建议，有效盘活了财政资金。廊坊市中心血站站长深有感触地说："这次评审帮我们降低了管理成本，优化了库存结构，也促使我们在经费使用上更加精打细算。"

（三）建立了部门支出标准体系

2023年，廊坊市财政局针对廊坊市交警支队开展部门整体成本绩效评价，参考廊坊市交警支队2021年度工作总结和工作计划、部门职能职责，对部门2019—2023年所有项目进行归类整合，根据《2022年政府收支分类科目》并结合项目支出方向，构建起廊坊市交警支队分行业分领域绩效指标和标准体系。按照2023年预算编制工作要求，辅导部门2023年部门整体及预算项目绩效目标，重点关注预算项目与职责活动的对应关系，避免出现预算与职责、规划"两张皮"问题。

第三节 全过程成本预算绩效管理指引

随着成本预算绩效管理的主体责任向预算部门和单位压实,一些技术性的难题逐步凸显,且各部门单位财务人员对成本绩效的理解和认识成为推动这项工作的关键性问题,急需一套直观展示全成本预算绩效管理工作过程与技术方法的指引书,因此廊坊市财政局于2023年进一步制定《全成本预算绩效管理操作指引》,通过工具书式全面展示对于开展项目、政策、部门整体支出开展成本核算,以案例形式展示如何设置成本指标、优化支出结构、建设支出标准体系,进一步帮助部门和单位明确实施思路、掌握技术方法,解决"不会干"的问题。

一、全过程成本预算绩效管理指引起草背景

近年来,卫健委、水利部等中央部委,财政部预算评审中心等机构以及北京、上海、山东、河北等地探索将成本效益分析运用于预算管理,形成了成本预算绩效管理模式,取得了显著成效。在改革实践中,廊坊市加快构建"全方位、全过程、全覆盖、全成本"的预算绩效管理模式,攻难点、击痛点,聚焦那些资金量大、社会关注度高的领域和项目,在全省率先探索开展全成本预算绩效管理改革,从2020年选取市园林局为突破口,到2021年以市级五所高中、市中心血站为试点,再到2022年全面启动,力求从源头上防控财政资源配置低效无效,"花钱必问效,无效必问责"理念深入人心。与此同时,廊坊市印发《廊坊市市级预算支出标准管理办法(试行)》,大力推进预算支出标准体系建设,并根据国

家政策变化、廊坊经济社会发展等情况动态调整完善，在全市预算编报、审核、分配中得到了有效应用。

2022年，廊坊市财政局研究出台《廊坊市市级全成本预算绩效管理实施方案》（以下简称《全成本方案》），进一步明确了预算绩效管理路径，力争用三年时间，分类推进，分步实施，推动成本绩效分析全领域覆盖。为了加快建立全成本管理制度体系，降低全成本绩效管理相关工作的操作难度，市财政局依据《全成本方案》研究制定了《廊坊市全成本绩效管理操作指引》，力求成为各级预算部门（单位）自主实施开展成本预算绩效管理的"工具书"，以教学和普及成本理念与操作方法为目的，重点分享介绍成本方法寓于全过程预算绩效管理中的实操应用，突出政策性、实用性、前瞻性。

二、成本预算绩效管理指引主要解决的问题

（一）全成本预算绩效管理缺乏统一标尺

近年来，围绕加快建成"全方位、全过程、全覆盖、全成本、全融合"预算绩效管理体系的目标，各级预算部门（单位）和财政部门着力深化全过程成本预算绩效管理改革，全成本预算绩效管理的广度和深度不断拓展，机制逐步完善，"政府花钱、讲求绩效"的理念逐步深入人心。根据中共廊坊市委、廊坊市人民政府《关于全面实施预算绩效管理的实施意见》（廊发〔2019〕23号）等相关文件规定，加快建成"全方位、全过程、全覆盖、全成本"的预算绩效管理体系，全市到2022年年底已基本建成。但通过多年实践来看，改革难度仍不可低估，目前，全成本预算绩效管理制度、流程等仍缺乏统一标尺，技术手段尚未充分应用，各地方全成本预算绩效管理的力度、广度、质量不均衡。通过制定全成本预算绩效管理规范，研究适用于各级预算部门（单位）和财政部门全成本预算绩效管理工作的"指南针""工具书""标准尺"，从而有效解决上述全成本预算绩效管理问题。

（二）全成本预算绩效管理工作的操作难度较大

近年来，随着预算管理制度改革的不断推进，一些技术性的问题也逐渐呈现，财政部门在预算绩效管理中如何嵌入成本核算与分析，预算部门不会设成本指标、绩效监控和绩效自评中缺乏对成本的审视与控制，绩效评价中成本核算应用少等问题，都暴露出全成本绩效管理相关工作的操作难度较大，急需采用更加形象生动的

方法，将成本方法寓于全过程预算绩效管理中的实操应用展示出来。

（三）成本绩效分析专业人才力量不足

成本预算绩效管理专业性较强、涉及领域较广，需要具备一定专业知识能力的绩效管理队伍开展此项工作。当前，各级财政部门和预算部门（单位）普遍存在绩效管理队伍建设跟不上发展需要的问题，影响了绩效管理工作的发展进程。同时，由于全成本预算绩效管理增加了各部门单位的工作量，在单位人手紧的情况下，如找不到有效方法，容易出现预算绩效管理流于形式等问题。通过建立和实施全成本预算绩效管理规范，以标准的形式把绩效管理确定下来，绩效管理人员在进行管理时才有据可依，提高工作效率，在一定程度上缓解人员短缺的问题。

三、成本预算绩效管理指引的主要内容

（一）全成本绩效管理的工作目标

加强顶层设计和制度创新，指导各部门、各单位结合工作实际，加强试点创新和结果应用，力争用2—3年时间，建立"全方位、全过程、全覆盖、全成本"的预算绩效管理体系，实现从"要我干"向"我要干"的转变，促进讲成本、重成本、用成本、比效益的良好氛围。

1. 优化支出结构

廊坊市财政局利用成本绩效更好发挥预算管理职能作用，加强财政资源统筹，增强国家、省和市重大战略任务财力保障，优化支出重点和结构，突出各项支出的优先次序，促进财政运行平稳、可持续。同时要求预算部门明确部门整体支出、重点领域（政策）、重点项目的目标、投入、管理和结果，加强部门预算与宏观支出结构相衔接，为优化部门整体支出、重点领域（政策）的投入总量、方向和结构，改善预算管理提供绩效信息。

2. 健全支出标准

各部门、各单位要定期评估评价公共服务施政成本和预期效益的实现程度，找准绩效基线，在保障基本投入的前提下，综合社会发展需要和财政承受能力，加强成本管控，制定支出标准，形成支出硬约束，进一步规范服务流程，优化资源配置，创新治理方式，以标准化促进公共服务均等化、普惠化、便捷化，持续提升公共服务质量水平，提升群众获得感和满意度。

3.强化财政管理

将成本效益理念和方法融入预算立项、编制、执行、监督管理全过程，建立健全科学规范、约束有力的成本预算绩效管理机制，为财政政策优化和财政管理（比如资金管理办法、财政支出方式等制度、文件和管理办法）方式的改进提供绩效信息，实现成本、质量和效益等方面的绩效信息与预算管理挂钩。

4.促进降本增效

聚焦重点项目、重点政策、重点领域的成本结构不清、支出标准不全、绩效考核不严等问题，充分打开业务链条，积极引入成本效益分析等方法，引入标杆管理，立标、对标、达标，强化成本管控约束，提升财政资金使用效益，优化部门和单位收支结构、管理效率、履职效能、社会效应、满意度和可持续性，提高部门（单位）的整体绩效水平，实现部门（单位）降本增效。

（二）全方位成本预算绩效管理格局

各部门、各单位根据近年的资金使用情况，核算运行成本和项目成本，合理制定相关支出标准，开展成本绩效管理，不断提升项目质量、优化支出结构、提高资金管理水平（见图4-4）。

财政部门选取重点部门，开展部门整体全成本绩效管理，对部门整体支出情况开展绩效评价及成本核算，将评价结果及核定的标准应用于部门下年度预算评审，精准安排项目预算，促进部门统筹谋划项目，优化支出结构，降低运行成本，争取和用好上级资金，提升资金管理水平。

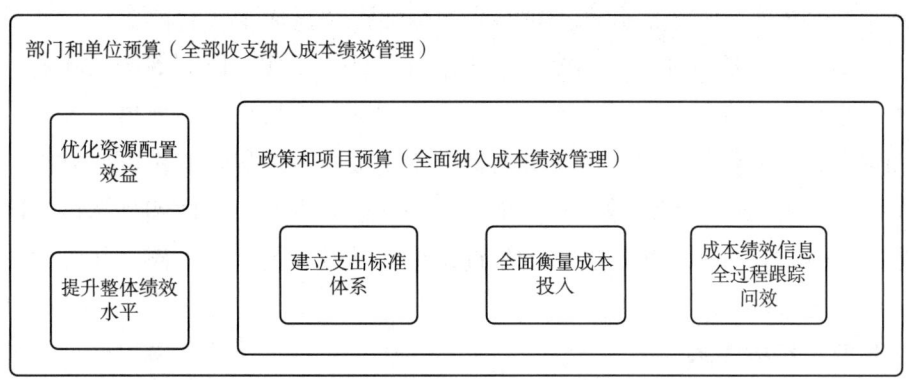

图4-4 全方位成本预算绩效管理格局

（三）全过程成本预算绩效管理链条

全成本预算绩效管理，就是在预算绩效管理活动中重点关注成本，在预算的编审、执行和评价过程中把成本意识贯穿始终并高度重视，对公共产品和服务的成本、绩效同等关注，对成本信息进行深度运用（见图4-5）。

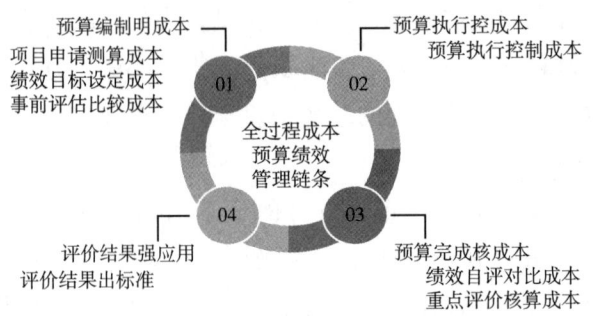

图4-5　全过程成本预算绩效管理链条

1. 预算编制明成本

预算编制阶段，部门（单位）根据项目立项依据、事业发展需要、成本效益分析情况、财政承受能力、支出定额标准等，按照"绩效目标—预期效益—预期产出—预计成本构成"的顺序，逐项细化预算成本构成，同步编制绩效目标表。

（1）项目申请测算成本[①]。在项目谋划阶段，合理把控项目成本，各部门、各单位在编制预算时要逐项细化预算成本构成，按照定额标准编制预算，提高预算编制的科学性和精准性。

（2）绩效目标设定成本。编制绩效目标，设置成本指标，加强成本管理和成本控制，以反映预期提供的公共产品或服务所产生的成本。成本指标应根据成本对象特点，从单价、数量等维度科学设置，既要体现经济方面的成本投入，也要充分反映生态、社会成本，各级财政部门审核预算时重点关注成本效益情况。

（3）事前评估比较成本。科学开展事前评估评审工作，以同等产出和效益情况下成本最小化为目标，将"投入经济性"作为评估与审核重点，提出统筹兼顾成本投入和预期绩效的最优方案，既要分析研究不变成本又要科学分析可变成本及其变动趋势，结合财力许可和财政可承受能力，综合研判方案可行性和预算科学性，组织开展以成本效益分析为核心方法的事前绩效评估及相关审核工作，并以此作为项目入库的前提条件。

2. 预算执行控成本

预算执行控制成本：预算执行过程中，预算部门及其所属单位依照职责，对预算执行情况、成本控制情况、定额标准遵循情况开展监督、控制和管理工作，强化成本运行监测与分析，及时发现偏离成本绩效指标的问题，分析原因，整改纠偏。严格按照预算批复的成本指标推动项目实施，严控超标准、超范围支出。对支出进

[①]"全过程成本预算绩效管理链条"部分来源于曹堂哲：《全成本预算绩效管理讲义》，下同。

度明显偏慢、资金结余较多的项目，应对项目实施的成本效益目标重新评价，结合评价结果合理调整预算安排。对成本管控不到位、支出进度与当期产出效益明显不符的，应及时采取预警管控措施。

3.预算完成核成本

预算执行结束后，将成本支出和控制情况纳入项目绩效评价范围，并通过成本绩效分析，提炼总结支出标准。

（1）绩效自评对比成本。各部门、各单位要将成本控制和预算执行情况作为绩效自评的重要内容，全面分析项目构成、彻底打开历史支出明细，逐一判断成本列支依据是否充分，成本测算标准是否科学节约，查找成本管控中存在的问题，提出节约成本、提高资金使用效益的意见建议，全面分析评价成本控制、产出完成和效益实现情况。

（2）重点评价核算成本。将成本纳入绩效评价范围，选择部分资金体量大、政策涉及面广、预算核定难度大的经常性项目和政策开展成本预算绩效评价，科学测算、全面衡量各方投入成本，重点关注超范围、超标准支出等成本管理方面存在的问题，提出节约成本、提高资金使用效益的意见建议。

4.评价结果强应用

评价结果出标准：通过成本绩效分析，进一步建立或优化支出标准，更好发挥预算支出标准在预算管理中的基础性作用，使财政支出更加科学、合理和规范，切实增强预算绩效管理控成本、提质量、促效益的效果。

同时，将部门整体、政策和项目的成本预算绩效结论作为安排预算的重要参考，对部门（单位）成本预算绩效分析结果进行审核，并结合成本预算绩效分析结论安排预算，作为政策调整和管理改进的重要依据。

四、成本预算绩效管理指引的经验和创新

（一）全方位设计各主体"简单题"，成本意识"上台阶"

当前全成本预算绩效核算方法和路径不够成熟，对相关人员的技术水平提出了较高的要求，且实施成本大。廊坊市财政局基于各单位的现实困难，聚焦项目成本核算、成本指标构建，首创《全过程成本预算绩效管理指引》，以解决预算成本边界模糊、标准不明问题，再逐步向开展成本绩效分析、推进财政支出标准化建设发展，最后逐步形成政策、部门整体支出的成本结构体系。

（二）全过程打造各环节"流程图"，成本绩效"降难度"

预算部门（单位）受长期固化的预算资金分配格局影响较大，忽视对成本的核算、界定与运用。因此，《指引》充分打开预算绩效管理的全过程业务链条，将成本效益理念和方法融入预算立项、编制、执行的全过程，通过详细解构、精化优化成本绩效的思路、流程、方法，尽可能将成本绩效管理工作"降维"，让预算部门能够通过"几张图""几张表"按图索骥，让创新性绩效工作有规可循、有法可依，从内部开始实施成本绩效管理。

（三）全覆盖打造各业务"样板间"，绘制实操"施工图"

成本绩效改革对行政事业单位来说是一项新生事物，可借鉴的模式不多，需要去探索创新，任重而道远，需要常态化推进。因此《指引》在充分总结近年来廊坊市成本绩效实践经验的基础上，紧扣主要业务流程和关键节点，在每个环节要点均提供丰富的实践示例，这些案例便于操作、便于记录、便于核算、便于对比、便于分析，以此作为构建廊坊绩效模式的突破口，更好地指导市直各部门、各县（市、区）开展成本分析，形成市县两级共享共用的工作成果。

五、廊坊市全过程成本预算绩效分析的成效

（一）明确部门预算成本测算思路

《全成本预算绩效管理操作指引》（以下简称《成本指引》）充分向各部门各单位展示了基本支出和项目支出的成本测算路径与过程，将其解构为确定成本测算的对象、对项目支出的历史成本数据进行梳理加工、对项目可采用的定额标准进行梳理、综合分析测算项目预算等过程，并对"专项购置类项目""大型活动类项目""购买服务类项目""信息化运维类项目""基建类项目"等项目类别分别介绍成本测算过程，让预算单位掌握完整的成本构成、预算综合分析和调整过程以及成本测算方法的应用。

（二）细化绩效目标成本指标案例

为了解决预算单位不会设成本指标的问题，廊坊市财政局分类设计了部门整体支出成本指标，项目支出经济成本指标、社会成本指标和生态成本指标。部门

整体支出成本指标突出"依据绩效目标—确定支出要素成本构成—形成单个项目成本—汇总形成部门成本"向上归集路径，举例"核心业务投入产出比"等成本指标示例。同时为了让预算单位在设置项目支出绩效目标时尽量设置与直接经济成本有关的指标，廊坊市财政局按照"高度关联、重点突出、量化易评"的原则，设计了"具有定额标准的指标""实际成本构成指标""分部分项成本指标""趋势分析指标""结构性指标""成本节约率"等不同类型的经济成本指标，让成本指标更加通俗、易懂，便于预算单位"自选菜单"。

（三）充分展示成本效益分析程序

廊坊市财政局贯通了"成本—投入—产出—效益"的逻辑路径，能够将几方面内容结合起来对比，更为直接地回答了"绩效"这一问题，按照确定绩效目标及备选方案、列明各备选方案的成本与效益、对各方案的成本效益进行量化对比分析、对方案的成本效益进行深入分析、选择最优方案的路径，介绍了在一个项目中，如何围绕绩效目标，确定多个备选方案并选取绩效最优的方案，同时也介绍了预算部门在多个项目中如何利用成本效益分析法选取绩效最优的方案，让成本效益分析方法真正落地。

（四）让成本指标的绩效监控、绩效自评真正"落地"

传统的绩效监控和绩效自评重点围绕预算执行和绩效目标开展，廊坊市财政局更加聚焦预算执行情况、成本指标是否超出控制界限、支出定额标准应用情况，为此，在预算执行和绩效目标"双监控"的基础上，从成本核算的主要影响因素入手，对成本指标进行敏感性分析，充分掌握成本变动的规律，寻找成本偏差的原因，从而引入成本管控和质量控制措施，进一步促进单位节约成本、提高质量效益。《成本指引》在绩效监控和绩效自评章节重点介绍了如何以成本指标为重点收集绩效监控信息，对照成本指标整理实际成本数据，对于成本指标控制不力的项目如何调整成本指标和下年度预算，解决了各单位认为绩效监控、绩效自评难以落地的困惑。

（五）贯通成本核算与绩效评价、支出标准的链条

《成本指引》充分展示全成本绩效分析的实施程序和案例，构建实施方案和分析报告框架，对绩效分析表、成本核算分析表、支出标准建议表等予以规范，通过生动案例展示"作业成本法"的应用，严格规范成本绩效分析的质量标准，同时对《廊坊市市级预算支出标准管理办法（试行）》（廊财预〔2022〕34号）进行深度解

读，明确以政府收支分类科目为基本分类标准，结合部门工作的基本属性与实际工作情况形成二级分类，对项目的子项目、成本构成、成本要素等进行拆分，形成三级、四级、五级分类及编码的实施路径，助力分行业分领域绩效指标体系及支出标准体系同步推进，积极鼓励部门建立内部支出标准体系，将标准化工作不断提质提效、扩围扩面。

第五章
财政运行综合绩效评价向全过程"闭环"延伸

廊坊市于2019年7月印发的《关于全面实施预算绩效管理的实施意见》(廊发〔2019〕23号)即明确提出要开展政府财政运行综合绩效评价,随后2021年开始了试点探索财政运行综合绩效评价及财政运行绩效目标管理工作,成为国内较早开展财政运行综合绩效评价工作的地区之一。在总结试点工作经验的基础上,2022年扩大评价范围,全面推动12个县(市、区)政府财政运行综合绩效评价及绩效目标管理工作,并向下延伸开展乡镇政府财政运行综合绩效评价。自此,廊坊市政府财政运行综合绩效管理工作全面推开,预算绩效管理工作实现了由项目到政策、部门再到政府预算的全方位覆盖。

第一节　廊坊市财政运行综合绩效评价

一、廊坊市开展财政运行综合绩效评价的背景

（一）财政运行综合绩效评价政策要求

开展政府财政运行综合绩效评价是实施政府预算绩效管理的重要内容，是构建全方位、全过程、全覆盖预算绩效管理体系的重要组成部分，对强化财政监督管理职能、进一步规范政府预算收支管理、优化财政收支结构、增强财政可持续性和运行效能具有积极促进作用。2018年9月，《中共中央 国务院关于全面实施预算绩效管理的意见》（中发〔2018〕34号）印发，提出"实施政府预算绩效管理。将各级政府收支预算全面纳入绩效管理""各级财政部门对下级政府财政运行情况实施综合绩效评价""各级财政部门将下级政府财政运行综合绩效与转移支付分配挂钩"等要求。

2018年12月，河北省在全国首批出台《关于全面实施预算绩效管理的实施意见》（冀发〔2018〕54号），提出"实施政府财政运行综合绩效评价。省级研究建立对各市（含定州、辛集市）、雄安新区财政运行综合绩效评价机制，制定具体实施办法""各设区市、雄安新区要制定对行政区域内县（市、区）政府财政运行综合评价办法，认真组织实施，评价结果报省级财政部门备案""省级将部门整体绩效评价、对下级政府财政运行综合绩效评价纳入省直部门和各市（含定州、辛集市）、雄安新区党政领导班子年度考核内容"等要求。

为贯彻落实中央、河北省委省政府相关要求，廊坊市委、市政府于2019年7月印发《关于全面实施预算绩效管理的实施意见》（廊发〔2019〕23号），明确提出"实施政府财政运行综合绩效评价。研究建立对各县（市、区）政府、廊坊开发区管委会财政运行综合绩效评价机制，制定具体实施办法，重点评价收支预算编制、年度预算执行、财政收入质量、支出结构优化、财政可持续性、政府债务风险管控、县级财政运行、财政资金监管、财政改革推进等情况，综合评价结果报市政府审定后在全市通报，同时报省级财政部门备案""各级财政部门制定对下级政府财政运行综合绩效评价办法""研究建立下级政府财政运行综合绩效评价与转移支付分配挂钩机制，根据评价结果相应增加或扣减财力补助""市级将部门整体绩效评价、对下级政府财政运行综合绩效评价纳入市直部门和各县（市、区）、廊坊开发区党政领导班子年度考核内容"等推进财政运行绩效工作的要求。

（二）廊坊财政收支形势的紧迫需求

近两年来，廊坊这颗"京津走廊上的明珠"被蒙上了"经济降速"的浮尘。2017—2022年，廊坊市第二产业增加值从1262.4亿元下滑至1195.3亿元[①]，总体量"缩水"了近70亿元，廊坊工业经济走弱。且由于产业内部结构有待优化，新兴产业提供的增长动力较为有限。此外，环境制约因素带来的严格管制，更是让廊坊传统产业占比偏高的工业经济颇为受挫。由于区位特殊，廊坊基本实行全域规划管控，并主动提升企业环评、大气污染治理等相关标准，修订产业禁限目录。因此，项目投资建设和企业的正常生产均受到严重影响。应急响应的频繁启动，使部分企业经常处于间歇性生产状态。[②]

以房地产服务业为主导的经济结构，在房地产行业景气度下降后让廊坊经济倍感压力。2020年廊坊市服务业增加值最高的三大细分产业分别为房地产服务业、金融服务业和批发零售业，三者增加值占廊坊全市第三产业的比重合计达到55.0%。而代表新兴动能的信息传输软件和信息技术服务业、科学研究和技术服务业占第三产业的比重分别仅有6.4%和2.7%。其中，仅房地产服务业一项，就以586.1亿元的增加值，占了廊坊全市第三产业近三成的份额。随着近几年北京住房供应逐渐增加，北京外溢需求基本"消失"，以及环京区域产业发展不及预期，人口导入有限，导致廊坊市房地产相关行业压力倍增。2022年7月廊坊市二手房成交均价在1.3万元/平方米左右，较上年同期均价跌幅达15%，较2017年成交均价高点跌幅接近六成。2022年上半年，廊坊市房地产开发投资同比大幅下滑28.2%。可以说，廊坊房

---

① 数据来源：廊坊市国民经济统计数据。
② 《廊坊经济增速掉队：规上工业负增长，房地产熄火投资下降》，2022年8月23日，https://new.qq.com/rain/a/20220823A07V8V00。

地产行业当下正处困境，而对房地产较为依赖的廊坊经济也在一同承压。[1]

总体来看，在当前国际环境剧烈变化，宏观经济、各类管控、减税降费、去产能调结构、房地产市场收缩等多重因素叠加影响，廊坊市财政收入组织工作压力骤增，加速了廊坊收支形势"紧平衡"局面的产生。此形势下，开展政府财政运行综合绩效评价对于防范风险、保障经济社会平稳运行更加重要。

二、廊坊市财政运行综合绩效评价主要解决的问题

在外部环境变化导致财政收入组织难度加大的同时，廊坊市还存在财政收入结构质量不高以及民生保障、生态治理、基础设施建设、债务还本付息、临空经济区建设等财政刚性支出不断增加等问题，使财政收支矛盾日趋尖锐、财政收支紧平衡状态进一步趋紧。针对当前现状，廊坊市财政局通过开展财政运行综合绩效评价工作，深度剖析当前财政运行存在的问题，为解决现阶段财政收支矛盾、加快提升财政资金效益提供了有力支撑（见专栏5-1）。

（一）财政收入结构质量不高，收入组织艰难

2021年年底，廊坊市税收收入占一般公共预算收入比重为历年来最低点，收入质量明显下降，财政运行可持续性面临重大挑战。同时，房地产相关税收增长显著放缓，税收增长转而依赖于制造业等其他行业。但新旧动能转换过程中新兴产业的支撑力不够强，高质量的优质税源企业数量不够多，实体经济支撑力不足，财政收入组织异常艰难。开展财政运行综合绩效评价，可以从源头上分析收入形势及背后的原因，提出可操作性建议，为各县（市、区）进一步完善收入改革制度提供参考。

（二）刚性支出规模增长，收支矛盾尖锐

廊坊市部分民生保障标准全省最高，"三保"保障基数较大，加之政府债务大幅增加，还本付息压力激增，大气污染治理、淘汰过剩产能、临空经济区规划建设等支出也大幅增长，财政支出压力不断增加。廊坊市财政收入增长与财政支出刚性增加之间的矛盾日益加剧，收支平衡压力越来越大，财政运行形势异常严峻。开展财政运行综合绩效评价，可以促进各县（市、区）进一步优化支出结构，缓解收支平衡压力。

---

[1]《廊坊经济增速掉队：规上工业负增长，房地产熄火投资下降》，2022年8月23日，https://new.qq.com/rain/a/20220823A07V8V00。

（三）绩效理念树立不牢，资金效益亟须提高

廊坊市各部门（单位）对于当前面临的严峻形势认识还不够深、应对措施还不足，过紧日子思想落实不够，绩效理念树立不牢，花钱"大手大脚""重支出、轻绩效"、资金效益不明显等问题依然存在。同时，廊坊市各领域还广泛存在着缺少优质项目储备，争取上级资金难度加大；部分重点项目不成熟、手续不齐备，导致项目落地实施推进较慢；债券资金支出进度迟缓，与上级要求差距较大，影响了资金效益发挥等问题。开展财政运行综合绩效评价，有助于各部门（单位）提高绩效理念，支撑财政管理改革，从政府层面推动资金效益提升。

> ▶ 专栏5-1　廊坊市全面实施预算绩效管理背景的访谈

"受宏观经济、各类管控、减税降费、去产能调结构等多重因素叠加影响，我市收入组织工作压力增大，民生保障、生态治理等刚性支出却不断增长，收支长期处于'紧平衡'局面，而与之相悖的是，过去的预算管理相对粗放，项目谋划不实不细，不能很好体现履职和发展。"廊坊市财政局党组书记、局长说，全面实施预算绩效管理是有力解决现阶段财政收支矛盾、加快提升财政资金效益的重要途径。

三、财政运行综合绩效评价的制度演变与"廊坊实践"

（一）财政运行综合绩效探索历程

为深入贯彻落实中共中央、国务院、省委省政府和市委市政府决策部署，廊坊市财政局于2019年4月制定《全面实施预算绩效管理推进工作方案》（廊财预〔2019〕26号），明确了"稳步建立政府预算绩效管理体系，逐步提升预算绩效管理层级"等任务。

2021年，廊坊市财政局选取了固安县、香河县开展财政支出绩效评价试点工作，成为国内较早开展财政运行综合绩效评价工作的地区之一。此前，仅有北京、浙江等少数省份开展了财政运行综合绩效试点工作。

2022年，廊坊市开展了辖区所有12个县（市、区）财政运行综合绩效再评价

工作，并提出各县（市、区）选取1—2个乡镇政府开展财政运行综合绩效评价工作。廊坊市财政运行综合绩效评价已建立了覆盖县、乡两级的绩效评价体系。财政运行综合绩效评价工作的广度和深度也走在国内前列。

2023年，廊坊市财政局进一步优化财政运行综合绩效评价体系和做法。体系方面，更加注重成本节约指标，从行政运行、城市运行维度设计了12个三级指标，力求做到同一部门不同年度、不同部门同一年度对比。具体操作方面，由各县（市、区）自行填报数据调整为"从市直单位收集数据"。这一方面确保了绩效评价数据更加客观、准确，另一方面也减轻了各县（市、区）绩效评价工作量。另外，在指标体系设计时，邀请了财政预算管理体制相关人员共同参与，保障了财政运行综合绩效评价结果的可用性。

总体来看，财政运行综合绩效评价工作是一项新工作，我国尚未形成成熟、统一的评价体系和要求。廊坊市在试点探索县级政府财政运行综合绩效评价时，首先对财政运行综合绩效评价进行了充分了解与研究，而后对财政运行综合绩效评价到底"评价谁""评什么""怎么评"发出了灵魂拷问并进行了层层探索。

（二）财政运行综合绩效"评价谁"

2021年，廊坊市选择固安县、香河县作为财政运行综合绩效评价"试验田"。开展评价时，首先需要解决的第一个问题就是对县级政府的财政运行综合绩效评价到底"评价谁"。反映在实践中，就有了"绩效评价通知谁印发、发给谁？""县政府人员在评价中承担什么作用和职责？""各县政府人员要不要参加入户启动会、培训会、专家评价会？"等问题。

绩效评价通知谁印发、发给谁？根据《全面实施预算绩效管理意见》中关于"各级财政部门对下级政府财政运行情况实施综合绩效评价"要求，评价主体是财政部门，评价对象为"下级政府"。但是，绩效评价通知直接印发下级政府，与廊坊系统行文要求不符。经多方咨询，廊坊市采取了先行将财政运行综合绩效评价工作报本级政府，然后再将通知印发给下级政府的方式，避免了直接向下级政府印发通知带来的行文要求不符、下级政府不配合等问题。

县政府人员在评价中承担什么作用和职责？财政运行综合绩效评价对象是政府，而政府是由若干部门组成的。若不能明确各个部门职责，很容易就成为财政部门一家的事情，影响后续工作推进。鉴于此，廊坊市财政局在印发通知时，明确了政府、财政部门及相关业务主管部门的职责，具体为：各县（市、区）政府牵头、财政部门主责、其他业务主管部门配合。其中，政府主要负责统筹、协调、对财政运行成效从全县视野解读等，可明确具体工作机制，成立领导小组，由主管财政的副县长任组长，办公室及县财政局有关领导任副组长，相关业务主管部门（如发展和改革局、自然资源和规划局、教育和体育局、住建局、交通运输局、卫生健康局、统计局、审计局等）领导为成员；县财政局在领导小组的指导下开展各项工作，重大事项报领导小组；其他相关业务部门协助配合县财政局完成数据填报和资料收集。

各县政府人员要不要参加入户启动会、培训会、专家评价会？绩效评价各类会议不是为了开会而开，而是要奔着精简、高效达成会议的目的而开。廊坊财政梳理了启动会、培训、专家评价会的目的，最终提出了"县级政府领导班子应参加启动会、专家评价会等重要会议，其他会议可不参加"的原则。参加启动会，主要是为了能够让县级政府领导班子知晓此项工作，做好此项工作的部署，提高各部门的重视度、配合度。参加专家评价会，一是，主管财政的常务副县长应当代表县政府做汇报，二是，县级政府领导班子应从全县角度，解释财政部门回答不了的重点问题，如"财源培育和招商引资"等问题（见专栏5-2、专栏5-3）。

▶ **专栏5-2　廊坊市明确印发评价通知主体的纪实**

廊坊市财政局确定财政运行综合绩效评价试点县，准备印发评价通知时，面临"绩效评价谁来印发？要印发给谁？"等问题。针对此问题，廊坊市首先翻阅了《全面实施预算绩效管理意见》，明确了评价对象是"下级政府"，而不是"财政部门"。同时，向已经探索开展财政运行综合绩效评价的试点省份取经，并咨询了相关专家后，结合廊坊市本地实际明确了"绩效评价通知应向下级政府印发"的要求，同时在文件中明确了下级政府财政部门及各预算部门（单位）的职责。

▶ **专栏5-3　廊坊市财政运行综合绩效评价通知**

廊坊市财政局关于开展2021年度县级政府财政运行绩效目标填报及试点县2020年度县级政府财政运行综合绩效评价工作的通知

各县（市、区）人民政府、廊坊开发区管委会、临空经济区（廊坊）管委会：

为贯彻落实市委市政府《关于全面实施预算绩效管理的实施意见》（廊发〔2019〕23号）精神，科学评价县级政府财政运行情况，进一步规范县级预算收支管理，增强县级财政可持续性，我局将开展2021年度县级政府财政运行绩效目标填报，以及试点县2020年度县级政府财政运行综合绩效评价工作。现将有关事项通知如下：

一、工作目标

（一）设定10个县（市、区）人民政府、廊坊开发区管委会、临空经济区（廊坊）管委会2021年度财政运行绩效目标。

（二）选取固安县、香河县作为试点开展2020年度县级政府财政运行综合绩效评价，对固安县、香河县所属省级以上开发区进行重点评价。

二、工作内容

（一）从财政收入、财政支出、规范管理、运行成效及可持续性等方面设定县级政府2021年财政运行绩效目标，并组织专家进行审核。通过审核，分析各县政府财政运行情况及财政资金发挥效益，指出财政运行存在问题与困难，并提出针对性建议，支撑经济高效高质量发展。

（二）从财政收入、财政支出、规范管理、运行成效及可持续性等方面综合评价固安县、香河县政府财政运行情况及固安县、香河县所属省级以上开发区税收收入与财政支出成效。通过评价与分析，研究建立县级政府财政运行综合绩效管理体系，构建县级政府财政运行综合绩效评价常态化机制及与转移支付、项目决策、资金安排相挂钩的激励约束机制，提高财政资金使用效率。

三、工作步骤

该项工作由市财政局委托第三方独立实施。具体步骤为，9月下旬完成启动培训，10月上旬完成绩效目标填报与试点县绩效自评，10月中下旬完成现场调研，11月完成各县政府财政运行绩效目标专家审核与固安县、香河县政府财政运行及固安县、香河县所属省级以上开发区收入支出专家评价，12月完成相应整改工作。

四、工作要求

（一）加强领导，高度重视。开展县级政府财政运行绩效目标填报审核及综合绩效评价是全面实施预算绩效管理的重要内容，是优化财政资源配置、提高财政资金使用效率的重要举措，是提升政府治理能力现代化水平的有力助推。请高度重视，第一时间向主要领导汇报，并给予第三方团队支持和配合。

（二）强化职责，明确分工。健全预算绩效管理统筹协调机制，明确责任分工，分解指标任务，理顺内部管理和工作机制，及时掌握管理动态，做好数据收集和指标填报，配合开展调研及审核工作。

（三）加强沟通，责任到人。为确保此项工作高效高质完成，请各县确定1名总协调人，做好与工作组的沟通协调工作，并于9月30日之前反馈至工作组。

联 系 人：

联系方式：

联系邮箱：

附　　件：

1.2021年度县级政府财政运行绩效目标填报及试点县2020年度县级政府财政运行综合绩效评价工作方案。

2.县级政府财政运行绩效目标填报与综合绩效评价工作总协调人联系。

廊坊市财政局
2021年9月22日

（三）财政运行综合绩效"评什么"

与以往开展的部门、项目和政策绩效评价不同，财政运行综合绩效评价需全面覆盖一般公共预算、政府性基金预算、国有资本经营预算、社会保险基金预算等财政资金，其评价范围与内容更加全面、综合、系统，也更加复杂。《中共中央 国务院全面实施预算绩效管理意见》（中发〔2018〕34号）及《国务院关于进一步深化预算管理制度改革的意见》（国发〔2021〕5号）等相关文件对财政收入、支出管理等内容提出了明确要求。财政运行综合绩效评价需综合集成相关政策要求，系统评估被评估区域财政运行综合绩效情况。但是，如何将这些要求有效落地，应该要设置哪些指标来考核，要实现什么目的呢？这是廊坊财政运行综合绩效评价面临的难点。

廊坊财政多次邀请专家、第三方中介机构共同研讨，首先，分析确定了财政运行综合绩效评价的逻辑框架。财政运行综合绩效评价需要对财政的运行情况及其综合绩效情况进行系统全面的分析和评价。而财政运行是政府集中一部分国民收入用于满足公共需求的收支活动，以达到优化资源配置、公平分配、经济稳定和发展的目标，包括财政收入、支出与管理等方面运行态势及可持续性，综合绩效则是指财政经费投入带来的全部产出与产生的经济、社会、生态等各方面效益，因此财政运行综合绩效评价需要遵循"收入—管理—支出—产出与效果"的逻辑。同时，为了评价财政运行态势及健康情况，需关注财政运行可持续性。因此，财政运行综合绩效评价的框架需包括财政收入、财政支出、财政管理、产出与效果、可持续性等方面内容（见图5-1）。

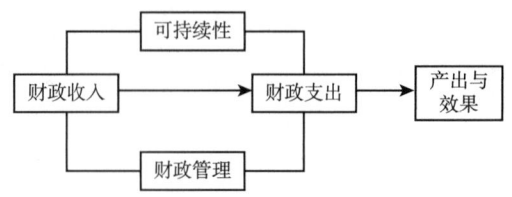

图5-1 财政运行综合绩效评价框架

其次，结合上述政策文件要求及绩效评价框架，廊坊市确定了县级政府财政运行综合评价的共性评价内容，主要是对下级政府财力是否充足、组收是否积极、成本是否节约、管理是否规范、产出是否有效等进行综合分析与评价。具体可概括为财政收入、财政支出、管理效率、运行成效、可持续性5个维度（见专栏5-4）。

> **专栏5-4 廊坊市2021年财政运行综合绩效评价内容**
>
> 财政收入方面，主要分析试点县财政保障政府履职和政府运行方面的财力总量与结构情况，涵盖可用财力水平、房地产行业收入占比、税收收入占比、上级补助收入依赖度、省级经济技术开发区财政收入贡献度等指标，回答财政收入质量如何、对房地产行业收入依赖度大小、未来增长潜力等问题。
>
> 财政支出方面，主要分析试点县基本民生支出、城市发展支出、债务支出等支出结构以及行政运行、城市运行成本控制等情况，涵盖"三保"支出保障度、"城市发展"支出占比、"经济发展"支出占比、债务支出占比、行政运行成本控制等指标，回答基本民生保障程度、发展性支出占比、债务压力大小、运行成本节约程度等问题。
>
> 管理效率方面，主要分析试点县财政管理的合规性和规范程度等情况，涵盖收入管理规范性、支出管理规范性、预算编制规范性、预算执行规范性、预算公开透明度、审计监督等指标，回答管理制度是否健全、执行过程是否规范、审计监督结果是否有效应用等问题。
>
> 运行成效方面，主要分析试点县财政支出支撑本县功能定位、重大规划落实以及稳增长、调结构、惠民生等方面的成效情况，涵盖重大规划落实情况、重大政策与项目执行情况、财政支出乘数、经济结构优化、单位

GDP能源消耗降幅、基本公共服务保障水平、社会公众对当地政府履职效能满意程度等指标，回答投入产出效率是否高效、公共服务保障成效是否显著等问题。

可持续性方面，主要分析试点县当期财政收支压力、未来增收潜力及债务风险等情况，涵盖财政自给率、预算稳定调节基金占比、收入弹性、财源建设、债务率、逾期率、风险防控能力等指标，回答财政收支平衡压力大小、税源增收主观努力程度如何、风险防控是否有效等问题。

2023年，廊坊市在2022年财政运行综合绩效再评价的基础上，进一步改进评价体系，综合各地开展财政运行绩效评价经验和廊坊市财政运行实际需要，形成了2023年财政运行综合绩效评价指标，包括财政保障能力、成本节约、规范管理、运行成效和可持续性五个方面。其中，财政保障能力对应收入维度，成本节约对应支出维度，规范管理对应管理维度，运行成效对应产出与效果维度，可持续性对应风险防控维度（见专栏5-5）。

▶ 专栏5-5 廊坊市2023年财政运行综合绩效评价内容

财政保障能力方面，主要分析县区保障政府履职和政府运行方面的财力总量、结构、平衡等方面的情况，反映县区"缺不缺钱"的问题。包括可用财力增速、人均可用财力水平、税收收入占比、转移支付依赖度、房地产业收入依赖度、"三保"支出占比、一般公共预算财政自给率、政府性基金预算财政自给率和政府债务率方面指标，回答财政收入质量如何、对房地产行业收入依赖度大小、未来增长潜力、基本民生保障程度、发展性支出占比、债务压力大小、财政收支平衡压力大小等问题。

成本节约方面，主要分析县区行政运行、城市运行成本控制情况，反映县区"节不节约"的问题。包括行政运行支出占比、"三公经费"支出占比、财政供养比、编外人员占全部财政供养人员的比例、城市运行支出占比、城市环卫公厕运维成本等指标，以及道路清扫保洁成本、生活垃圾处理成本、园林绿化成本、城市道路日常养护成本、农村污水处理成本、城市污水处理成本等指标，回答试点县运行成本及城市运行节约程度等问题。

运行成效方面，主要分析县区在普通教育、社保与就业、卫生健康以及文化旅游、体育传媒等基本公共服务领域"产出效果效率"的问题，分析县区财政保障经济社会发展的效果。包括生均普通教育投入产出，涵盖普惠性幼儿园覆盖率、学前三年毛入园率、残疾儿童少年义务教育入学率等指标；社保与就业投入产出，涵盖居家养老服务设施街道服务覆盖率、养老床位中护理型床位比例、城镇登记失业率等指标；医疗卫生投入产出，涵盖每千人口医疗卫生机构床位数、基本医疗保险参保率、居民规范化电子健康档案等指标；公共文化服务投入产出和农业农村投入产出，涵盖人均藏书量、人均公共文化服务设施建筑面积等指标，回答投入产出效率是否高效、公共服务保障成效是否显著等问题。

规范管理方面，主要分析县区预算管理情况，反映县区财政资金"管得好不好"的问题。包括预算减税降费政策落实率、非税收入收缴情况、支出标准体系建设情况、预算季度执行进度等指标，回答管理制度健全性、执行过程规范性等问题。

可持续性方面，主要分析县区当期财政收支压力、未来增收潜力及债务风险等情况，涵盖财政自给率、预算稳定调节基金占比、收入弹性、财源建设、债务率、逾期率、风险防控能力等指标，回答财政收支平衡压力大小、税源增收主观努力程度如何、风险防控是否有效等问题。

（四）财政运行综合绩效评价"怎么评"

通常而言，绩效评价工作程序包括评价准备阶段、评价实施阶段与结果形成阶段。同样，财政运行综合绩效评价也离不开此框架。按照准备、实施、结果形成3个阶段，廊坊市明确了县级政府财政运行综合绩效评价工作程序。具体如下：

评价准备阶段。市财政局组建由市财政局、第三方机构及专家共同构成的绩效评价工作组，结合当年预算绩效管理重点工作任务，明确评价思路、评价方法，设计绩效评价指标体系，制定评价方案，并下达自评通知。

评价实施阶段。各县（市、区）按要求收集资料，包括反映自身政府财力保障、支出结构优化、财政管理效能、运行成效实现、风险与可持续性情况等资料，同时填报《县级政府财政运行绩效自评表》与《县级政府财政运行绩效自评报告》，并及时提交评价工作组。评价工作组根据各县（市、区）自评情况、财政运行情况以及补充说明情况，邀请相关领域专家对各县（市、区）财政运行进行评价，并形成初步评价结论。

结果形成阶段。评价工作组梳理、分析调研资料和相关数据，结合专家评价意见，撰写并出具绩效评价报告，经征求意见后形成最终评价结论。

四、廊坊市财政运行综合绩效评价经验与创新

目前，我国财政运行综合绩效评价工作还处于试点探索阶段，仅有少数地区开展了相关工作。而且，已经开展财政运行综合绩效评价地区在评价内容、评价重点和指标体系设置等方面都还存在很大差异，尚未达成统一"共识"，还未形成统一的评价框架、指标体系和评价标准。针对财政运行综合绩效评价应评价什么内容、如何设计科学的评价指标体系、如何设定绩效评价标准、采用何种绩效评价方法等问题，廊坊市在实践中给出了解决上述问题的"廊坊答卷"。

（一）重视绩效评价方案设计，夯实绩效评价基础

当前，我国各地财政运行综合绩效评价处于试点探索阶段，尚无成熟可供借鉴的经验。因此，此次评价廊坊高度重视前期方案设计，通过学术文献研究、专家学者咨询、试点调研、基础资料分析等多种方式，并经过多轮次深入研讨，完成绩效评价方案设计，为绩效评价后续工作奠定了基础。

（二）结合关注重点，创新设计绩效评价指标

在2021年试点开展财政运行综合绩效评价时，廊坊市财政局组织被评价县财政部门和业务部门、评价专家组、第三方机构多次研究探讨，历时两月有余，形成了财政运行综合绩效评价指标体系。在关注财政收支管理、财政供养比、行政运行成本、城市运行成本、风险评价的基础上，创新性设计了符合廊坊市财政运行特点的房地产收入依赖度、城市发展与经济发展支出占比指标（见专栏5-6），力求绩效评价指标更具有针对性。

▶ 专栏5-6 廊坊市财政运行综合绩效评价指标设定的纪实

一是，"房地产行业收入占比"指标。

确定评价的5个维度后，全程参与廊坊市县级财政综合运行绩效评价的专家提出，"对于地方财政而言，房地产对地方财政收入的影响很大。

而且，现阶段及未来趋势，房地产行业政策在收紧，是地方财政收入未来的一个收入减少的因素。尤其是对于'京津走廊上的明珠'廊坊而言，房地产产业的发展对廊坊财政影响较大。"经分析，受2018年房地产管控因素影响，2020年廊坊市某县政府性基金收入减收50亿余元。考虑到其对财政收入的影响程度，廊坊决定增加具有本地特色的指标，将"房地产行业收入占比"纳入财政收入指标，予以考核廊坊市各县（市、区）财政受房地产行业政策影响到底有多大，未来收入趋势会怎么样。

二是，"城市发展"支出占比指标。

为反映廊坊市各县（市、区）城市发展支出情况，廊坊市创新性借鉴"恩格尔系数"含义，创造性提出"城市发展性支出占比"指标，用于体现各县（市、区）基础设施建设、经济发展性支出与各县经济发展水平之间的关系。

（三）优化评价标准，做好财政运行定量化分析

针对绩效评价量化指标，廊坊市优化评价标准，通过横向对比全市10个县（市、区）及廊坊开发区、临空经济区（廊坊）相同指标数据，采用极大极小值无量纲化和数据包络法，对试点县指标进行评分，做好财政运行定量化分析，同时也可分析试点县在全市域所处水平。

（四）专家全程参与，提升绩效评价工作质量

廊坊市邀请绩效、财政、房产等行业领域专家全程参与绩效评价工作，包括评价思路研讨、绩效评价指标体系设计、现场调研、专家现场评价等环节，为绩效评价工作把关，确保了项目绩效评价的科学性、专业性。

（五）广泛开展调研访谈，全方位了解运行情况

为保证评价工作顺利开展，廊坊市财政局与试点县财政局领导及内部科室开展多次集中座谈，与县发改局、自规局、统计局等进行集中访谈；并针对性设计了调查问卷，通过不同方式发放，实现评价对象、受益对象等全面覆盖，确保全面、系统了解财政运行基本情况，保证评价工作顺利开展。

（六）关注核心领域财政投入产出效率，具体化财政支出产出

2023年廊坊市县级政府财政运行绩效评价，在上一年评价工作的基础上，对运行成效部分进行了调整，设计了五大核心领域的投入、产出指标，主要是对各县财政在教育、社保、卫生健康、农业、文体旅游等核心领域投入产出情况进行对比分析，力求在体现调结构、稳增长、惠民生运行成效的基础上具体化财政支出产出。

五、廊坊市财政运行综合绩效评价的成效

财政运行综合绩效评价是对政府财政收支情况的全面体检，绩效评价结果应用是绩效评价的核心和归宿，是强化财政支出管理、合理配置公共资源、提高资金使用效率的重要手段。

2021年，廊坊县级政府财政运行综合绩效评价主要在于了解情况、形成制度、理顺制度。因此，当年廊坊市财政局把评价结果反馈给县级政府，明确改进方向，让县级政府心中有数。试点阶段绩效评价结果主要以绩效评价报告的形式体现，固安县、香河县的县级政府综合绩效评价结果反馈给县级政府，作为其完善政策和改进管理的重要依据。

2022年，廊坊财政将开展的各县（市、区）财政运行综合绩效再评价工作结果，反馈各县（市、区），并要求各县（市、区）进行整改，同时将结果纳入了各县（市、区）经济高质量发展考核。财政运行综合绩效评价工作已经成为政府治理的重要手段，相关成果是政府决策的重要支撑。

▶ 第二节 廊坊市财政运行综合绩效目标管理

在试点评价研究经验的基础上，廊坊市将财政运行综合绩效评价工作向事前延伸，首创财政运行绩效目标申报表，提出"各级政府要围绕高质量发展主题，将'集中财力办大事'作为指导原则，设定政府财政运行绩效目标，明确政府年度重大工作任务，报上级政府备案"。自2021年起，廊坊市连续三年组织开展了各县（市、区）财政运行综合绩效目标填报、审核等工作。

一、财政运行综合绩效目标管理目的

我国各地区基本均已实现项目、政策和部门整体全过程绩效管理，将项目、政策和部门整体支出绩效目标作为全过程绩效管理工作的"起点"，开展绩效目标填报、审核工作，但较少地区开展财政运行绩效目标管理。而廊坊市财政运行综合绩效管理重"目标"，在试点探索综合绩效评价工作之初，就将关口前移至预算编制源头的"关键节点"，提出按照"谁使用资金，谁落实目标"的原则，由县级政府填报财政运行综合绩效目标。绩效目标的设定，为后续县级政府编制四本预算提供了指导，为财政运行综合绩效监控、评价提供了支撑，同时引导县级政府锚准市委、市政府确定的经济社会发展主要任务目标，以持之以恒的定力推动预算资金安排的"目标导向"，把"资金问效"从书面要求转化为实际行动。

二、财政运行综合绩效目标管理内容

（一）财政运行综合绩效目标实践历程

2021年，廊坊市探索政府层级绩效目标设置，研究制定绩效目标设置模板，指导12个县级财政部门设定2021年政府财政运行绩效目标。

2022年，廊坊市在所辖县（市、区）全面开展政府财政运行绩效目标管理，指导各县（市、区）设定2022年政府财政运行绩效目标，并组织开展绩效目标审核，保障县级财政资金安全高效运行。

2023年，综合考虑各县（市、区）产业结构、资源资产、国企平台、财政收支、债务债券、财政可持续性、财政政策效能等情况，在此基础上，组织填报2023年县级财政运行年度绩效目标，并提高县级"三保"、刚性支出保障、可持续性、财政资金统筹等方面权重。

（二）财政运行综合绩效目标的含义

廊坊政府财政运行综合绩效目标包括绩效目标和绩效指标（见表5-1）。

财政运行综合绩效目标主要包括预期任务、预期产出、预期效果。其中，预期任务是指政府预算在一定期限内预期完成的财政组收、支出优化等工作和责任。预期产出是指政府预算在一定期限内预期提供的公共产品和服务情况。预期效果是指上述产出可能对本县（市、区）经济增长、结构调整、环境改善、民生发展的影响，以及社会群众对本县（市、区）政府履职的满意程度等。

廊坊财政运行综合绩效指标主要包括财政保障能力、成本节约、规范管理、运行成效指标和可持续性指标。其中，财政保障能力指标包括可用财力、收入质量、房地产收入依赖度、"三保"支出、"其他刚性"支出等指标；成本节约指标包括财政供养比、行政运行支出占比等行政运行指标，以及城市环卫公厕运维成本、道路清扫保洁成本等城市运行指标。规范管理指标包括依法理财、重大政策落实、预算编制、预算执行、预算绩效管理、审计监督等指标。运行成效指标包括基本公共服务保障、农业农村、科技创新、生态环境、经济发展、结构优化等成效指标。可持续性指标包括财政自给率、预算稳定调节基金占比、收入弹性、债务率、逾期率、风险防控能力等指标。

表5-1　　　　　　　　财政运行综合绩效指标模板

填报单位（盖章）：

联系人			联系电话		
一级预算部门数量			财政供养人员数量	在职、离休、退休人数	
				社会化用工人数（经人社部门批准的）	
				其他财政供养人员人数	
政府预算（万元，保留6位小数）	一般公共预算	税收收入		201-229功能科目支出	
		非税收入		转移性支出	
		债务收入		债务还本支出	
		转移性收入		债务付息支出	
		—		债务发行费用支出	
		合计		合计	
	政府性基金预算	非税收入		206-229功能科目支出	
		债务收入		转移性支出	
		转移性收入		债务还本支出	
		—		债务付息支出	
		—		债务发行费用支出	
		—		抗疫特别国债安排的支出	
		合计		合计	
	国有资本经营预算	非税收入		社会保障和就业支出	
		转移性收入		国有资本经营预算支出	
		—		转移性支出	
		合计		合计	
	社会保险基金预算	社会保险基金收入		社会保险基金支出	
		转移性收入		转移性支出	
		合计		合计	

续表

年度绩效目标	年初总体目标						

绩效指标	一级指标	二级指标	三级指标	指标值			指标值确定依据
				运算符号	值	度量单位	
	财政保障能力	财政收入	可用财力（万元）				
			*人均可用财力（元/人）				
			收入质量（%）				
			*转移支付依赖度（%）				
			房地产业收入依赖度（%）				
		财政支出	"三保"支出占比（%）				
			"其他刚性"支出占比（%）				
			*"城市发展"支出				
			政府债务支出				
	成本节约	行政运行	财政供养比（%）				
			行政运行支出占比（%）				
			人均行政成本（元/人）				
			编外人员占全部财政供养人员的比例（%）				
			"三公经费"支出占比（%）				
		城市运行	城市环卫公厕运维成本（元/座）				
			道路清扫保洁成本（元/平方米）				
			生活垃圾处理成本（元/吨）				

续表

绩效指标	成本节约	城市运行	园林绿化成本（元/平方米）				
			城市道路日常养护成本（元/平方米）				
			城市污水处理成本（元/吨）				
			农村污水处理（元/吨）				
	规范管理	依法理财	依法理财情况				
		重大政策落实	"三保"保障率（%）				
			减税降费目标完成率（%）				
		预算编制管理	*一般公共预算收入年初预算到位率（%）				
			*一般公共预算支出年初预算到位率（%）				
			*各类资源统筹目标达标率（%）				
			项目库管理覆盖率（%）				
			支出标准覆盖率（%）				
		预算执行	库款保障率（%）				
			暂付款项占比（%）				
			暂付款占比变动率（%）				
			直达资金支出进度				
			存量资金盘活率（%）				
			部门预算结余结转率（%）				
			政府采购信息公开情况				
		预算绩效管理	预算绩效标准体系建立情况				

续表

绩效指标	预算执行	预算绩效管理	事前绩效评估情况				
			事前绩效评估结果应用情况				
			绩效目标管理结果应用情况				
			绩效监控结果应用情况				
			绩效评价结果应用情况				
		审计监督	审计问题数量				
			审计问题整改率（%）				
	运行成效	基本公共服务保障成效	普惠性幼儿园覆盖率（%）				
			义务教育就近入学率（%）				
			城镇登记失业率（%）				
			城镇居民人均可支配收入增长率（%）				
			每千名常住人口养老床位数（张）				
			养老机构床位使用率（%）				
			*每万名老年人拥有养老护理员数（人）				
			*人均公共文化服务设施建筑面积（平方米）				
			残疾人基本康复服务覆盖率（%）				
		农业农村发展成效	粮食综合生产能力				
			农村居民人均可支配收入				
		科技创新发展成效	R&D经费投入强度				
			每万人发明专利授权量				

续表

绩效指标	运行成效	生态环境改善成效	空气质量优良天数比率（%）				
			PM2.5年平均浓度				
		经济发展成效	人均生产总值增长率（%）				
			全部工业增加值年均增速				
		结构优化成效	第三产业增加值比重（%）				
			单位地区生产总值能源消耗				
		社会公众满意度	社会公众对当地政府履职效能的满意程度				
	可持续性	财政收支压力	财政自给率（%）				
			预算稳定调节基金占比（%）				
		财政增收潜力	收入弹性				
		政府债务风险	债务率（%）				
			逾期率（%）				
			风险防控能力				

注：*号项指标，为分析指标不纳入打分。

（三）财政运行综合绩效目标管理主体

廊坊政府财政运行综合绩效目标管理主体包括各县（市、区）政府及其组成部门，即各县（市、区）人民政府、廊坊市开发区管委会、临空经济区（廊坊）管委会以及各县（市、区）财政部门、业务主管部门。其中，各县（市、区）政府主要负责本县（市、区）财政运行绩效目标管理总体工作，指导本县（市、区）财政部门、业务主管部门按要求开展财政运行绩效目标管理工作。各县（市、区）财政部门主要负责落实本县（市、区）政府总体要求，组织协调各业务主管部门按要求具体开展财政运行绩效目标管理工作。各县（市、区）业务主管部门主要负责会同本县（市、区）财政部门开展财政运行绩效目标管理工作。

（四）财政运行综合绩效目标管理流程

廊坊政府财政运行综合绩效目标管理是指各县（市、区）政府按要求编制并报送《县级政府财政运行综合绩效目标表》的过程，主要包括绩效目标设定及绩效目标审核备案的过程。

1.绩效目标设定

各县（市、区）在编制下一年度预算时，要根据市级编制预算总体要求和市重点工作部署、事业发展规划以及本县（市、区）重点工作计划，设置并报送绩效目标。报送的绩效目标应与县（市、区）年度重点工作高度相关，并且是具体的、可衡量的、一定时期内可实现的。

（1）财政运行综合绩效目标设置原则。一是，高度关联。绩效指标应指向明确，与支出方向、政策依据相关联，与县（市、区）事业发展规划相关，与总体绩效目标的内容直接关联。二是，重点突出。绩效指标涵盖政策目标、支出方向等内容，应选取能体现财政预算主要产出和核心效果的指标。三是，量化易评。绩效指标应细化、量化，具有明确的评价标准，绩效指标值一般对应已有统计数据，或在成本可控的前提下，通过统计、调查等方式便于获取的数据。确难以量化的，可采用定性表述，但应具有可衡量性。

（2）财政运行综合绩效目标的设置思路。第一步，确定财政运行综合绩效目标。在政府预算编制阶段，应明确政府年度工作总体目标。在此基础上，根据有关中长期工作规划、政府年度工作重点等，分析重点工作任务、需要解决的主要问题和相关财政支出的政策意图，研究明确财政运行的总体绩效目标，即总任务、总产出、总效益等。第二步，分解细化指标。分析、归纳总体绩效目标，明确完成的工作任务，将其分解成多个子目标，细化任务清单。根据任务内容，分析投入资源、开展活动、成本要求、产出内容、产出效果，设置绩效指标。第三步，设置指标值。绩效指标选定后，参考相关历史数据、行业标准、计划标准等，科学设定指标值。指标值的设定要在考虑可实现性的基础上，尽量从严、从高设定，以充分发挥绩效目标对预算编制执行的引导约束和控制作用。避免选用难以确定具体指标值、标准不明确或缺乏约束力的指标。第四步，加强指标衔接。强化绩效目标对绩效指标的统领性，绩效指标是绩效目标的细化和具体化，加强绩效目标与指标的有机衔接，确保绩效目标、指标相互匹配、相互支撑。

（3）财政运行综合绩效目标的设置程序。第一步，收集绩效目标填报所需资料。首先，明确所填写每一末级指标对应的支撑资料，在共性资料清单基础上形成本县（市、区）绩效目标填报资料清单。其次，分解资料清单至各预算部门。最后,各预算部门提交至财政部门汇总、审核。第二步,填报财政运行绩效目标。首先,各县(市、区)财政部门结合资料,填写"绩效目标填报工作底稿"中的保障能力、成本节约、运行成效、规范管理指标;其次,各县(市、区)财政部门完成"绩效目标填报工作底稿"汇总,并将工作底稿中汇总的数据填报至绩效目标表中。

2.绩效目标审核

廊坊市财政局负责对各县(市、区)报送的财政运行绩效目标进行相关性、适当性、可行性、完整性审核。主要采用定性审核的方式,形成"优、良、中、差"四个等级的审核结果。审核结果为中、差的,需由各县(市、区)政府进行修改、完善,并按程序重新报送审核,直至审核结果为优、良。

绩效目标审核主要包括以下四个方面内容:一是,相关性。财政预算执行是否有利于落实县(市、区)中长期发展规划、发展定位及年度工作计划,绩效目标及其指标是否与县(市、区)财政运行支出内容、现实需求相关。二是,适当性。绩效目标与本县(市、区)重点工作任务数、计划数是否匹配、对应,财政预算与绩效目标之间是否匹配,绩效目标、指标设置是否过高或过低。三是,可行性。财政资源配置是否具有或符合政策依据、支出标准,是否与财政运行绩效目标内容相一致,分配结果是否与财政资源配置计划一致,财政运行成本是否有效控制、运行成本是否过高,财政资源分配是否充分考虑财政可承受能力、运行风险等因素。四是,完整性。绩效目标是否全面、明确、量化,绩效指标与绩效目标是否高度相关,绩效目标内容与材料是否完整。

三、财政运行综合绩效目标管理案例

2021—2023年,廊坊市财政局指导12个县(市、区)制定了各县(市、区)财政运行综合绩效目标表。以某县为例,在接到绩效目标填报通知后,由县财政局协同县发改委、教体局、水利局、农业局等部门共同完成绩效目标填报工作,填报的绩效目标表如表5-2所示。

表5-2 某县财政运行绩效指标（以2023年度为例）

填报单位（盖章）：县人民政府

填报人				联系电话		
联系人						
一级预算部门数量			—			—
财政供养人员数量				在职、离休、退休人数		—
				社会化用工人数（经人社部门批准的）		—
				其他财政供养人员人数		—
政府预算（万元，保留6位小数）	一般公共预算	税收收入	—	201-229功能科目支出		—
		非税收入	—	转移性支出		—
		债务收入	—	债务还本支出		—
		转移性收入	—	债务付息支出		—
		—	—	债务发行费用支出		—
		合计	—	合计		—
	政府性基金预算	非税收入	—	206-229功能科目支出		—
		债务收入	—	转移性支出		—
		转移性收入	—	债务还本支出		—
		—	—	债务付息支出		—
		—	—	债务发行费用支出		—
		—	—	抗疫特别国债安排的支出		—
		—	—	社会保障和就业支出		—
		合计	—	合计		—
	国有资本经营预算	非税收入	—	国有资本经营预算支出		—
		转移性收入	—	转移性支出		—
		合计	—	合计		—

续表

政府预算（万元，保留6位小数）	社会保险基金预算	社会保险基金收入	转移性收入	—
			合计	—
		社会保险基金支出	转移性支出	—
			合计	—

年初总体目标	—

年度绩效目标	—

绩效指标

一级指标	二级指标	三级指标	绩效指标描述	指标值			指标值确定依据
				运算符号	值	度量单位	
财政保障能力	财政收入	可用财力	各县（市、区）预算年度可动用的财力及较上年度变化情况，采用动态与静态相结合的方式进行评分	≥	—	万元	结合上年财力水平、当前经济发展水平以及当前执行的财政体制综合测算
		人均可用财力	各县（市、区）预算年度可动用的人均财力	≥	—	元/人	根据可用财力和常住人口测算
		收入质量	税收收入占一般公共预算收入比率，采用静态与动态相结合的方式进行评分	≥	72.81	%	结合上年税收收入及当前经济发展水平综合测算
		转移支付依赖度	转移支付收入占一般公共预算支出的比率	≤	5.59	%	结合年初预算转移支付收入体量及年初预算支出水平综合测算

续表

		绩效指标				
财政保障能力	财政收入	房地产业收入依赖度	房地产行业收入占一般公共预算年收入比例	≤	49.36	%	依据年初预算收入水平综合测算
		"三保"支出占比	"保运转""保工资""保基本民生"支出总和占一般公共预算本年支出的比率	≤	28.45	%	结合上年财力水平、当前经济发展水平以及当前执行的财政体制综合测算
	财政支出	"其他刚性"支出占比	剔除"三保"的其他刚性支出占一般公共预算支出比重	≤	39.71	%	结合上年财力水平、当前经济发展水平以及当前执行的财政体制综合测算
		"城市发展"支出	=固定资产投资支出占比(%)×50%+经济发展支出占比(%)×50%	≥	4.48	%	根据上年支出情况及当年重点工作测算
		政府债务支出	=债务付息支出占比(%)×50%+债务还本支出占比(%)×50%	≤	1.53	%	根据上年支出情况及当年债务情况测算
		财政供养比	指年末常住人口与当年财政供养人口的比值,采用动态与静态相结合的方式进行评分	≥	39.21	%	根据年末常住人口和当年财政供养人口数测算
成本节约	行政运行	行政运行支出占比	各类管理事务支出和一般公共服务支出合计占该区一般公共预算支出的比例	≤	17.07	%	结合上年财力水平,各类管理事务支出和一般公共服务支出的总计占该区一般公共预算支出的比例

续表

绩效指标	成本节约	行政运行	人均行政成本	各类管理事务支出和一般公共服务支出的总计分摊到该区县每个财政供养人员的支出人员数，采用静态与动态相结合的方式进行分析	≤	—	元/人	根据行政运行支出和供养人员数量测算
			编外人员占全部财政供养人员的比例	各县（市、区）编外人员占全部财政供养人员的百分比	≤	19.40	%	根据编外人员和财政供养人员数量测算
			"三公经费"支出占比	［公务用车购置费＋公车运行经费＋公务接待费＋因公出国（境）费］／一般公共预算支出	≤	0.45	%	根据三公经费和一般公共预算支出测算
		城市运行	城市环卫公厕运维成本	指城市环卫公厕的平均运维成本，采用静态与动态相结合的方式进行评分	≤	—	元/座	根据城市环卫公厕费用测算
			道路清扫保洁成本	指每平方米道路清扫保洁的平均成本，采用静态与动态相结合的方式进行评分	≤	—	元/平方米	根据清扫保洁费用及每平方米道路清扫保洁的平均成本
			生活垃圾处理成本	指每吨垃圾的平均处理成本，采用静态与动态相结合的方式进行评分	≤	—	元/吨	根据生活垃圾费用及预计垃圾数量测算
			园林绿化成本	指每平方米园林绿化养护的平均成本，采用静态与动态相结合的方式进行评分	≤	—	元/平方米	根据园林绿化费用及绿化面积测算
			城市道路日常养护成本	指每平方米城市道路养护的平均成本，采用静态与动态相结合的方式进行评分	≤	—	元/平方米	根据道路养护费用及养护面积测算
			城市污水处理成本	指每吨城市污水处理的平均成本，采用静态与动态相结合的方式进行分析	≤	—	元/吨	根据城市污水费用及污水处理量测算

续表

		指标	说明	方向	值	单位	备注
成本节约	城市运行	农村污水处理	指每吨农村污水处理平均成本，采用静态与动态相结合的方式进行分析	≤	—	元/吨	遵守各项制度
规范管理	依法理财	依法理财情况	各县（市、区）应用政府绩效行政考核结果。指遵守财政管理法律、法规，政策和各项制度的情况	定性指标	遵守各项制度	—	遵守各项制度
	重大政策落实	"三保"保障率	主要考核各县（市、区）保基本民生、保工资、保运转等财政保障落实情况	≥	100	%	根据三保预算安排与地方标准需求数测算
		减税降费目标完成率	核各县（市、区）落实增值税期末留抵退税政策相关工作情况	≥	100	%	根据国家政策标准
		一般公共预算收入年初预算到位率	以一般公共预算收入到位率为对象，评价预算编制水平	≥	100	%	根据一般公共预算年初预算收入到位情况测算
		一般公共预算支出年初预算到位率	以一般公共预算支出到位率为对象，评价预算编制水平	≥	100	%	根据一般公共预算年初预算支出到位情况测算
	预算编制管理	各类资源统筹目标达标率	主要考核各县（市、区）推进财政资金统筹情况	≥	100	%	根据财政资金统筹测算
		项目库管理覆盖率	主要考核各县（市、区）部门预算编制，项目全生命周期管理的情况	≥	100	%	根据项目库管理情况确定
		支出标准覆盖率	主要考核各县（市、区）基本公共服务支出标准体系建设，基本公共服务保障地区标准备案等情况	≥	100	%	根据支出标准体系建设，基本公共服务保障地区标准备案等情况
	预算执行	库款保障率	主要考核该县（市、区）国库库款保障水平是否偏低	≥	1.1	%	根据上年收入情况及当年重点工作测算

绩效指标

续表

绩效指标						
规范管理	预算执行	暂付款项占比	主要考核各县（市、区）压缩财政暂付款项变动的情况。计算公式：财政暂付款项占一般公共预算支出决算数的比重	≤	0	%	根据上年收入情况及当年重点工作测算
		暂付款占比变动率	主要考核各县（市、区）部门清理压缩暂付款存量资金的情况。计算公式：（当年暂付款项占比－上年暂付款项占比）/上年暂付款项占比	≥	0	%	根据上年收入情况及当年重点工作测算
		直达资金支出进度	主要考核各县（市、区）直达资金使用等有关情况	≥	88	%	根据上年收入情况及当年重点工作测算
		存量资金盘活率	主要考核各县（市、区）清理压缩财政存量资金的情况	≥	80	%	根据财政存量资金使用情况确定
		部门预算结余结转率	主要考核各县（市、区）部门清理压缩财政存量资金的情况	≤	5	%	根据上级资金结转情况确定
		政府采购信息公开率	主要考核各县（市、区）推进政府采购信息公开情况	=	100	%	国家标准
	预算绩效管理	预算绩效标准体系建立情况	主要考核各县（市、区）推进预算绩效指标体系建设情况	=	100	%	工作方案
		事前绩效评估情况	主要考核各县（市、区）组织预算部门和财政部门开展事前绩效评估工作情况	=	100	%	工作方案
		事前绩效评估结果应用情况	主要考核事前绩效评估结果应用有关情况	=	100	%	工作方案
		绩效目标管理结果应用情况	主要考核绩效目标管理结果应用有关情况	=	100	%	工作方案

续表

规范管理	预算绩效管理	绩效监控结果应用情况	主要考核应用绩效运行监控结果有关情况	=	100	%	工作方案
		绩效评价结果应用情况	主要考核应用绩效评价结果有关情况	=	100	%	工作方案
	审计监督	审计问题数量	预计当年审计发现的问题个数	=	0	个	按预测情况填报
		审计问题整改率	审计发现问题已整改数量/审计发现问题总数	=	100	%	按预测情况填报
运行成效	基本公共服务保障成效	普惠性幼儿园覆盖率	反映公办幼儿园和普惠性民办幼儿园在园（班）幼儿数之和占在园（班）幼儿总数的百分比	≥	82	%	根据上年支出情况及当年重点工作测算
		义务教育就近入学率	反映在义务教育阶段入学就近入学寄宿人学生数占公办寄宿人学生总数的比例	≥	100	%	根据上年支出情况及当年重点工作测算
		城镇登记失业率	反映在报告期末城镇登记失业人员占期末实有城镇登记失业人员总数之和的比率	≥	1.67	%	根据在年现状及当年工作任务确定
		城镇居民人均可支配收入增长率	反映与上一年度相比，城镇居民人均可支配收入增加的比率	≥	5	%	根据上年支出情况及当年重点工作测算
		每千名常住人口养老床位数	指每千名常住人口平均拥有的养老机构、社区养老服务驿站和家庭养老床位数	≥	—	张	根据上年情况及当年重点工作预测
		养老机构床位使用率	指养老机构实际使用床位（包括各类包房所占据的床位）与年末实有床位的比率	≥	55	%	根据上年情况及当年重点工作预测
		每万名老年人拥有养老护理员数	指每万名常住老年人平均拥有的在养老机构、社区养老服务驿站和家庭养老床位中从事养老护理工作的人员数	≥	—	人	根据上年情况及当年重点工作预测

绩效指标

续表

绩效指标	一级指标	二级指标	三级指标	指标解释	符号	数值	单位	备注
	运行成效	基本公共服务保障成效	人均公共文化服务设施建筑面积	成效：人均公共文化服务设施建筑面积=公共文化服务设施建筑面积/常住人口数	≥	—	平方米	人均公共文化服务设施建筑面积=公共文化服务设施建筑面积/常住人口数
			残疾人基本康复服务覆盖率	基本公共服务中残疾人基本公共服务成效	≥	2.79	%	根据上年支出情况及当年重点工作测算
		农业农村发展成效	粮食综合生产能力	稳定达到一定产量的粮食产出能力	≥	—	吨	
			农村居民人均可支配收入	本年人均可支配收入	≥	—	万元	根据上年情况及当年重点工作预测
		科技创新发展成效	R&D经费投入强度	R&D经费支出与GDP（地区生产总值）之比	≥	—	%	根据上年情况及当年重点工作预测
			每万人发明专利授权量	发明专利授权数量/常住人口	≥	1	个	根据上年情况及当年重点工作预测
		生态环境改善成效	空气质量优良天数比率	空气质量优良的天数/全年总天数	≥	72.88	%	根据上年情况及当年重点工作预测
			PM2.5年平均浓度	直径小于或等于2.5μm的尘埃或飘尘在环境空气中的年平均浓度	≤	—	$\mu g/m^3$	根据上年情况及当年重点工作预测
		经济发展成效	人均生产总值增长率	（本年人均生产总值-上年人均生产总值）/上年人均生产总值，其中：人均生产总值=地区生产总值/常住人口	≥	6.5	%	根据上年情况及当年重点工作预测
			全部工业增加值年均增速	工业增加值是工业企业全部生产活动的总成果扣除了在生产过程中消耗或转移的物质产品和劳务价值后的余额	≥	5	%	根据上年情况及当年重点工作预测
		结构优化成效	第三产业增加值比重	第三产业占GDP总量的比重	≥	73	%	根据上年情况及当年重点工作预测

续表

绩效指标							
运行成效	结构优化成效	单位地区生产总值能源消耗	单位地区生产总值能耗降低率	≥	80	%	根据上年情况及当年重点工作预测
运行成效	社会公众满意度	社会公众对当地政府履职效能的满意程度	社会公众对地方政府提升人民获得感、幸福感、安全感的满意程度	≥	90	%	根据上年情况及当年重点工作预测
可持续性	财政收支压力	一般公共预算财政自给率	一般公共预算财政自给率=一般公共预算本年收入/一般公共预算本年支出	≥	90	%	根据上年情况及当年重点工作预测
可持续性		政府性基金预算财政自给率	政府性基金预算财政自给率=政府性基金预算本年收入/政府性基金预算本年支出	≥	90	%	根据上年情况及当年重点工作预测
可持续性		预算稳定调节基金占比	预算稳定调节基金占比=预算稳定调节基金存量/一般公共预算本年支出	≥	5	%	根据上年情况及当年重点工作预测
可持续性	财政增收潜力	财政收入弹性	财政收入弹性=(当年一般公共预算收入-上年一般公共预算收入)/(当年GDP-上年GDP)	≥	40	%	根据上年情况及当年重点工作预测
可持续性		税收收入弹性	税收收入弹性=(当年一般公共预算中税收收入-上年一般公共预算中税收收入)/(当年GDP-上年GDP)	≥	20	%	根据上年情况及当年重点工作预测
可持续性	政府债务风险	债务率	债务率=年末本级政府债务余额/可用财力	≤	60	%	根据上年情况及当年重点工作预测
可持续性		逾期率	债务逾期率=债务逾期余额/债务余额	=	0	%	根据上年情况及当年重点工作预测
可持续性		风险防控能力	当年全部PPP项目安排的支出责任占一般公共预算支出比例	≤	10	%	根据上年情况及当年重点工作预测

第三节 廊坊市财政运行综合绩效评价支撑财政管理改革

政府财政运行综合绩效评价是提高行政效能、降低行政成本、促进政府职能转变、建设人民满意服务型政府的重要手段，是推进国家治理体系和治理能力现代化的有效途径。作为政府绩效管理的组成部分，廊坊市财政运行综合绩效评价通过检查问题、提供"药方"，从收入、支出、管理等方面为财政管理改革提供有效支撑。

一、进一步完善收入改革制度

通过财政运行综合绩效评价中"财政收入"指标，可挖掘地方政府收入结构、收入质量、主导产业管理等方面存在的问题，为后续地方政府完善收入制度改革提供支撑，有助于地方政府强化财源培育和建设，提高收入质量与财力保障水平，增强财政可持续性。廊坊2021—2022年县级政府财政运行综合绩效评价发现"廊坊总体可用财力下降，部分县（市、区）政府性基金预算可用财力降幅较大""财政收入和税源结构不合理，财政收入质量不高"等问题，结合存在的问题提出了"优化房地产开发战略定位，夯实财政增收基础"的建议，为廊坊各县（市、区）完善收入改革制度提供了支撑（见专栏5-7）。

▶ **专栏5-7** "优化房地产开发战略定位，夯实财政增收基础"具体建议

在县（市、区）对房地产依赖度较高的形势下，以房地产行业为切入点，通过提高房产品质满足区域改善性需求、高品质产品需求，加大土地出让力度，在强化品质要求的基础上放开销售价格，通过区域规划、提升区域价值和土地价值，形成正向循环，为财政增收提供有效助力。同时，结合地区中长期规划，规划好功能定位，优化财源结构，培育新的增长点，发展高端技术产业，涵养税源，增强财政可持续性，加强征收，化解风险。找出破解可持续增长偏弱的局面，尽快制定财政收入结构、质量优化方案并推动实施，逐步减少房地产依赖。发挥财政扶持产业发展政策，涵养财源建设，同时完善对各个具有非税收入征缴职责部门的工作协调机制，依法依规开展非税收入收支管理，避免盲目下达收入指标，提高收入质量与财力保障水平。

二、促进支出结构优化

通过财政运行综合绩效评价中"财政支出"指标，可挖掘地方政府支出结构存在的问题，为地方政府持续深化预算管理制度改革提供支撑，有助于提升地方政府行政效率、管理效率和资金效率。廊坊2021—2022年县级政府财政运行综合绩效评价发现"受可用财力下滑影响，部分县（市、区）一般公共预算和政府性基金预算支出总量下降较大，收支矛盾进一步凸显""三保支出得到基本保障，但用于经济发展、城市发展等发展潜力的支出占比较小""部分县（市、区）财政供养人员数量多，运行成本较高"等问题，结合存在的问题提出了"优化支出结构，完善制度建设，提高资金配置效率""完善支出标准体系建设，提高成本可控性"的建议，为廊坊各县（市、区）进一步优化支出结构提供了支撑（见专栏5-8）。

▶ **专栏5-8** "优化支出结构"相关建议

1.优化支出结构，完善制度建设，提高资金配置效率。 科学评估综合成本与绩效，找准差距和短板，通过完善制度建设、标准建设和体制机制

创新措施，提升预算管理的规范性、资金使用安全性。在化减存量、优化增量的原则下，提高财政资金的配置效率、使用效率和管理效率。一是，优化支出结构，合理配置公共资源，兼顾更长远的有利于生产力发展的科技水平的提高，实现保民生、保运转与求发展之间的协同发展，提高自身财政平衡能力。二是，以"十四五"规划为指引，加强预算管理，完善制度建设，坚持过紧日子，盘活财政存量资金，加强支出进度考核及暂付款管理，提高资金配置效率。

2.完善支出标准体系建设，提高成本可控性。一是，从行政成本、城市管理成本、重大投资和项目成本等方面加强成本管控，健全事前评估、预算评审、招投标采购、结算评审等成本控制措施，完善运行支出标准，合理范围内压减行政成本。二是，梳理财政供养人员的合法合规性，对财政供养人员结构进行细化分解，严格财政供养人员管理。三是，建立项目库制度，针对重点项目建立好能真正反映投入、产出、效益的绩效指标体系。四是，进一步建立健全财政收入支出一体化管理的各项标准体系。总结各县（市、区）开展的不同领域、不同行业支出标准体系建设的经验做法，继续探索城市公用事业领域预算补贴标准体系以及刚性支出、一般性支出、基本公共服务均等化支出等支出标准、保障标准，逐步形成与财力匹配、尽力而为、量力而行的基本服务保障体系。

三、深化财政管理改革

通过财政运行综合绩效评价中"财政管理"指标，可挖掘地方政府在预算管理、绩效管理等方面存在的问题，为后续建立规范的地方财政管理改革体系提供支撑，有助于地方政府树立绩效预算理念，系统提升财政资金使用综合成效。廊坊2021—2022年县级政府财政运行综合绩效评价发现"年初预算到位率、调整率较高，预算编制偏'虚'""个别县（市、区）预算绩效管理覆盖率较小，数据统计、审计等工作时效性有待加强"等问题。结合存在的问题提出了"树立绩效预算理念，做好常态化'体检'，系统提升财政资金使用综合成效"的建议，为廊坊各县（市、区）进一步强化财政管理改革提供了支撑（见专栏5-9）。

▶ **专栏5-9　"深化财政管理改革"相关建议**

在经济下行压力持续加大、财政收入增速明显放缓，以及大规模减税降费和政府过"紧日子"的背景下，在推进全面预算绩效管理的基础上，树立绩效预算理念，围绕政府行政目标和部门职责做好预算分配、执行、监督各环节的管理。同时，做好常态化"体检"，积极推进县级政府财政运行综合绩效自评与再评价工作，提高政府预算综合成效。

四、提高财政运行成效

通过财政运行综合绩效评价中"财政运行成效"指标，可挖掘地方政府财政调控和收入分配成效方面存在的问题，为后续建立规范的地方政府财政调控管理体系、优化财政管理制度改革提供支撑，有助于地方政府增强综合统筹谋划和可持续发展的协调力度，提高财政公共服务水平。廊坊2021—2022年县级政府财政运行综合绩效评价发现"部分县（市、区）财政运行成效指标未达预期""部分县（市、区）基本公共服务均等化实现不足"等问题，结合存在的问题提出了"强化财政预算中期规划编制与谋划，增强综合统筹和可持续发展的协调力度"的建议，为廊坊各县（市、区）进一步提高财政运行成效提供了支撑（见专栏5-10）。

▶ **专栏5-10　"增强综合统筹和可持续发展的协调力度"具体建议**

加大财政中长期规划的统筹力度，健全跨年度预算平衡机制，合理控制预算稳定调节基金规模，提高财政综合统筹协调能力。一是，探索建立绩效预算系统方案和举措，提升综合统筹谋划和可持续发展的协调力度，系统分析地区经济发展和公共服务现实需求，精准确定社会发展短板，并以此为依据优化财政投入整体预算规划。二是，树立大财政理念，将财政收支能力建设置于本区域经济发展、产业升级、环境与人口社会结构大变化的总体框架下，以提质增效为前置条件，优化财源结构、支出结构、债务结构，扩大财政收入与支出的乘数效应，挖掘经济对财政贡献度。三是，建议加大资金调度和收支统管力度，合理控制预算稳定调节基金规模，盘活财政存量资金。

五、防控债务风险

通过财政运行综合绩效评价中"债务"指标，可挖掘地方政府债务管理方面存在的问题，为后续建立规范的地方政府债券风险防控体系、优化债务管理制度改革提供支撑，有助于地方政府统筹发展和安全、增强财政可持续性、提升政府治理体系和治理能力现代化水平。廊坊2021—2022年县级政府财政运行综合绩效评价发现"廊坊市所辖县（市、区）新增债务规模超百亿元，债务压力持续增大"等问题，结合存在的问题提出了"科学安排债务资金结构，确保债务成本和收益平衡"的建议，为廊坊各县（市、区）进一步防范债务风险提供了支撑（见专栏5-11）。

> **专栏5-11 "防控债务风险"相关建议**
>
> 科学安排债务资金结构，控制债务发、用、管、还各环节的风险，严控过度扩张和延伸现有预算收支盘子，适度控制新增专项债券和再融资专项债券举债规模。强化财政承受能力评估和新增债券事前评估，对代发行债券进行论证，强化专项债项目管理和借用管还全周期的绩效管理，加强专项债风险监测与评估。做好专项债项目设计及监控，提高专项债收益偿还能力，提高债券项目绩效，确保债务成本和收益平衡。同时，加强金融市场监督，积极开展企业债务风险化解处置工作，在财政与金融市场间完善"防火墙"，避免风险在财政体系与金融市场间的转移与转化。

六、增强区域财政发展系统性

财政运行绩效管理改革是推动政府治理体系和治理能力现代化的重要内容，也是实现高质量发展的重要保障。在新发展阶段，要更加注重系统性、统筹性，从全局和系统视角，统筹好财政收入与支出、政策与资金、发展与安全等重大关系，提高财政资源配置效率和资金使用效益，增强财政可持续性和风险防范能力。对财政运行评价的问题分析和政策建议，也要注重系统性和统筹性，既要立足当前，又要着眼长远，既要分析财政运行的内在规律，又要关注财政运行对经济社会发展的影响，提出符合实际、有针对性、可操作性的政策建议（见专栏5-12）。

> **专栏5-12 "增强区域财政发展系统性"相关建议**
>
> 廊坊市2022—2023年县级政府财政运行综合绩效评价在过去一年的工作基础上，更加注重从全局和系统的视角，考虑廊坊市财政发展与经济社会发展、区域协调发展、风险防范等方面的关系和互动，提出了具有针对性和可操作性的政策建议，为廊坊市财政发展提供了有力支撑。
>
> 短期方面，评价指出了廊坊市财政收支矛盾较为激烈的现状，分析了区县公共服务支出呈现"碎片化"和"低效化"的倾向，建议建立统一的、分层级的公共服务财政支出标准，提高财政资金的使用效率和公平性，进一步适应深入构建高质量发展格局，实现基本公共服务均等化，满足人民群众的多层次需求。中长期方面，评价提出了建立现代化财政体系，实现财政可持续发展的目标，提出了"提力、增效、促增长"建议，分别从提升区县可用财力、提高投入产出效率、服务和落实区域发展战略三个方面，提出了改革措施，指出用发展来"拉平"问题，避免短期矛盾长期延续，促进区域协调发展。风险防范方面，评价指出了廊坊市存在的债务风险和房地产风险，提出了系统防范债务风险和监控土地财政依赖度的建议，维护财政稳健运行，防止房地产风险财政化。

总体来看，按照"以评促管、以评促改、以评促建"的原则，廊坊市初步构建政府财政运行综合绩效管理体系，基本实现全市各县（市、区）综合运行绩效评价全覆盖。同时，正在进一步研究如何通过信息化等手段进一步提高财政综合运行绩效跟踪或监测和评价效率，并将财政运行综合绩效结果运用到预算管理以及成本定额标准、财政支出标准和公共服务标准中，倒逼各县（市、区）财政整体绩效提升，强化绩效考核引导激励作用。

第六章
重大政策和项目预算绩效管理嵌入政府治理"大循环"

我国正处于社会转型、体制转轨的关键时期，重大政策和项目决策科学性和实施有效性直接关系到国家战略目标的达成以及经济社会的稳定发展。全面实施重大政策和项目预算绩效管理，有助于确保财政资金使用提质增效，发挥财政在国家治理中的基础和重要支柱作用，具有十分重要的理论意义和现实价值。本章通过论述近年来河北省廊坊市重大政策和项目预算绩效管理实践，分析重大政策和项目全过程预算绩效管理嵌入政府治理"大循环"的思路和成效，总结其提升政府治理能力的路径和方法。

第一节 廊坊市重大政策和项目预算绩效管理的背景与演变

全面实施重大政策和项目预算绩效管理是推进国家治理体系和治理能力现代化的内在要求,是深化财税体制改革、建立现代财政制度的重要内容,是优化财政资源配置的关键举措。廊坊市为了解决财政资金使用效益不显著、政策性项目评价标准不完善、财政管理与政府治理不衔接等问题,积极推进重大政策和项目预算绩效管理改革。

一、廊坊市重大政策和项目预算绩效管理的开展背景

2018年,《中共中央 国务院关于全面实施预算绩效管理的意见》(中发〔2018〕34号)要求各部门各单位要结合预算评审、项目审批等,对新出台重大政策、项目开展事前绩效评估,重点论证立项必要性、投入经济性、绩效目标合理性、实施方案可行性、筹资合规性等,投资主管部门要加强基建投资绩效评估,评估结果作为申请预算的必备要件。为贯彻落实党中央、国务院重大战略部署,河北省委、省政府印发《中共河北省委 河北省人民政府关于全面实施预算绩效管理的实施意见》(冀发〔2018〕54号)要求将政策和项目全面纳入绩效管理,从数量、质量、时效、成本、效益等方面,综合衡量政策和项目预算资金使用效果。在此背景下,廊坊市持续重点关注并积极落实重大政策和项目的预算绩效管理,主要解决问题包括以下三部分。

（一）财政资金使用效益不够显著

随着经济增速放缓、收支矛盾加剧等问题逐渐凸显，廊坊市财政进入"紧平衡"状态，面临着财政资金提质增效和开源节流的双重压力，但部分预算部门绩效意识还比较薄弱，"重投入、轻管理、少问效"的情况没有彻底改变，个别部门争项目、争指标、盲目"上马"搞建设的现象依然存在。

从预算资金使用情况来看：一方面，各部门申报的预算项目呈现数量多、金额大、周期短的特点；另一方面，项目预算分配普遍缺乏充分的科学依据，预算编制的科学性和精准性有待提高。由于项目的实施背景、政策依据、资金投入和预期效益等情况较为复杂，项目设立必要性、投入经济性、绩效目标合理性、实施方案可行性、筹资合规性等论证不够充分，项目管理中存在申报重复、现实需求不迫切、经济社会效益不明显等问题，甚至还存在执行进度缓慢、财政资金沉淀等困境，如何提高项目资金的配置效率和使用效益是廊坊市亟待解决的问题。

（二）政策性项目评价标准不完善

政策性项目是落实国家特定产业或社会政策目标、意图的项目，如高技术产业开发项目、基础设施开发项目、农业技术进步与发展项目等。和普通项目相比，这些项目一般都具有周期长、贷款风险大、成本高及收益低等特点，需要采取和普通项目不同的评价标准。廊坊市在预算绩效管理改革之初，政策和项目的评价标准采用同一套标准，无法全面反映政策的真实效益。

为此，廊坊市逐渐探索新的评价标准，以适应政策性项目的不同特点。一般项目的评价标准则以"成本效益分析"为核心，重点关注财政支出是否取得了最大的经济效益。政策性项目的评价标准以"目标达成度"为核心，重点关注财政支出是否达到预期的目标。

（三）财政管理与政府治理不衔接

从财税体制改革的进程来看，预算绩效管理改革前，廊坊市财政管理在一定程度上与政府治理连接不够紧密，局限在财政部门的"小循环"，存在预算编制不规范、预算软约束问题突出、财政资金绩效较低、预算透明度不高等问题，不利于政府治理体系建设和治理能力的提升。廊坊市预算绩效管理改革着力将绩效理念融入政府治理的每一个单元，融入资金流向的每一根血管末梢，以重大政策和项目预算绩效管理改革为抓手，将财政管理的"小循环"纳入政府治理的"大循环"（见专栏6-1）。

> **专栏6-1　廊坊市关于重大政策和项目预算绩效管理现状的访谈**

重大政策和项目预算绩效管理实施之初,面临着标准不统一的困境。廊坊市财政局绩效科工作人员表示:"省级政策因为会惠及全省各地,因此一个政策下设有多个项目。但就廊坊实际而言,可能一个政策就对应一个项目。这种情况,我们到底是按政策标准来评,关注政策设定的目的,还是按项目标准来评,关注项目投入、产出、效果等?这是我们仍然会面临的难题。目前,各业务部门的项目和政策本身是闭环管理的。我们财政部门的目标就是给他们'上手段',无论是通过评估还是评价,其实我们都是在进入他们的闭环,通过提高他们的绩效,来提高政府的治理能力。"

在谈及廊坊市卫生健康委员会负责的医药卫生体制改革专项资金项目的预算绩效管理实践时,廊坊市财政局工作人员表示,"(该项目)在实施过程中存在以下三个问题:一是,项目投入方面。对医改项目缺乏顶层设计及明确的管理制度和体系,补贴性质、内容和范围不明确。二是,项目管理方面。财务监管跟踪有待提高,部分项目承担单位预算执行率偏低;会计核算不规范,个别项目资金由项目单位基本户支付,且未单独设置科目对财政专项资金进行单独核算;项目支出审批手续不完善,个别单位采购进口设备,未按要求履行开展政府采购进口产品论证和备案。三是,项目效果方面,满意度调查资料缺失,并且项目实施前后的效果对比呈现不够充分等。"

廊坊市事后绩效评价的目的在于提出相关政策建议,通过总结经验,进一步强化部门的预算绩效管理意识。"绩效评价之后,我们就建议廊坊市卫生健康委员会要统筹谋划好长远的制度体系,从顶层设计层面对项目实施进行统筹管理,制定合理科学的实施方案,从根本上破除公立医院的逐利机制,落实公立医院的导向责任、保障责任、管理责任和监督责任;要有效发挥市场机制的作用,建立起维护公益性、调动积极性、保障可持续运行的新机制;要建立健全专项资金管理办法,强化对于专项资金单独核算、预算执行刚性约束的要求等。"

二、廊坊市重大政策和项目预算绩效管理的发展历程

（一）年度项目支出绩效评价阶段（2011—2017年）

2011年，为进一步加强预算绩效管理，提高财政资金使用效益，廊坊市出台《廊坊市人民政府关于印发廊坊市推进预算绩效管理指导意见的通知》，要求各预算部门和单位需要结合项目年初确定的绩效目标和预算金额，制定《廊坊市财政支出项目绩效目标申报表》，廊坊市财政局根据需要采取现场勘察、询查、复核等方式，定期对部门项目的绩效目标运行情况进行跟踪管理和监督检查，及时掌握绩效目标进展、资金支出进度、项目实施情况。

2015年，廊坊市制定《2015年预算绩效管理工作方案》（廊财绩〔2015〕1号）和《关于开展财政支出绩效评价工作的通知》（廊财绩〔2015〕3号），对2014年预算执行完毕的发展性项目开展绩效评价。这是廊坊市首次开展项目绩效评价工作，也是廊坊市重大政策和项目预算绩效管理的开端。绩效评价采取部门自评和财政重点评价相结合的方式，各预算部门和单位需要成立绩效评价工作小组，设计评价指标体系，制定评价方案，收集评价资料，组织现场勘察，综合分析评价，重点评价项目资金的执行情况、产出和结果的效益情况及绩效目标的实现程度；在各预算部门和单位绩效自评的基础上，廊坊市财政局对部分重大项目开展重点绩效评价，主要围绕"三农"、教育、社会保障、节能环保、产业结构转型升级等领域。

为进一步规范市级预算支出绩效评价工作，2015年9月，廊坊市财政局制定了《廊坊市市级预算支出绩效评价管理办法（试行）》（廊财绩〔2015〕5号），从绩效评价职责分工、绩效评价对象和内容、绩效评价方法、绩效评价报告、绩效评价工作程序和绩效评价结果及应用等方面提出工作要求。

在这一阶段，廊坊市形成了项目绩效评价的早期规范，制定了绩效评价的流程和指标体系，为后期廊坊市重大政策和项目预算绩效管理的发展奠定了基础，但仍存在未区分政策和项目，预算绩效管理环节相互独立，未形成全过程闭环等局限性。

（二）跨年度项目支出绩效评价阶段（2018—2019年）

2018年，为深入贯彻落实《河北省人民政府关于深化绩效预算管理改革的意见》（冀政〔2014〕5号）文件精神，廊坊市财政局对重点投入领域政策和项目开展跨年度财政支出绩效评价，考核专项资金支出的综合效果。廊坊市先后对2015—2017年度廊坊市工业发展专项资金项目、美丽乡村建设专项资金项目、造林绿化

财政投入政策等政策和项目进行了绩效评价。

在这一阶段，廊坊市从注重单个项目单一年度的绩效评价，转向跨年度绩效评价，为中长期财政规划、重大专项规划的实施提供支撑。通过跨年度的绩效评价，廊坊市精准定位财政资金使用和执行，提高了财政资金使用绩效（见专栏6-2）。

▶ 专栏6-2　廊坊市关于政策和项目跨年度绩效评价的访谈

> 廊坊市财政局绩效科工作人员表示："当时，我们围绕几个重点领域开展了三年的绩效评价，这个评价效果非常好。以美丽乡村建设项目为例，我们评价后发现这个项目节余了很多资金，各县将这些资金进行了结转，收回政府财政配置资金。结果就导致钱下去了，事没干成的现象。"

（三）政策和项目全过程预算绩效管理阶段（2019年至今）

《中共中央 国务院关于全面实施预算绩效管理的意见》（中发〔2018〕34号）印发以来，廊坊市持续重点关注并积极落实重大政策和项目的预算绩效管理。2019年，廊坊市财政局开展市直部门（单位）绩效自评工作，要求各部门组织本部门及所属单位对照年初设定的绩效目标，及时对政策和项目资金支出的经济性、效率性、效益性以及绩效目标的实现程度进行自评。同年，廊坊市财政局构建政策性专项项目库，以开展政策性专项项目预算绩效管理工作为切入点，围绕政策性专项项目的预算编制、绩效指标体系构建、绩效评估评价等方面开展工作，将政策和项目进行区分，并形成不同的评价标准和流程。2020年，廊坊市在项目绩效评价的经验基础上开展重大政策绩效评价，梳理当年仍在执行中的和往年已执行完毕的政策目录清单，选择其中连续执行3年以上的市本级出台的重大政策开展重点绩效评价。

2021年11月，廊坊市财政局印发《廊坊市市级政策和项目绩效评价管理办法》（廊财绩〔2021〕25号），从制度层面提高政策和项目预算绩效管理水平，规范政策和项目绩效评价工作。廊坊市逐渐重视评价结果应用，一方面组织对市直部门自评情况进行抽查复核，抽查复核结果将与来年项目预算安排直接挂钩；另一方面根据评价结果形成"评价结果应用清单"和"政策负面清单"，向市人大、市政府提交绩效评价工作报告，评价结果作为预算申报、政策制定和调整的重要参考依据，并同步向社会公开。2022年，廊坊市发布《廊坊市2022年全面实施预算绩效管理工作方案》,强调要稳步推进重大政策和重点项目的全面绩效管理,持续拓展绩效管理范围,不断巩固和提升多层次、全方位的预算绩效管理格局。2023年,廊坊市发布《廊坊市2023年全面实施预算绩效管理工作方案》,提出从全过程的角度进行政策和项目的预算绩效管理。

在这一阶段,廊坊市预算绩效管理从项目拓展到政策和项目,从绩效评价拓展到事前绩效评估、事中绩效监控、事后绩效评价的管理过程闭环。同时,廊坊市还实现了从"要我绩效"到"我要绩效"的转变,重大政策和项目预算绩效管理改革持续扩围加速,对完善廊坊市政策决策机制、优化预算资源配置提供了有力保障。

廊坊市重大政策和项目预算绩效管理的发展历程如图6-1所示。

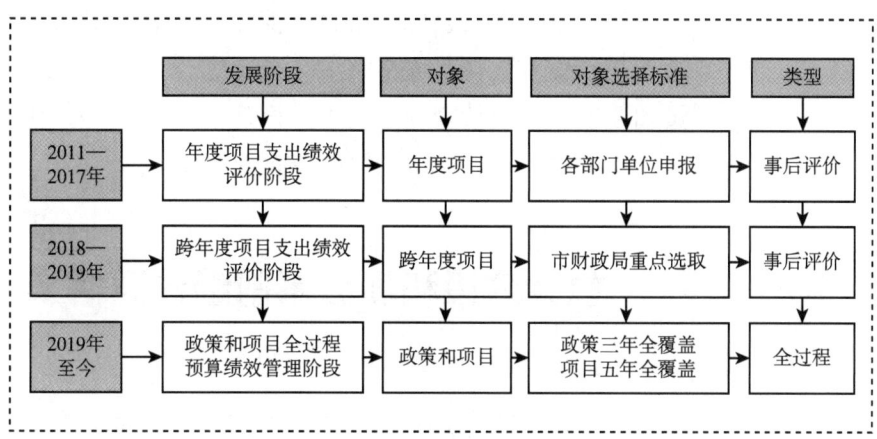

图6-1 廊坊市重大政策和项目预算绩效管理的发展历程

第二节 廊坊市重大政策和项目预算绩效管理体系

经过不断探索，廊坊市将事前绩效评估、绩效目标管理、绩效运行监控、中期绩效评估、事后绩效评价纳入了重大政策和项目预算绩效管理链条中，构建了"事前—事中—事后"全过程的重大政策和项目预算绩效管理体系。

一、重大政策和项目事前绩效评估

（一）重大政策和项目事前绩效评估的制度演变

2019年7月廊坊市财政局印发了《廊坊市市级事前绩效评估管理办法（试行）》（廊财〔2019〕74号）。该办法明确了事前绩效评估的概念、目标、评估内容、基本原则、组织实施等要求，提出了事前绩效评估三大类型、三项评估内容、四个量化等级。经过试点，2021年6月修订形成了《廊坊市市级事前绩效评估管理办法》（廊财绩〔2021〕10号），对原办法的适用范围、评估内容进行了微调，同时明确了事前绩效评估定性结论与定量等级。修订的主要内容包括：一是，基于试点过程中的实践经验，将评估内容从"立项必要性、项目可行性、项目绩效性"调整为"立项必要性、绩效目标合理性、实施方案可行性、投入经济性、筹资合规性"5项内容，优化后的框架体系更加符合实际情况，也更具操作性。二是，将事前评估结果从"事前绩效评估的评估结果（绩效评级）划分为四个等次，'优'等次：90分（含）—100分；

'良'等次：80分（含）—90分；'中'等次：60分（含）—80分；'差'等次：60分以下"调整为包含评估结论和评估得分两部分。将项目评估结论明确为予以支持、部分支持、不支持等三种类型，进一步强化了评估结果的应用。

廊坊市财政局根据评估对象的不同划分为项目事前评估、政策事前评估和部门整体项目事前评估三类。其中，项目事前评估以单个项目为评估对象，由财政部门或各部门各单位组织实施；政策事前评估以包含单个项目或多个项目的财政政策为评估对象，由财政部门或政策出台部门组织实施；部门整体项目事前评估是以部门所有特定目标类项目、运转类其他项目为评估对象、以预算为评估重点的评估工作，由财政部门组织实施。此外，廊坊市财政局还探索构建了"事前评估+预算评审"的模式，创造性地将预算评审融入事前绩效评估工作中，评估结果不仅包含是否安排预算，也明确了部分安排预算类别的项目对应的预算安排数，确保了评估结果一步到位，实现了"评估"与"评审"同频共审。

在绩效目标管理方面，2019年7月，廊坊市财政局制定并印发了《廊坊市市级预算绩效目标管理办法（试行）》（廊财〔2019〕75号），2021年6月，廊坊市财政局在试行办法的基础上，修订形成了《廊坊市市级预算绩效目标管理办法》（廊财绩〔2021〕11号），明确了绩效目标的概念、分类，绩效目标管理的概念、对象、基本原则，绩效目标设置与审核管理等内容。廊坊市按照预算支出的范围和内容将绩效目标划分为项目绩效目标、政策绩效目标和部门整体绩效目标3个维度，实现了项目、政策、部门整体预算资金的全覆盖。廊坊市将绩效目标审核划分为一般审核和重点审核：一般审核采取定性审核的方式，审核主体对每一项审核内容逐一提出定性审核意见，并根据各项审核情况，汇总确定综合评定等级；重点审核采用定量审核的方式，审核主体严格按照合规性审核、相关性审核、可行性审核、完整性审核的相关权重进行赋值，依照审核标准进行打分，最终汇总形成总分。其中，一般项目和政策的绩效目标，由财政部门按照预算管理流程进行一般审核；社会关注程度高、对经济社会发展具有重要影响、关系重大民生领域或专业技术复杂的重点项目和政策的绩效目标，由财政部门按照预算管理流程进行重点审核。

（二）重大政策和项目事前绩效评估的机制

廊坊市重大政策和项目事前评估按评估对象可分为新增及重点政策和项目事前评估流程、部门整体项目和专项事前评估。以新增及重点政策和项目为例，事前评估主要包括六个环节，如图6-2所示。

廊坊市重大政策和项目事前评估由廊坊市财政局组织协调，部门和单位具体实施。廊坊市财政局主要职责是：拟定事前绩效评估规章制度和相应的技术规范；指导市级部门和单位开展事前绩效评估工作；确定开展事前绩效评估的政策、项目及部门整体项目的范围；组织开展部门整体项目事前绩效评估，审核部门和单位提交的政策、项目绩效评估报告，并反馈审核意见；依据事前评估结果调整预算安排。

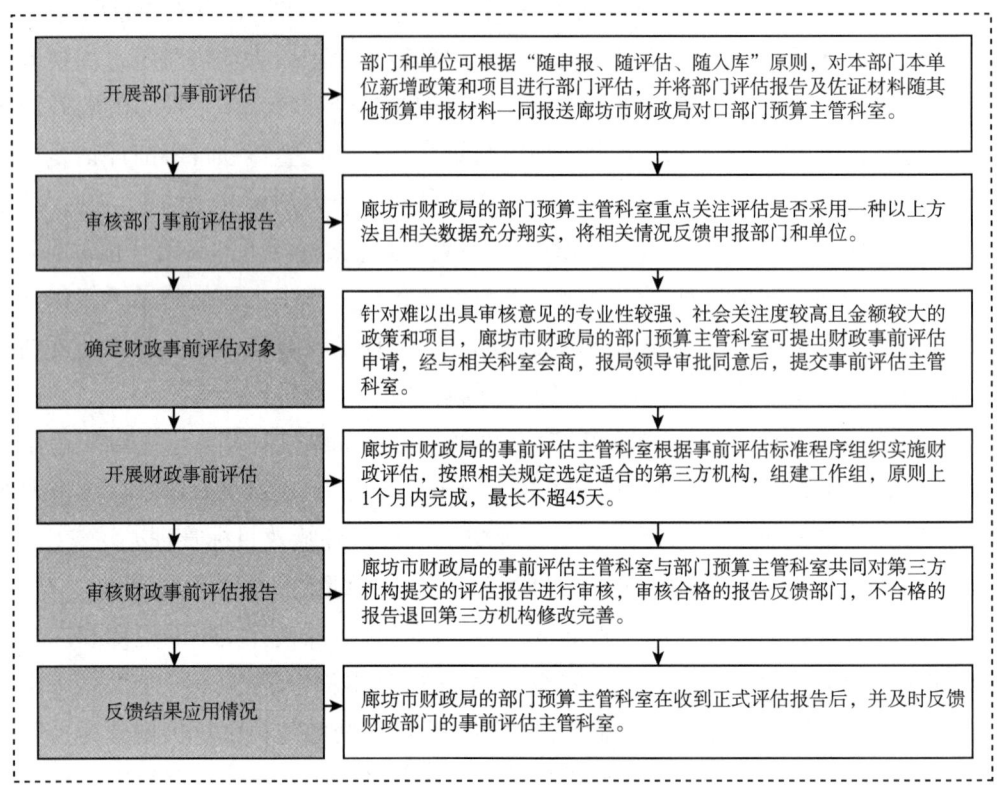

图6-2 廊坊市新增及重点政策和项目事前评估流程

各部门主要职责是：制定本部门事前绩效评估相关规章制度；根据财政部门选定的评估范围和提出的具体要求，确定评估对象；组织开展本部门事前绩效评估，指导所属单位开展事前绩效评估；向财政部门报告本部门及所属单位事前绩效评估情况和结果；督促本部门和所属单位对事前评估结果进行整改落实。

各单位主要职责是：按照财政部门和主管部门要求，开展本单位事前绩效评估工作；向财政部门和主管部门报告本单位事前绩效评估情况和结果；对事前绩效评估结果进行整改落实。

（三）重大政策和项目事前绩效评估的内容

重大政策和项目的事前绩效评估是发生在政策和项目实施之前主要对政策和项目立项必要性、绩效目标合理性、实施方案可行性、投入经济性、筹资合规性等进行客观、公正的评估。按照《廊坊市市级事前绩效评估管理办法》（廊财绩〔2021〕10号），重大政策和项目的事前绩效评估主要包括以下五个方面：（1）立项必要性，主要评估政策和项目的设立是否与国家、河北省、廊坊市、相关行业等宏观政策相关，是否与主管部门职能、规划及年度工作重点相关，是否有迫切的现实需求和确定的服务对象，是否属于财政资金支持范围等；（2）绩效目标合理性，主要评估政策和项目绩效目标是否明确，是否与相关规划、计划相符，是否与现实需求相匹配，绩效指标是否细化、量化、可衡量，指标值是否合理、可考核等；（3）实施方案可行性，主要评估政策和项目的相关实施方案、工作计划等是否合理可行、是否经过前期论证，是否制定有效的过程控制措施和保证项目绩效可持续发挥的配套机制等；（4）投入经济性，主要评估政策和项目投入产出比是否合理，成本测算是否充分，成本控制措施是否科学有效等；（5）筹资合规性，主要评估政策和项目资金来源渠道、筹措程序是否合规，财权与事权是否匹配，财政投入方式是否合理，筹资风险是否可控等。

重大政策和项目的事前评估结果包括评估结论和评估得分两部分：（1）评估结论分为予以支持、部分支持和不予支持三种。对于立项必要性充分、实施方案可行性强、绩效目标明确合理、投入产出比较高的项目（政策），予以支持；对于项目（政策）在部分内容上，立项必要性充分、实施方案可行性强、绩效目标明确合理、投入产出比高的，予以部分支持；对于立项必要性不够充分、实施方案可行性不强、绩效目标不够明确合理、投入产出比较低或不属于财政支持范围的项目（政策），不予支持。（2）评估得分是工作组或专家组根据评估指标体系，对评估内容和要点进行评分得出的结果。评估得分作为问题分析和同类项目（政策）进行对比分析的主要依据。为确保事前评估工作的客观公正，廊坊市制定了相关评估指标体系，如表6-1所示。

表6-1　　　　　　　廊坊市事前绩效评估评分指标体系

一级指标	二级指标	评估要点	分值
立项必要性（20）	政策相关性	是否与国家、河北省、廊坊市、相关行业宏观政策相关。	5
	职能相关性	是否与主管部门职能、规划及当年重点工作相关。	5
	需求相关性	①是否具有现实需求，需求是否迫切；②是否有可替代性；③是否有确定的服务对象或受益对象。	5
	财政投入相关性	是否具有公共性，是否属于公共财政支持范围。	5
绩效目标合理性（20）	目标明确性	①绩效目标设定是否明确；②与部门长期规划目标、年度工作目标是否一致；③与项目主要工作内容是否高度相关；④项目受益群体定位是否准确。	5
	目标合理性	①绩效目标与现实需求是否匹配；②绩效目标是否具有一定的前瞻性和挑战性；③预期绩效目标是否可持续。	5
	目标细化量化程度	①是否将项目绩效目标细化分解为具体的绩效指标；②绩效指标是否细化、量化，指标是否合理、可考核。	5

续表

一级指标	二级指标	评估要点	分值
绩效目标合理性（20）	目标与项目匹配度	①绩效目标与项目预计解决的问题是否匹配；②是否与计划期内的任务数或计划数相对应；③是否与预算金额相匹配。	5
实施方案可行性（20）	前期筹备完整性	①项目申报、审批、调整及项目资金申请、审批、拨付等方面已履行或计划履行的程序是否规范；②项目组织机构是否健全、职责分工是否明确、项目人员条件是否与项目有关并得以有效保障。	6
	实施计划可行性	①项目内容是否明确、具体，与绩效目标是否匹配；②项目技术路线是否完整、先进、可行、合理，与项目内容及绩效目标是否匹配；③项目组织、进度安排是否合理；④与项目有关的基础设施条件是否能够得以有效保障。	7
	管理机制健全性	①业务管理制度、技术规程、标准是否健全、完善，以前年度业务制度执行，相关业务方面问题是否得到有效解决并配有相应的保障措施；②项目执行过程是否设立管控措施、机制等，相关措施、机制是否能够保证项目顺利实施。	7
投入经济性（20）	预算编制科学性	①预算编制是否经过科学论证；②预算额度测算依据是否充分。	7
	投入与产出匹配度	①投入结构是否合理，投入资源及成本是否与工作任务相匹配；②投入资源及成本是否与预期产出及效果相匹配；③其他渠道投入是否充分。	7
	成本控制有效性	①项目是否采取相关成本控制措施；②成本控制措施是否有效。	6
筹资合规性（20）	资金筹措合规性	①资金来源渠道是否符合相关规定；②资金筹措程序是否科学规范，是否经过相关论证，论证资料是否齐全；③资金筹措是否体现权责对等，财权和事权是否匹配。	6
	筹资风险可控性	①对筹资风险认识是否全面；②是否针对预期风险设定应对措施；③应对措施是否可行、有效。	7
	财政投入能力	①财政资金配套方式和承受能力是否科学合理；②各级财政部门和其他部门是否有类似项目资金重复投入；③财政资金支持方式是否科学合理。	7

二、重大政策和项目事中绩效评估

重大政策和项目事中绩效评估主要包括绩效运行监控和中期绩效评估，中期绩效评估是绩效运行监控的重要实现方式。廊坊市通过加强和规范预算绩效运行监控和中期绩效评估工作，纠正执行偏差，及时弥补管理"漏洞"，确保重大政策和项目如期落地，杜绝低效无效支出，有效提升财政资源配置效率和资金使用效益。

（一）重大政策和项目事中绩效评估的制度演变

2019年9月，廊坊市财政局印发《廊坊市市级部门绩效运行监控管理办法（试行）》（廊财预〔2019〕56号），明确了绩效运行监控的概念、目标、监控内容与方式、基本原则、监控实施程序等要求。在该办法实施两年后，结合两年来的实践经验，廊坊市财政局对绩效监控情况表类型等进行了优化调整，并于2022年6月修订印发了《廊坊市市级部门绩效运行监控管理办法》（廊财绩〔2022〕8号），原有试行办法同时废止。

廊坊市绩效运行监控实现了项目、政策和部门整体全覆盖，提出了绩效运行监控的"三大类型"和"三大方式"。其中，"三大类型"是指项目、政策、部门整体三类绩效目标实现程度和预算执行进度监控；"三大方式"包括绩效目标实现程度监控、预算执行进度监控和中期绩效评估。其中，政策和项目绩效监控主要内容包括以下三个方面：资金是否落实到位，资金支出进度及使用情况；政策和项目是否按计划进度实施，并分析目标任务未完成及进度滞后的原因；绩效目标和绩效指标的完成情况，是否需要修改相关目标、指标等。

在中期绩效评估方面，2021年9月，廊坊市财政局印发《廊坊市市级中期绩效评估管理办法（试行）》（廊财绩〔2021〕17号），明确了中期绩效评估的内涵、范围、分类和内容、评估方法程序和结果应用等要求。按照办法要求，对部门（单位）的政策和项目在监控过程中发现的运行偏差、执行缓慢、未能达到预期效益以及重点关注的项目开展评估。中期绩效评估主要关注阶段性预算资金执行状况、预算绩效目标计划完成情况。必要时，可对重点政策和重大项目的开展情况、执行进度、具体实施计划调整等情况进行延伸评估，包括：政策内容的吻合程度、政策执行是否超时限、资金立项规范性、资金分配的合理性、支出方向与政策规定是否匹配等；项目立项审批、政府采购招投标、开工合同、竣工验收、信息公开公示、资产管理和预算资金财务核算等。

在廊坊市绩效运行监控体系中，绩效目标实现程度监控和预算执行进度监控的"双监控"制度和中期绩效评估互为补充，全面展示政策和项目的事中执行情况。一般政策和项目的绩效目标、预算执行"双监控"主要关注预算执行进度、工作推进进度是否符合计划，是否与设置的绩效目标相符。在"双监控"基础上，可对部分政策和项目开展更加深入的中期绩效评估，尤其对重点政策和重大项目的开展情况、执行进度、具体实施计划调整等情况进行延伸评估，为重点政策和重大项目的及时优化调整提供决策支撑，避免事后评价可能面临的"亡羊补牢"困境，避免大额财政资金的无效或低效投入。

（二）重大政策和项目事中绩效评估的机制

在预算执行过程中，廊坊市财政局和各部门各单位依照职责，对绩效目标实现程度和预算执行情况开展监督、控制和管理活动。各部门各单位是预算绩效监控工作的责任主体，负责组织本部门本单位绩效监控工作，发现问题及时纠正，确保绩效目标的实现。廊坊市财政局是预算绩效监控工作的组织主体，在部门和单位自行监控基础上进行重点监控，同时，通过组织开展中期绩效评估，强化绩效监控结果应用。

绩效监控的主要方式包括绩效目标实现程度监控、预算执行进度监控和中期绩效评估。绩效目标实现程度监控是在预算执行全阶段，针对绩效目标实现程度进行监控，及时发现运行中的偏差情况，并采取有效的措施予以纠偏，以确保预算资金实现预期绩效目标；预算执行进度监控是依据支出计划进度，针对预算执行进度开展监控，确保财政资金按计划进度支出，提高资金使用效率。中期绩效评估则是在预算执行中期，廊坊市财政局根据设定的绩效目标，在"双监控"的基础上对绩效目标完成情况进行绩效评估，分析和预测绩效运行趋势，及时发现绩效运行偏离目标的状况，针对存在问题督导整改落实，确保绩效目标按期完成。中期绩效评估主要流程如图6-3所示。

（三）重大政策和项目事中绩效评估的内容

按照《廊坊市市级部门绩效运行监控管理办法》（廊财绩〔2022〕8号），绩效监控包括及时性、合规性和有效性监控。其中及时性监控重点关注上年结转资金较大、当年新增预算且前期准备不充分，以及预算执行环境发生重大变化等情况。合规性监控重点关注相关预算管理制度落实情况、项目预算资金使用过程中的无预算开支、超预算开支、挤占挪用预算资金、超标准配置资产等情况。有效性监控重点关注项目执行是否与绩效目标一致、执行效果能否达到预期等。廊坊市重大政策和项目绩效监控主要体现在政策和项目预算执行进度和绩效目标实现程度，主要包括：（1）资金是否落实到位，资金支出进度及资金使用情况；（2）政策和项目是否按计划进度实施，并分析目标任务未完成及进度滞后的原因；（3）绩效目标和绩效指标的完成情况，是否需要修改相关目标、指标等。

按照《廊坊市市级中期绩效评估管理办法（试行）》（廊财绩〔2021〕17号），中期评估主要包括阶段性预算资金执行状况、预算绩效目标计划完成情况以及重点政策和重大项目绩效延伸评估三个方面内容：（1）阶段性预算资金执行状况。包括预算资金拨付情况、预算执行单位实际支出情况以及预计结转结余情况。重点关注相关预算管理制度、业务管理制度、财务管理制度等制度落实情况，预算资金使用过程中的无预算开支、超预算开支、挤占挪用预算资金、超标准配置资产等情况。（2）预算绩效目标计划完成情况。绩效目标完成进度及绩效指标实现程度，包括数量、质量、时效、成本等；预计效果的实现进度及趋势，包括社会效益、经济效益、生态效益、可持续影响等。针对绩效目标发生偏离，绩效目标完成情况与预期不相符、与项目实施进度不匹配等情况进行评估。（3）重点政策和重大项目绩效延伸评估。必要时，可对重点政策和重大项目的开展情况、执行进度、具体实施计划调整等情况进行延期评估。包括：政策内容的吻合程度、政策执行是否超时限，资金立项规范性、资金分配的合理性、支出方向与政策规定是否匹配等；项目立项审批、政府采购招投标、开工合同、竣工验收、信息公开公示、资产管理和预算资金财务核算等。

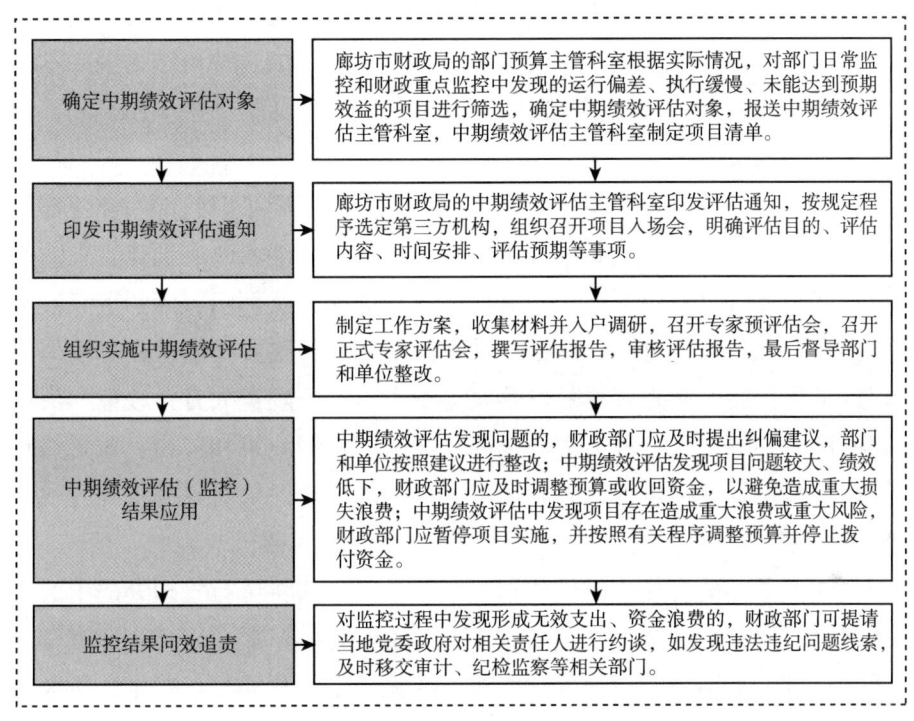

图6-3 廊坊市中期绩效评估流程

三、重大政策和项目事后绩效评价

（一）重大政策和项目事后绩效评价的制度演变

为加强重大政策和项目预算绩效管理成效，2019年，廊坊市财政局印发《廊坊市市级政策和项目绩效评价管理办法（试行）》（廊财预〔2019〕53号），2021年，廊坊市对原办法进行了补充和完善，修订形成了《廊坊市市级政策和项目绩效评价管理办法》（廊财绩〔2021〕25号）。

2019年出台的《廊坊市市级政策和项目绩效评价管理办法（试行）》（廊财预〔2019〕53号），明确了政策和项目开展绩效评价的评价内容、评价类型、评价工作程序，并进一步界定了项目和政策自评价、绩效再评价、重点绩效评价三大类型的评价内容。与试行办法相比，《廊坊市市级政策和项目绩效评价管理办法》（廊财绩〔2021〕25号）对各责任主体职责、评价范围和内容、评价指标与标准等内容进行了补充和完善，旨在提高政策和项目预算绩效管理水平，规范政策和项目绩效评价行为。修订的主要内容如表6-2所示。

第一，将绩效评价结果纳入决算环节。与2019年发布的试行办法相比，新办法对评价结果的应用进行了强化，其中财政部门要将绩效评价结果编入政府决算，各部门要将绩效评价结果编入本部门决算，各单位要将绩效评价结果编入本单位决算。廊坊市通过将绩效评价结果纳入决算环节，完善了评价结果应用机制，增强了绩效评价结果的约束力。

第二，明确了绩效评价对象的范围界限。新办法明确了财政部门和各部门各单位绩效评价对象的范围界限，其中，单位自评对象包括纳入政府预算管理的所有政策和项目；部门评价对象应根据工作需要，优先选择涉及部门履职的重点政策和项目，原则上应以5年为周期，实现部门评价重点政策和项目全覆盖；财政部门评价对象应根据工作需要，优先选择贯彻落实党中央、国务院重大方针政策和决策部署的、覆盖面广、影响力大、社会关注度高、实施期长的政策和项目。对重点政策和项目应周期性组织开展绩效评价。廊坊市通过明确绩效评价对象的范围界限，使办法更具针对性和指导性。

第三，建立了相关责任人的责任追究机制。新办法将试行管理办法中的"行为规范"章节调整为"法律责任"，建立了责任追究机制。一是，对使用财政资金严重低效无效并造成重大损失的责任人，要按照相关规定追责问责。二是，各级财政部门、预算部门和单位及其工作人员在绩效评价管理工作中存在违规行为，以及其他滥用职权、玩忽职守、徇私舞弊等违法违纪行为的，要依法依规追究相应责任，涉嫌犯罪的，依法移送司法机关处理。廊坊市通过发挥责任追究"兜底"作用，让监督"带电""长牙"，提高制度执行力和刚性约束力，不断增强各级责任人的责任意识。

第四，完善了绩效评价体系、指标和方法。新办法构建了科学、完善、合理的政策和项目绩效评价指标体系框架，加强对预算绩效管理工作的指导。其中，政策绩效评价指标体系重点评价政策资金安排使用的科学性、精准性、及时性和有效性，包括政策制定情况、政策实施情况、政策产出情况、政策效益情况等；项目绩效评价指标体系重点评价项目支出的有效性、规范性、及时性，包括项目决策情况、过程情况、产出情况、效益情况。

表6-2 《廊坊市市级政策和项目绩效评价管理办法》修订前后比较

制度内容	《廊坊市市级政策和项目绩效评价管理办法（试行）》（廊财预〔2019〕47号）	《廊坊市市级政策和项目绩效评价管理办法》（廊财绩〔2021〕25号）
组织管理	—	新增"财政部门主要职责（七）：将绩效评价结果编入政府决算，报送本级人民代表大会常务委员会，并依法予以公开。部门主要职责（五）：将绩效评价结果编入本部门决算，报送本级人民代表大会常务委员会，并依法予以公开。单位主要职责（四）：将绩效评价结果编入本单位决算，报送本级人民代表大会常务委员会，并依法予以公开。"
评价对象	—	新增"第十一条 单位自评对象包括纳入政府预算管理的所有政策和项目。第十二条 部门评价对象应根据工作需要，优先选择涉及部门履职的重点政策和项目，原则上应以5年为周期，实现部门评价重点政策和项目全覆盖。第十三条 财政部门评价对象应根据工作需要，优先选择贯彻落实党中央、国务院重大方针政策和决策部署的、覆盖面广、影响力大、社会关注度高、实施期长的政策和项目。对重点政策和项目应周期性组织开展绩效评价。"
评价类型	政策和项目绩效评价分为自评价、再评价和重点评价三种类型。	政策和项目绩效评价分为绩效自评、抽查复核和重点评价三种类型。
评价指标	—	新增"第十七条 单位绩效自评指标是指预算批复时确定的绩效指标，包括项目的产出数量、质量、时效、成本，以及经济效益、社会效益、生态效益、可持续影响、服务对象满意度等。单位自评指标的权重由各单位根据项目实际情况确定。原则上预算执行率和一级指标权重统一设置为：预算执行率10%、产出指标50%、效益指标30%、服务对象满意度指标10%。如有特殊情况，一级指标权重可做适当调整。二、三级指标应当根据指标重要程度、项目实施阶段等因素综合确定，准确反映项目的产出和效益。"
法律责任	第六章 行为规范	修改章节名"行为规范"为"法律责任"；新增"第二十九条 对使用财政资金严重低效无效并造成重大损失的责任人，要按照相关规定追责问责。对绩效评价过程中发现的资金使用单位和个人的财政违法行为，依照《中华人民共和国预算法》《财政违法行为处罚处分条例》等有关规定追究责任；发现违纪违法问题线索的，应当及时移送纪检监察机关。第三十条 各级财政部门、预算部门和单位及其工作人员在绩效评价管理工作中存在违反本办法的行为，以及其他滥用职权、玩忽职守、徇私舞弊等违法违纪行为的，依照《中华人民共和国预算法》《中华人民共和国公务员法》《中华人民共和国监察法》《财政违法行为处罚处分条例》等国家有关规定追究相应责任；涉嫌犯罪的，依法移送司法机关处理。"

（二）重大政策和项目事后绩效评价的机制

廊坊市重大政策和项目绩效评价可分为绩效自评、抽查复核和重点评价。绩效自评是指部门（单位）在年度预算执行完成后对照设定的政策和项目绩效目标进行自我评价；抽查复核是指财政部门在部门（单位）绩效自评基础上，独自或委托第三方机构对部门（单位）绩效自评结果实施抽查复核；重点评价是指财政和部门独自或委托第三方机构对重大政策和项目进行的综合评价。财政重点评价对象优先选择贯彻落实党中央、国务院重大方针政策和决策部署的、覆盖面广、影响力大、社会关注度高、实施期长的政策和项目，对重点政策和项目应周期性组织开展绩效评价，以3年为周期实现财政评价重点政策全覆盖；部门重点评价对象应根据工作需要，优先选择涉及部门履职的重点政策和项目，原则上应以5年为周期，实现全覆盖。

廊坊市财政局和各部门各单位是政策和项目绩效评价工作的主体。廊坊市财政局主要职责包括：拟定政策和项目绩效评价规章制度和相应的技术规范；确定开展政策和项目绩效评价的范围；指导部门和单位开展政策和项目绩效评价工作；组织开展抽查复核和重点评价，必要时组织专家评审；依据项目绩效评价结果调整预算安排；指导推进结果应用和信息公开；将绩效评价结果编入政府决算，报送本级人民代表大会常务委员会，并依法予以公开。

部门主要职责包括：制定本部门政策和项目绩效评价相关规章制度；确定绩效评价范围和评价对象；组织开展本部门及所属单位的政策和项目绩效自评工作，组织开展本部门及所属单位的重点评价工作，配合廊坊市财政局开展抽查复核和重点评价，根据评价结果落实整改措施，加强本部门绩效评价管理；向廊坊市财政局报告本部门及所属单位政策和项目绩效评价情况和结果；将绩效评价结果编入本部门决算，报送本级人民代表大会常务委员会，并依法予以公开。

单位主要职责包括：按照廊坊市财政局和主管部门要求，组织开展本单位的政策和项目绩效自评工作，配合廊坊市财政局开展抽查复核和重点评价；向廊坊市财政局和主管部门报告本单位政策和项目绩效评价情况和结果；根据评价结果，落实政策和项目绩效评价管理改进工作；将绩效评价结果编入本单位决算，报送本级人民代表大会常务委员会，并依法予以公开。

廊坊市财政局在部门和单位完成绩效自评后，独自或委托第三方机构开展抽查复核，对部门和单位绩效自评结果实施抽查复核。同时，按照年度工作重点，结合预算管理需求选取重大政策和项目作为重点评价对象。重点评价准备阶段工作流程包括确定重点评价对象、成立评价工作组和确定评价机构、印发评价工作通知、发布评价任务清单和召开评价工作进点会等，如图6-4所示。

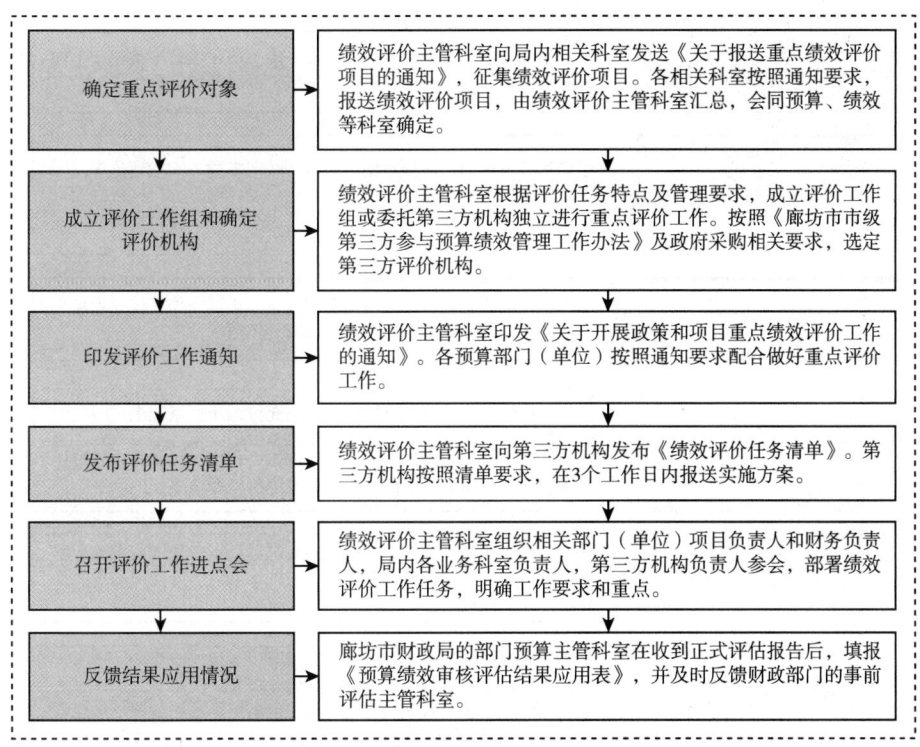

图6-4 廊坊市重大政策和项目重点评价准备阶段工作流程

重点评价实施阶段工作流程包括撰写工作方案、下达绩效评价通知、开展前期调研、制定评价指标体系、开展评价、开展项目预备评审会、开展项目正式评审会等，如图6-5所示。

（三）重大政策和项目事后绩效评价的内容

廊坊市重大政策和项目事后绩效评价，侧重于对政策和项目的实施效果和效益进行评价，为以后相关政策的拟定提供参考，从而改善决策服务水平，提高公共管理效率。在《廊坊市市级政策和项目绩效评价管理办法》（廊财绩〔2021〕25号）中，廊坊市明确了政策和项目绩效评价的重点关注内容。

政策绩效评价内容包括：（1）政策制定情况，包括政策内容的吻合程度、资金立项的规范性、政策执行是否超时限等；（2）政策实施情况，包括财务管理制度是否健全、预算资金到位情况、整体预算执行情况、资金分配的合理性、支出方向与政策规定是否匹配、管理机制是否健全、管理机制运行的有效情况、政策风险的可控程度等；（3）政策产出情况，包括产出的数量、质量、时效和成本；（4）政策效益情况，包括政策的经济效益、社会效益、生态效益、可持续影响以及满意度等；（5）其他相关内容。

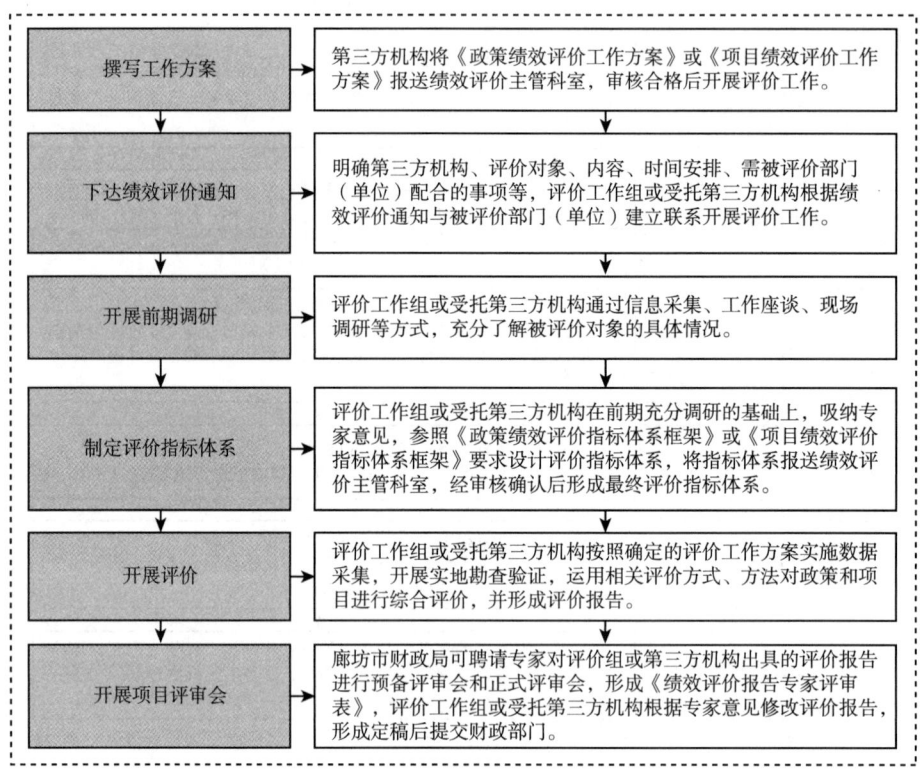

图6-5 廊坊市重大政策和项目重点评价实施阶段工作流程

项目绩效评价内容包括：(1)项目决策情况，包括立项依据充分性、立项程序规范性、绩效目标合理性、绩效指标明确性、预算编制科学性、资金分配合理性等；(2)项目过程情况，包括资金到位率、预算执行率、资金使用合规性、管理制度健全性、制度执行有效性等；(3)项目产出情况，包括产出的数量、质量、时效和成本；(4)项目效益情况，包括项目的实施效益和满意度等；(5)其他相关内容。

廊坊市结合政策评价和项目自身特点，构建出以政策制定、政策实施、政策产出、政策效益为一级指标，制定规范、财务管理等为二级指标的政策绩效评价指标体系框架（见表6-3），以及以决策、过程、产出、效益为一级指标，项目立项、绩效目标、资金投入等为二级指标的项目绩效评价指标体系框架（见表6-4）。

表6-3　政策绩效评价指标体系框架

一级指标	二级指标	三级指标	指标解释	指标说明	评分规则
政策制定	制定规范	政策内容吻合度	考察政策相关财政资金管理文件支出方向是否与政策依据文件支出方向吻合。	评价要点：政策依据与资金管理文件关于支出方向的描述一致。	具备上述要点实际值得100%权重分。
		资金立项规范性	考察政策出台是否按照规定的程序申请设立，审批文件材料是否完整合规且经过必要的可行性研究或专家论证风险评估或集体决策等。	评价要点：①按照规定的程序申请设立，具备要点①实际值得50%权重；②必要的可行性研究、专家论证、风险评估，集体决策等。	具备要点①实际值得50%权重分，具备要点②实际值得50%权重分。
		政策时限吻合度	考察政策执行时限是否有超期的情况。	评价要点：政策执行时段与政策文件要求相吻合。	具备上述要点实际值得100%权重分。
	财务管理	财务制度健全性	考察业务主管部门对于该政策的财务制度是否健全、完善、有效，用以反映考核财务管理制度对资金规范、安全运行的保障情况。	评价要点：①已制定专项资金管理制度或适用于本项目的财务管理制度；②符合相关财务会计制度的规定。	具备要点①实际值得50%权重分，具备要点②实际值得50%权重分。
政策实施		预算资金到位率	考察政策资金足额到位的比例。	预算资金到位率＝实际到位资金/一定时期内项目计划投入的资金总额×100%。	实际值为100%得满分，每降低1%扣分值的10%，扣完为止。
		整体预算执行率	考察政策资金整体预算执行情况。	预算执行率＝实际支出数/预算到位数×100%。	实际值为100%得满分，每降低1%扣分值的1%，扣完为止。
	实施管理	资金分配合理性	考察资金分配是否合理，是否依照绩效目标的要求开展。	评价要点：①资金分配按因素进行；②分配因素与管理文件要求相吻合；③分配结果与绩效目标相互吻合。	具备要点①实际值得40%权重，具备要点②实际值得30%权重，具备要点③实际值得30%权重分。

续表

一级指标	二级指标	三级指标	指标解释	指标说明	评分规则
政策实施		支出方向匹配度	考察政策资金支出方向是否完全符合管理文件的相关规定	评价要点：实际支出方向与计划支出方向内容规定完全一致。	具备上述要点实际值得100%权重分。
		管理机制健全性	考察政策出台部门或牵头部门与其他部门间的协调机制是否健全，监管实施管理机制是否健全。	评价要点：①政策涉及部门之间的协调机制健全；②政策的实施管理机制健全；③政策的监管机制健全。	具备要点①实际值得40%权重分，具备要点②实际值得30%权重分，具备要点③实际值得30%权重分。
	实施管理	机制运行有效性	考察政策涉及部门之间的协调机制运行的有效性、政策实施管理机制运行的有效性、政策的监管机制运行的有效性。	评价要点：①政策涉及部门的协调机制运行有效，未出现；②政策的实施管理机制运行有效，未出现；③政策的监管机制运行有效，未出现工作进度、工作质量等重大问题。	具备要点①实际值得40%权重分，具备要点②实际值得30%权重分，具备要点③实际值得30%权重分。
		政策风险可控性	考察政策实施风险而采取了必需的措施。	评价要点：①是否已制定或具有相应的政策实施风险控制要求；②是否采取了相应的政策风险控制措施或手段。	具备要点①实际值得50%权重分，具备要点②实际值得50%权重分。
政策产出	数量指标	实际完成率	考察政策数量，用以反映和考核政策产出数量目标的实现程度。	实际完成率=（实际产出数/计划产出数）×100%。	实际值为100%得满分，每降低1%扣分的1%，扣完为止。
	质量指标	质量达标率	考察政策质量，用以反映和考核政策产出质量目标的实现程度。	质量达标率=（质量达标产出数/实际产出数）×100%。	实际值为100%得满分，每降低1%扣分的1%，扣完为止。

续表

一级指标	二级指标	三级指标	指标解释	指标说明	评分规则
政策产出	时效指标	完成及时率	考察政策实施及产出的时效性，用以反映和考核政策产出时政策目标的实现程度。	完成及时率＝[（计划完成时间－实际完成时间）/计划完成时间]×100%。	实际值为100%得满分，每降低1%扣权重分的1%，扣完为止。
	成本指标	成本标准吻合度	考察政策实施成本标准的吻合情况。	成本标准吻合度＝（现有成本标准/计划成本标准）×100%。	实际值为100%得满分，每偏离1%扣权重分的10%，扣完为止。
政策效益	经济效益指标	—	政策实施对经济发展所带来的直接或间接影响情况。	此项指标非设置政策绩效评价指标时必须考虑的共性要素，可根据实际情况设置相对应的指标。	实际值达到目标值得满分，每降低1%扣权重分的1%，扣完为止。
	社会效益指标	—	政策实施对社会发展所带来的直接或间接影响情况。		实际值达到目标值得满分，每降低1%扣权重分的1%，扣完为止。
	生态效益指标	—	政策实施对生态环境所带来的直接或间接影响情况。	此项指标非设置政策绩效评价指标时必须考虑的共性要素，可根据实际情况设置相对应的指标。	实际值达到目标值得满分，每降低1%扣权重分的1%，扣完为止。
	可持续影响指标	—	政策后续运行及成效发挥的可持续影响情况。		实际值达到目标值得满分，每降低1%扣权重分的1%，扣完为止。
	满意度	受益对象满意度	社会公众或服务对象对政策实施效果的满意程度。	社会公众或服务对象是指因该部门工作而受到影响的部门（单位）、群体或个人，一般采用社会调查的方式开展。	实际值达到目标值得满分，每降低1%扣权重分的1%，扣完为止。
		工作人员满意度	政策实施相关工作人员对政策实施管理和效果的满意程度。	政策实施相关工作人员一般是指具体执行政策的部门或人员。	实际值达到目标值得满分，每降低1%扣权重分的1%，扣完为止。

注：政表类型包括产业发展表、社会公共事业发展表、社会保障事业类、其他类，未说明适用类型的指标，均适用于所有表型。

表6-4　　　　　　　　项目绩效评价指标体系框架

一级指标	二级指标	三级指标	指标解释	指标说明
决策	项目立项	立项依据充分性	项目立项是否符合法律法规、相关政策、发展规划以及部门职责，用以反映和考核项目立项依据情况。	评价要点： ①项目立项是否符合国家法律法规、国民经济发展规划和相关政策； ②项目立项是否符合行业发展规划和政策要求； ③项目立项是否与部门职责范围相符，属于部门履职所需； ④项目是否属于公共财政支持范围，是否符合中央、地方事权支出责任划分原则； ⑤项目是否与相关部门同类项目或部门内部相关项目重复。
		立项程序规范性	项目申请、设立过程是否符合相关要求，用以反映和考核项目立项的规范情况。	评价要点： ①项目是否按照规定的程序申请设立； ②审批文件、材料是否符合相关要求； ③事前是否已经过必要的可行性研究、专家论证、风险评估、绩效评估、集体决策。
	绩效目标	绩效目标合理性	项目所设定的绩效目标是否依据充分，是否符合客观实际，用以反映和考核项目绩效目标与项目实施的相符情况。	评价要点： （如未设定预算绩效目标，也可考核其他工作任务目标） ①项目是否有绩效目标； ②项目绩效目标与实际工作内容是否具有相关性； ③项目预期产出效益和效果是否符合正常的业绩水平； ④是否与预算确定的项目投资额或资金量相匹配。
		绩效指标明确性	依据绩效目标设定的绩效指标是否清晰、细化、可衡量等，用以反映和考核项目绩效目标的明细化情况。	评价要点： ①是否将项目绩效目标细化分解为具体的绩效指标； ②是否通过清晰、可衡量的指标值予以体现； ③是否与项目目标任务数或计划数相对应。
	资金投入	预算编制科学性	项目预算编制是否经过科学论证、有明确标准，资金额度与年度目标是否相适应，用以反映和考核项目预算编制的科学性、合理性情况。	评价要点： ①预算编制是否经过科学论证； ②预算内容与项目内容是否匹配； ③预算额度测算依据是否充分，是否按照标准编制； ④预算确定的项目投资额或资金量是否与工作任务相匹配。

续表

一级指标	二级指标	三级指标	指标解释	指标说明
决策	资金投入	资金分配合理性	项目预算资金分配是否有测算依据，与补助单位或地方实际是否相适应，用以反映和考核项目预算资金分配的科学性、合理性情况。	评价要点： ①预算资金分配依据是否充分； ②资金分配额度是否合理，与项目单位或地方实际是否相适应。
过程	资金管理	资金到位率	实际到位资金与预算资金的比率，用以反映和考核资金落实情况对项目实施的总体保障程度。	资金到位率=（实际到位资金/预算资金）×100%。 实际到位资金：一定时期（本年度或项目期）内落实到具体项目的资金。 预算资金：一定时期（本年度或项目期）内预算安排到具体项目的资金。
		预算执行率	项目预算资金是否按照计划执行，用以反映或考核项目预算执行情况。	预算执行率=（实际支出资金/实际到位资金）×100%。 实际支出资金：一定时期（本年度或项目期）内项目实际拨付的资金。
		资金使用合规性	项目资金使用是否符合相关的财务管理制度规定，用以反映和考核项目资金的规范运行情况。	评价要点： ①是否符合国家财经法规和财务管理制度以及有关专项资金管理办法的规定； ②资金的拨付是否有完整的审批程序和手续； ③是否符合项目预算批复或合同规定的用途； ④是否存在截留、挤占、挪用、虚列支出等情况。
	组织实施	管理制度健全性	项目实施单位的财务和业务管理制度是否健全，用以反映和考核财务和业务管理制度对项目顺利实施的保障情况。	评价要点： ①是否已制定或具有相应的财务和业务管理制度； ②财务和业务管理制度是否合法、合规、完整。
		制度执行有效性	项目实施是否符合相关管理规定，用以反映和考核相关管理制度的有效执行情况。	评价要点： ①是否遵守相关法律法规和相关管理规定； ②项目调整及支出调整手续是否完备； ③项目合同书、验收报告、技术鉴定等资料是否齐全并及时归档； ④项目实施的人员条件、场地设备、信息支撑等是否落实到位。

续表

一级指标	二级指标	三级指标	指标解释	指标说明
产出	产出数量	实际完成率	项目实施的实际产出数与计划产出数的比率，用以反映和考核项目产出数量目标的实现程度。	实际完成率=（实际产出数/计划产出数）×100%。 实际产出数：一定时期（本年度或项目期）内项目实际产出的产品或提供的服务数量。 计划产出数：项目绩效目标确定的在一定时期（本年度或项目期）内计划产出的产品或提供的服务数量。
	产出质量	质量达标率	项目完成的质量达标产出数与实际产出数的比率，用以反映和考核项目产出质量目标的实现程度。	质量达标率=（质量达标产出数/实际产出数）×100%。 质量达标产出数：一定时期（本年度或项目期）内实际达到既定质量标准的产品或服务数量。既定质量标准是指项目实施单位设立绩效目标时依据计划标准、行业标准、历史标准或其他标准而设定的绩效指标值。
	产出时效	完成及时性	项目实际完成时间与计划完成时间的比较，用以反映和考核项目产出时效目标的实现程度。	实际完成时间：项目实施单位完成该项目实际所耗用的时间。 计划完成时间：按照项目实施计划或相关规定完成该项目所需的时间。
	产出成本	成本节约率	完成项目计划工作目标的实际节约成本与计划成本的比率，用以反映和考核项目的成本节约程度。	成本节约率=［（计划成本−实际成本）/计划成本］×100%。 实际成本：项目实施单位如期、保质、保量完成既定工作目标实际所耗费的支出。 计划成本：项目实施单位为完成工作目标计划安排的支出，一般以项目预算为参考。
效益	项目效益	实施效益	项目实施所产生的效益。	项目实施所产生的社会效益、经济效益、生态效益、可持续影响等。可根据项目实际情况有选择地设置和细化。
		满意度	社会公众或服务对象对项目实施效果的满意程度。	社会公众或服务对象是指因该项目实施而受到影响的部门（单位）、群体或个人。一般采取社会调查的方式。

第三节 廊坊市重大政策和项目预算绩效管理的创新和成效

廊坊市在重大政策和项目预算绩效管理的过程中积极实践、大胆创新，形成一系列特色做法，是"廊坊经验"不可或缺的重要组成部分，可以总结为以下几个方面。

一、重视灾后重建资金监管，促进效率效果双提升

为深入贯彻习近平总书记重要指示精神，全面落实省委、省政府和市委决策部署，加强廊坊市灾后重建资金监管，按照《河北省省对下转移支付资金绩效管理办法》（冀财绩〔2019〕5号）、《河北省2023年洪涝救灾和灾后重建资金管理办法》（冀财预〔2023〕43号）等有关规定和要求，廊坊市制定《2023年洪涝灾后重建资金全过程绩效管理办法》（廊财〔2023〕84号），明确灾后重建资金绩效管理的重点环节、主要措施及职责分工，落实落细绩效管理责任。灾后重建资金绩效管理遵循目标导向、全程跟踪、归口管理、简洁高效原则，实施全过程绩效管理，做好绩效目标管理及事前绩效评估、执行中开展绩效监控、执行终了组织绩效评价，强化绩效结果应用。全面强化资金使用部门绩效管理主体责任，促进灾后重建资金使用效率和效果实现双提升。在政策指导下，廊坊市灾后恢复重建工作取得了积极进展，一手抓当下，着力解决房屋重建、温暖过冬等紧迫问题，一手谋长远，加快推进实施重点水利工程等基础设施项目建设，着力提升防灾减灾救灾能力，各项工作任务末端落实、取得实效。

二、构建政策性项目库,带动政策预算绩效管理全覆盖

廊坊市为做好本级预算编制工作,自2019年起根据廊坊市财政局关于年度本级部门预算编制工作的通知制定政策性项目预算编制工作方案,将中央、省、市各级政策中明确规定了需财政每年安排资金保障、服务于特定目标或工作任务的项目单独划分进行申报。以开展政策性专项项目预算绩效管理工作为切入点,围绕政策性专项项目的预算编制、绩效指标体系构建、绩效评估评价等方面开展工作。通过对政策性项目相关信息进行梳理、汇总,形成政策性项目库,包含项目信息、绩效目标以及相关政策依据等,在项目库基础上建立政策性项目绩效指标和标准体系,形成覆盖医疗卫生、教育科技等多个领域的政策性项目绩效指标和标准体系。廊坊市制定绩效目标审核表,针对一般项目、政策及部门整体的绩效目标审核,包括完整性审核、相关性审核、适当性审核和可行性审核四个方面。审核主体对每一项审核内容逐一提出定性审核意见,并根据各项审核情况,汇总确定"综合评定等级"。审核的主要原则包括:一是,严格对照政策中的支出标准,原则上不予扩面提标;二是,对以往年度执行缓慢的资金实行压年安排,以提高财政资金支出进度和使用效率;三是,加强绩效结果运用,评审工作要充分运用近年的绩效评估、评价结果。

2021年,廊坊市出台《廊坊市市级政策和项目绩效评价管理办法》(廊财绩〔2021〕25号),明确提出以3年为周期实现财政评价重点政策的全覆盖。廊坊市财政局规定新增政策需按要求开展事前绩效评估,填报绩效目标指标,提交依据的政策文件等佐证资料,市财政局审核通过后方可纳入政策性项目库(见专栏6-3)。

▶ **专栏6-3 廊坊市实现财政支出政策评价全覆盖的访谈**

廊坊市财政局绩效科工作人员表示:"实际上,我们已经实现了政策评价的全覆盖,现在所有新增的政策我们都要评估。评估的成果是显而易见的,评估过程中,有些政策的目的就是花钱,花完钱之后不追求效益,有些政策的内容和政策措施对应不上,还有些政策可行性不足……这些政策我们都没有通过立项,因为我们评的确实有道理,专家们很认可,领导也很认可。"

三、实施"双清单"和"双会议"制度，严把绩效关口

项目预算绩效管理作为全面预算绩效管理的基础，其改革的成效对预算绩效管理工作的持续推进至关重要。廊坊市通过实施"双清单"和"双会议"制度，严把绩效关口，将绩效理念和方法深度融入预算编制、执行和监督的全过程。"双清单"制度是指，在项目评价之前要有"任务清单"，在项目评价之后要有"结果清单"。通过设置"任务清单"，以问题为导向、围绕预算编制对项目进行筛选。同时，对筛选后的项目设置具体任务执行标准进行运行监控。"结果清单"的目的则是根据项目的评价结果开展结果应用，提出未来的整改措施。另外，在项目全过程预算绩效管理过程中，廊坊市实施"双会议"制度，包括项目预备评审会和项目正式评审会。评价工作组组织召开项目预评会，评价工作组或受托第三方机构向财政部门及专家汇报项目基本情况及疑问点，专家与工作组、财政部门进行充分沟通和交流形成绩效评价工作初步意见。如果专家组提出项目资料不全等问题，则根据专家意见梳理形成需要补充资料清单，就项目初步意见向被评价部门反馈，并进一步收集补充资料，将补充资料再次提交专家组审核。项目正式评审会则对项目绩效实现情况进行全面的定量、定性分析和综合评价，形成《专家评审意见书》。通过"双会议"制度，廊坊市建立了科学、严谨的评价流程，确保了评价结果的客观性和公正性。

四、实行项目"抽查复核"制度，做好项目的跟踪监督

廊坊市财政部门在各部门完成绩效自评后，独自或委托第三方机构开展抽查复核。绩效评价主管科室牵头组织，选定抽查复核项目、审核复核意见结论并做好结果应用的反馈，各部门全程配合抽查复核工作。工作流程包括：制定工作方案、确定抽查复核对象、印发抽查复核工作通知、实施抽查复核、形成结论、撰写总报告六个流程。

"抽查复核"后，绩效评价主管科室根据抽查复核结果形成《抽查复核结果应用清单》，提交预算科及部门预算主管科室作为预算安排的参考依据，并作为年度部门预算绩效管理工作考评重要内容同步纳入领导班子领导干部考评体系。项目"抽查复核"制度实际上是一种针对项目进行跟踪监督和审核的制度，旨在确保项目按照预期的目标和效果推进（见专栏6-4）。

> **专栏 6-4　廊坊市关于重大项目预算绩效管理创新与成效的访谈**
>
> 在重大项目预算绩效管理的全过程方面，廊坊市财政局表示，"如果既开展事前评估，又开展绩效评价，还开展中期绩效评估，实际上是相当于在业务部门的闭环之上再开展一个闭环。从实践操作上来看，我感觉是有些浪费资源。"
>
> "我们是从2019年开始实行抽查复核，我们当时提的目标是实现15%项目的抽查复核，当时给了他们很大压力。抽查复核的内容主要包括三个方面：一是围绕着年初设定绩效目标指标看它实现得如何；二是看整个自评过程是否规范；三是财政监督检查，给项目的下一年度安排提供建议，这是我们很有特色的一个做法。"
>
> "项目遴选过程，我们和业务科室一起选，选的时候以问题为导向，没用的项目不选。也就是说，我们选的项目都是围绕着预算编制来的，因此我们更多选择的都是一些延续性项目和经常性项目，而一次性项目现在则评得很少。"

五、提高部门责任意识，推动预算绩效管理嵌入政府治理"大循环"

重大政策和项目预算绩效管理改革使得原来属于财政、财务领域的预算管理通过事前评估、事中监控以及事后评价嵌入政府的治理"大循环"，进而提升政府治理能力。从政府治理的角度来看，廊坊市实施重大政策和项目预算绩效管理的成效包括以下三个方面。

（一）实现了政策和项目精准导向，强化了财政的功能定位

通过开展重大政策和项目支出的绩效评价，加强对同类政策和项目的监管和绩效追踪，有利于提高财政资金的配置效率和使用效益：砍去那些无效率或低效率、管理不规范的项目，保留并完善那些高效率、管理规范的项目。同时，廊坊市通过绩效评价结果的应用，对政策或项目实施主体起到了一定的督促作用，促使预算单位更加重视政策和项目的实施效率和效果。各类改革措施回应了政府"过紧日子"

的理财理念，彰显了财政"以政领财、以财辅政"的功能定位。

（二）规范了财政预算资金使用，提高了财政资金的使用效率

廊坊市通过重点论证立项必要性、投入经济性、绩效目标合理性、实施方案可行性和筹资合规性，提高了政策和项目的准入门槛，避免非必要、非紧急的政策项目引起的资源浪费；通过建立重大政策绩效跟踪机制，对存在严重问题的要暂缓或停止预算拨款，督促及时整改落实，避免了资金沉淀、执行过程偏离的问题，提高了资金的使用效率。通过事后对政策实施效果开展绩效评价，对照政策目标评判完成情况，以及资金投入和使用情况，将评价结果和下一年的项目事前绩效评估相结合，有利于保障财政资金的使用更加经济、合理、合规。

（三）提高了部门工作的责任性，推进了治理体系和治理能力现代化

廊坊市通过开展重大政策和项目绩效评价，将政策、项目的评价结果报告政府，从而提高了廊坊市政府工作和财政资金使用的责任性，促进和保障政策和项目实施的效率和效益，提高了公众满意度，在一定程度上避免了因资金使用的无效、低效导致政策和项目的失误或失败，避免社会稳定风险和财政运行风险，从而推动建设服务型政府，推进廊坊市治理体系和治理能力现代化。

第七章
部门整体预算绩效管理从评价"独角戏"到管理"大合唱"

全面实施预算绩效管理以来,廊坊市财政局逐步将绩效管理重心由预算项目转移到部门整体,坚持"一个部门、一本预算、一份绩效"的部门整体绩效观,打造部门整体绩效管理支撑体系,创新推动部门整体事前评估、绩效评价、成本绩效管理等工作,增强部门履职效能、优化财政支出结构,进一步提升财政资金绩效和公共服务水平。本章重点描述廊坊市的部门整体预算绩效管理从单一的财政部门的评价"独角戏"转向以财政部门、预算部门及单位各级预算支出责任人等主体共同作用下"大合唱"的过程,介绍了涵盖事前绩效评估、绩效运行监控、绩效评价的部门整体预算绩效管理"廊坊经验"。

第一节　部门整体预算绩效管理发展演变与体系建设

一、廊坊市部门整体预算绩效管理的发展演变

2019年9月，廊坊市财政局印发《廊坊市市级部门整体绩效评价管理办法（试行）》，明确了部门整体绩效评价的组织管理、评价内容、评价类型和方法、评价工作程序和结果应用等内容。2019年10月，廊坊市财政局选取8个预算部门作为2018年度部门整体绩效评价及2019年分行业分领域分层次的核心绩效指标和标准体系构建工作的试点部门，设置部门整体绩效指标、填报部门整体绩效自评表和自评报告。试点部门可主动对接省级部门和相关地市的对口单位，加强沟通交流，共同研究推进分行业、分领域、分层次的核心绩效指标和标准体系构建试点工作。

2020年，廊坊市首次探索实施部门整体绩效管理，选取市场监督管理局、卫生健康委员会、生态环境局、农业农村局4个部门作为部门整体绩效管理试点，推动部门建立全方位、全过程自主开展整体预算绩效管理的工作思路，逐步提高部门自主开展整体预算绩效管理的工作能力和工作水平。

从2021年开始，廊坊市在前期部门整体预算绩效管理工作的基础上，将成本绩效管理纳入部门整体预算绩效管理范围。2021年，廊坊市财政局首次开展部门整体支出成本分析

试点,对市本级5所高中开展成本绩效管理工作,通过历史数据分析制定出6大类、50余项支出标准,为后续成本分析提供了依据。

2022年,廊坊市持续推进全成本分析在部门整体预算绩效管理中的应用,先后印发廊坊市住建局、卫健委、公安交警支队的部门整体全成本绩效管理工作方案,形成"部门整体绩效评价、预算支出标准制定、部门整体事前评估"一体化推进的工作路径。

2023年,廊坊市财政局印发《2023年廊坊市部门整体绩效再评价指标体系》,将考评体系应用于2023年市直部门(单位)开展的部门整体绩效自评工作和财政部门组织开展的部门整体绩效再评价工作,同时将再评价结果将纳入年度市管领导班子领导干部年度考核体系,强化部门整体预算绩效管理的结果应用。

二、廊坊市部门整体预算绩效管理的制度演变

部门整体预算绩效管理是预算绩效管理的重要组成部分,是指预算部门、单位的各层级预算支出责任人及相关主体,在财政部门的指引下,以各类形式的预算资金为对象,按照一定的绩效准则,为实现绩效目标,统筹考虑资产和业务活动,提高部门整体绩效水平而开展的包括事前绩效评估、绩效运行监控、绩效评价等内容的系列管理活动。

在部门整体预算绩效管理方面,河北省廊坊市走在全国的前列。2019年廊坊市出台了《廊坊市市级部门预算绩效管理办法》(廊政字〔2019〕34号),部门预算绩效管理正式启动,随后廊坊市财政局先后印发了部门内部预算绩效管理制度模板等21项制度办法,规定了部门整体绩效目标指标设置方法、部门整体绩效评价工作程序、部门整体绩效评价共性指标体系框架等内容,让部门整体预算绩效管理开展工作有据可依(见表7-1)。

表7-1　　　　　　　廊坊市预算绩效管理制度办法一览表

序号	政策文件名称	出台时间	目的及作用
1	《廊坊市市级部门整体绩效评价管理办法(试行)》(廊财预〔2019〕47号)(已废止)	2019年9月	加快建成全方位、全过程、全覆盖的预算绩效管理体系,切实加强部门整体绩效管理,强化支出责任,进一步规范部门整体绩效评价工作。
2	《廊坊市市级部门绩效运行监控管理办法(试行)》(廊财预〔2019〕56号)(已废止)	2019年9月	进一步加强和规范预算绩效运行监控工作,建立预算绩效运行监控机制,确保绩效目标如期保质保量实现,提高财政资金使用效益。

续表

序号	政策文件名称	出台时间	目的及作用
3	廊坊市财政局关于印发《2020年部门整体绩效管理工作方案》的通知	2020年6月	以部门职责为切入点，构建部门整体绩效管理框架，全面梳理部门预算项目，构建部门所属行业领域指标库，组织开展绩效运行监控，辅导部门建立绩效运行监控工作机制。
4	廊坊市财政局关于印发《2021年部门整体项目事前绩效评估工作方案》的通知	2020年8月	引入第三方力量试点开展部门整体项目事前绩效评估，逐步推进市直部门构建本部门预算绩效管理体系，提升各部门整体绩效管理水平。
5	廊坊市财政局关于印发《廊坊市市级事前绩效评估管理办法》的通知（廊财绩〔2021〕10号）	2021年6月	进一步规范事前绩效评估工作，提高事前绩效评估的科学性、准确性。
6	廊坊市财政局关于印发《廊坊市市级部门整体绩效评价管理办法》的通知（廊财绩〔2021〕12号）	2021年6月	加快建成全方位、全过程、全覆盖的预算绩效管理体系，切实加强部门整体绩效管理，强化支出责任，进一步规范部门整体绩效评价。
7	廊坊市财政局关于印发《廊坊市市级中期绩效评估管理办法（试行）》的通知（廊财绩〔2021〕17号）	2021年9月	进一步加强市级各部门、各单位预算绩效管理，提高预算执行效率和财政资金使用效益。
8	廊坊市财政局关于印发《廊坊市市级部门绩效运行监控管理办法》的通知（廊财绩〔2022〕8号）	2022年6月	进一步加强和规范预算绩效运行监控工作，提高预算执行效率和资金使用效益，确保绩效目标如期保质保量实现。
9	廊坊市财政局关于印发《廊坊市市级预算绩效结果应用管理办法》的通知（廊财绩〔2022〕7号）	2022年6月	规范预算绩效结果应用，增强绩效结果约束力，切实提高财政资金使用效益和管理水平。
10	廊坊市财政局印发《廊坊市财政局预算绩效框架协议实施细则》的通知（廊财绩〔2022〕9号）	2022年6月	进一步加强预算绩效管理，规范框架协议内第二阶段任务分配，促进入围第三方机构机会公平、有效竞争。
11	廊坊市财政局关于印发《廊坊市市级全成本预算绩效管理实施方案》的通知（廊财〔2022〕36号）	2022年6月	积极推进成本预算绩效管理，引入管理实施方案，降本增效。
12	《2023年廊坊市部门整体绩效再评价指标体系》	2023年6月	开展部门整体绩效自评工作和再评价工作，再评价结果将纳入年度市管领导班子领导干部年度考核体系。

（一）部门整体事前绩效评估制度的演变

自2019年起，廊坊市先后制定了绩效目标管理和事前评估制度，并于2021年进行了修订（见表7-2），为市直部门开展事前绩效评估、编制绩效目标提供了制度保障，提升了事前绩效评估的科学性、规范性和有效性。

表7-2 《廊坊市市级事前绩效评估管理办法》和《廊坊市市级预算绩效目标管理办法》修订前后比较

制度名称	《廊坊市市级事前绩效评估管理办法（试行）》（廊财预〔2019〕47号）（已废止）	《廊坊市市级事前绩效评估管理办法》（廊财绩〔2021〕10号）	《廊坊市市级预算绩效目标管理办法（试行）》（廊财〔2019〕75号）（已废止）	《廊坊市市级预算绩效目标管理办法》（廊财绩〔2021〕11号）
主要内容	"立项必要性、项目可行性、项目绩效性"3项内容	"立项必要性、绩效目标合理性、实施方案可行性、投入经济性、筹资合规性"5项内容	—	"根据部门职责，市委市政府工作部署、部门战略发展规划和中长期规划、年度工作计划与工作要点对部门和单位的职能进行梳理，确定部门和单位的核心职责"
评价结果	"事前绩效评估的结果（绩效评级）划分为四个等次，'优'等次：90分（含）—100分、'良'等次：80分（含）—90分、'中'等次：60分（含）—80分、'差'等次：60分以下"	包含评估结论和评估得分两部分	—	新增部门整体绩效目标审核，"部门整体的绩效目标，由财政部门按照预算管理流程进行一般审核，并以五年为周期实现重点审核全覆盖"
结果应用	—	明确了哪些项目予以支持、哪些项目部分支持、哪些不支持；廊坊市率先提出根据评估对象的不同划分为项目事前评估、政策事前评估和部门整体项目事前评估三类	—	明确绩效目标审核结果为"良"或80分（含）到90分的，仍需由相关部门或单位对其绩效目标进行修改完善，按程序重新报送审核

2019年7月，廊坊市财政局制定并印发了《廊坊市市级预算绩效目标管理办法（试行）》和《廊坊市市级事前绩效评估管理办法（试行）》，明确了事前绩效评估的概念、分类、目标以及绩效目标管理的概念、对象、基本原则，提出了事前绩效评估三大类型、三项评估内容、四个量化等级，促进部门提升项目谋划能力。2021年7月，廊坊市财政局出台了《廊坊市市级事前绩效评估管理办法》（廊财绩〔2021〕10号）和《廊坊市市级预算绩效目标管理办法》（廊财绩〔2021〕11号），对原办法的适用范围、评估内容进行了微调，进一步丰富了部门整体绩效目标设置的方法，修改了绩效目标管理的不同审核结果的预算资金安排等。同时，废止《廊坊市市级预算绩效目标管理办法（试行）》（廊财〔2019〕75号）和《廊坊市市级事前绩效评估管理办法（试行）》（廊财〔2019〕74号）。

在部门事前评估阶段，廊坊市财政局根据部门职责活动，全面评估部门申报项目，召开专家评审会，与预算部门"一对一"质询、面对面评审，全力提升评估结果精准性，建立了事前评估和预算评审相结合的模式，有力打破部门"保基数、护盘子"的固化思维，显著提高部门项目质量和资金使用效益。

（二）部门整体绩效运行监控制度的演变

2019年9月，廊坊市财政局印发《廊坊市市级部门绩效运行监控管理办法（试行）》（廊财预〔2019〕56号），明确了部门整体绩效运行监控的概念、目标、监控内容与方式、基本原则、监控实施程序等要求。2022年6月，廊坊市财政局结合两年来实践经验，对绩效监控情况表的类型等进行了优化调整，修订印发了《廊坊市市级部门绩效运行监控管理办法》（廊财绩〔2022〕8号），进一步提升了部门绩效运行监控的可操作性，巩固了部门绩效运行监控制度。

廊坊市部门整体绩效运行监控旨在把控部门预算执行进度和绩效目标实现程度，监控内容主要包括：部门预算资金落实情况、支出进度及资金使用情况；部门年度目标任务实施进度情况，分析进度滞后原因；部门整体绩效目标指标完成情况，分析预期目标契合程度、偏离程度，是否需要调整目标，是否采取措施进行纠偏等。

（三）部门整体绩效评价制度的演变

2019年9月，廊坊市财政局印发了《廊坊市市级部门整体绩效评价管理办法（试行）》（廊财预〔2019〕47号），明确了部门整体自评、绩效再评价、重点绩效评价三大事后评价类型以及对应的评价内容。2021年6月，廊坊市在前有基础上修订形成了《廊坊市市级部门整体绩效评价管理办法》（廊财绩〔2021〕12号），修订的具体内容如表7-3所示。

表7-3 《廊坊市市级部门整体绩效评价管理办法（试行）》修订前后比较

制度名称	《廊坊市市级部门整体绩效评价管理办法（试行）》（廊财预〔2019〕47号）（已废止）	《廊坊市市级部门整体绩效评价管理办法》（廊财绩〔2021〕12号）
自评方式	由主管部门先行汇总所属单位自评表和自评报告，后随同本部门自评表和自评报告一并报送财政局	主管部门形成部门整体支出绩效自评表后按要求报送财政局
评价成果	自评：自评表+自评报告 再评价：《部门（单位）整体绩效再评表》《部门（单位）整体绩效再评报告》	自评：自评表 再评价：《复核情况表》

廊坊市部门整体绩效评价的特色主要表现在以下三个方面：

一是，强调部门自评与财政再评相结合。在全市范围内开展部门整体支出绩效自评和再评，围绕部门资金管理、资金使用效益等内容，在部门自评基础上进行再评价，以全面评价促进部门提升，并将结果纳入市管领导班子领导干部考核体系，促使部门进一步优化管理水平。

二是，推进成本分析与绩效评价相结合。在绩效评价中综合运用成本分析法，对相关预算资金的成本效益进行分析，严格按照"明职能—核成本—评绩效—出标准—促管理"的部门整体成本绩效管理实施路径，拓展了财政支出评价的深度，有助于制定更加科学的预算支出标准。

三是，全面推行部门整体绩效自评复核制度，对市级多个部门开展整体绩效自评复核，按优良中差排序打分。

三、廊坊市部门整体预算绩效管理体系建设

近年来，根据党中央、国务院和财政部对部门整体绩效评价的要求，各地区、各部门深入探索符合自身实际情况的评价模式。廊坊市部门整体绩效管理形成了财政和部门"比翼齐飞"的发展态势。一是，以财政部门为主线，坚持问题导向，实行"财政部门牵头组织，行业主管部门统一管理，各部门具体落实"的管理模式，将支出标准体系建设有机融入预算管理全过程，切实将支出标准作为预算安排的"硬杠杠"，围绕各个部门的具体职能和任务，探索构建部门整体成本预算绩效管理框架体系，进行全成本绩效管理。二是，以部门主体为主线，建立起一套以自我约束为落脚点的部门整体绩效评价体系，并延伸拓展至事前评估、绩效目标、运行监控等环节，精准回答"部门的主要职责是什么""部门应提供怎样的公共产品和公共服务""财政预算安排应如何进行分配"三个关键问题。上述两条主线相互衔接，全面打造了部门整体绩效管理体系，实现了部门整体事前评估、绩效评价、成

本绩效管理等工作的深度融合，有效提升了财政资金绩效和公共服务水平。

（一）部门整体项目事前绩效评估体系

为解决部门职能与预算安排"两张皮"、预算项目"散、碎、小"等问题，廊坊市在预算编制阶段率先探索部门整体项目绩效评估工作，编制涵盖核心业务的部门整体绩效目标指标，形成事前评估和预算评审相结合的部门整体项目事前绩效评估体系，具体表现在以下方面：

一是，探索建立"评估+评审"模式，全力提升评估结果精准性。建立事前评估和预算评审相结合的模式，评估结果不仅包含是否安排预算，也包括安排多少资金，确保评估结果一步到位。既避免财政部门做"两遍功"，又减轻了部门的负担，使评估工作结果能够更加直接地应用于预算编审，把好了预算安排"头道关"。

二是，立足部门职责活动，将全成本绩效管理贯穿事前评估全过程。廊坊市财政局创新制定支出标准管理办法，将支出标准体系建设融入部门预算管理全过程，要求部门在申报预算时，必须开展支出标准分析、设定成本指标，无标准不能入库，增强预算管理精准化、标准化水平。

三是，强化评估结果应用，提升财政统筹保障能力。召开专家评审会，与预算部门"一对一"质询、面对面评审，大力审减低效无效资金、坚决砍掉质量较差的项目，将绩效评价结果应用于下年度预算安排，将考核内容纳入市管领导干部考评体系，以考评促管理、以考评提质效，发挥考核"指挥棒"作用，显著提高部门项目质量和资金使用效益。

（二）部门整体绩效运行监控体系

为提高部门预算执行的"硬实力"，增强"硬约束"，廊坊市财政局负责组织开展部门绩效运行监控管理，通过动态采集数据，及时反映预算执行、项目实施完成情况等重点内容，推动廊坊市绩效运行监控工作进入系统化、规范化、可持续的轨道。

一是，开展事中"双监控"。形成"项目执行进度+绩效目标"双监控模式，在监控过程中发现问题及时纠偏，进一步提高预算执行效率和财政资金使用效益。

二是，定期开展中期绩效评估。在预算执行中期，财政部门根据设定的绩效目标，在"双监控"的基础上对绩效目标完成情况进行绩效评估，分析并预测绩效目标完成情况。及时发现绩效运行偏离目标的状况，针对存在问题督导整改落实，确保绩效目标按期完成。

三是，建立快速高效的结果反馈机制。廊坊市财政部门通过审核部门和单位提交的监控结果以及中期绩效评估结果，选取重大支出政策和项目进行重点监控，及时通报部门和单位进行整改，对问题严重或整改不到位的暂缓或停止预算拨款，对偏离绩效目标或无法继续实施的，及时收回资金统筹安排用于更需要的支出。

（三）部门整体绩效评价体系

为增强部门自我管理意识和水平，解决部门整体绩效目标设置不合理、绩效自评流于形式、评价结果应用难等问题，廊坊市全面实施部门整体绩效评价，形成"自评+再评+重点评价"的部门整体绩效评价体系，调动部门（单位）提升预算绩效管理深度和广度的积极性，有效发挥考评"指挥棒"作用。

部门整体绩效自评作为事后评价的头道关，旨在强化部门（单位）的自我剖析意识。部门整体绩效自评主要包括以下内容：一是，要求市本级所有部门和单位根据设置的绩效目标，以预算资金管理为主线，对运行成本、履职效能、核心业务产出、效果效益、可持续发展能力和服务对象满意度等内容进行客观、公正的自我评价。二是，严格按照全覆盖原则，对部门管理、部门产出、部门效果等方面进行全面评价，充分发挥市财政局各资金主管处室日常监管作用，督促指导部门开展自我约束管理。

在部门整体绩效自评的基础上，廊坊市财政局创新开展了部门整体绩效再评价工作，旨在以最低成本最大限度促进评价质量提升。主要包括以下内容：一是，对部门预算绩效管理进行立体"画像"。廊坊市结合实际制定了具有廊坊特色的部门整体绩效评价指标体系，立体式刻画部门整体"画像"：共性指标统一标尺、个性指标突出特色，实现了一套评价指标描绘部门整体履职效果全貌。二是，以"自评+复核"的方式开展。通过部门自评自我剖析、财政再评全面复核、结果反馈信息对称等系列程序，以科学严格的考评程序，使评价结果更加客观公正，帮助部门发现问题，共促部门改进管理，提升整体绩效水平。三是，不断强化结果应用实效。坚持"干好干坏不一样"导向，将再评价结果与预算安排挂钩，压减再评价"良"等次及以下部门的运转类经费；同时将再评价结果与干部考核挂钩，作为预算绩效管理考核重要内容纳入市管领导班子领导干部考评体系，提高了部门预算绩效管理重视程度，激发了部门绩效管理活力，不断提升部门履职效能。

在各市直部门全面开展部门整体绩效自评和再评价的基础上，廊坊市财政部门每年选取部分部门和单位开展部门（单位）整体重点绩效评价。一是，深入了解整体绩效目标的设置情况和实现情况及效果；二是，进一步探寻部门资金投入、预算执行及管理情况和为实现整体绩效目标所制定的制度、采取的工作措施，提出针对性整改问题，将重点绩效评价结果作为下年度重点部门领域预算安排的参考，更好确认部门预算画像，从而加强部门预算管理、履行部门职责、提升部门整体效果。

第二节　部门整体项目事前绩效评估

一、廊坊市开展部门整体项目事前绩效评估的背景

2019年8月，为夯实廊坊市财政管理基础，服务财政决策，从源头上提高财政资金配置和使用效能，强化部门主体责任，提高部门预算管理水平，根据《中共廊坊市委廊坊市人民政府关于全面实施预算绩效管理的实施意见》（廊发〔2019〕23号）、《廊坊市人民政府关于印发廊坊市市级部门预算绩效管理办法的通知》（廊政字〔2019〕34号）等文件要求，廊坊市将绩效理念和方法深度融入部门和单位整体支出的预算编制中，规范部门和单位的预算绩效管理行为，再造预算编审流程，将事前评估结果报市政府作为决策依据，并作为申请预算的必备要件。

实施部门整体项目绩效事前评估之后，廊坊市预算部门不仅要对资源的使用负责，更要对资源使用产生的结果负责，促使预算资源的配置从"重权力"转变为"重责任"，从"重局部"利益转变为"重整体"，强化了部门支出责任，扩大了预算绩效管理范围，从而构建起覆盖预算周期全过程、全方位的部门整体预算绩效管理体系（见专栏7–1）。

> **专栏 7-1　廊坊市关于部门整体项目事前绩效评估开展的访谈**
>
> "改革前,部门只盯部门资金是否管用,而忽略了所产生的整体效益,使得财政资金难以统筹优化,使用结果与部门职责、事业发展难以有效评估。一些部门存在项目现实需求不迫切,预期效果不高,申报预算缺乏标准,价格不合理等现象问题。而越在财政收支矛盾突出的情况下,越要分清轻重缓急,让有限财政资金发挥更大效益。"廊坊市财政局绩效科有关负责人说。因此,实施部门整体项目事前评估作为预算申报"要件",能有力强化部门支出责任,既能把好财政资金使用"头道关",又帮助部门提高项目谋划能力。

二、廊坊市开展部门整体项目事前绩效评估主要解决的问题

部门整体项目事前评估是以部门全部预算项目为评估对象,以预算为评估重点的评估工作,由财政部门组织实施,该项工作的有效开展可解决以下问题。

(一)部门战略规划与预算编制不匹配

实施部门整体事前绩效评估旨在从全局视角出发,关注部门战略规划与预算编制的一致性问题,实现部门战略规划与预算的匹配,提高治理效能。改革前,廊坊市预算申报过程中或多或少存在战略规划和预算"两张皮"的现象,缺少"自上而下"的"战略规划—政策—项目"分解机制,项目绩效目标与部门战略规划、政策之间缺少衔接和对应关系,有些项目未能随着环境、需求和政策的变化及时调整,存在支出固化的现象,旧有项目无法服务新的目标,新的目标缺少适当项目落地。

(二)部门整体目标设置与职能不匹配

绩效目标是编制部门预算、开展事前绩效评估等的重要基础和依据,是引导部门活动优先序安排、预算资金配置的基础,同时,也是建设项目库、实施绩效监控、开展绩效评价的保障。改革前,廊坊市一些部门存在绩效目标界定不清晰,与部门履职相关度偏低,目标设定或过于宽泛,或过于微观等问题,部门"业"与"财"割裂的现象较为严重,部门整体目标设置与部门职能之间未形成匹配对应关系。

（三）部门预算缺少整体统筹

改革前，廊坊市部门预算管理中，存在缺少整体统筹的现象：有些部门不同科室之间存在"重复申报"；有些项目内部事项存在交叉重叠；有些新增事项与存量事项不断"打补丁"，缺少优化设计，导致预算申请只增不减；有些部门资产申报未考虑存量资产使用情况；有些部门的信息化项目"小、碎、散"，存在大量的"孤岛"和"烟囱"等。上述部门预算缺少整体统筹的问题，造成了资金的浪费，影响了资金效益发挥。实施部门整体项目事前绩效评估使得财政部门能从整体视角出发，避免重复申报等现象发生，提高资金利用效率。

三、廊坊市部门整体项目事前绩效评估的举措

廊坊市部门整体项目事前绩效评估由廊坊市财政局遵循客观公正、科学规范、依据充分、成本效益等基本原则，负责组织开展。市财政局通过审核部门和单位提交的部门整体项目事前绩效评估报告，反馈审核意见，并依据事前评估结果调整预算安排。具体过程示意图如图7-1所示。

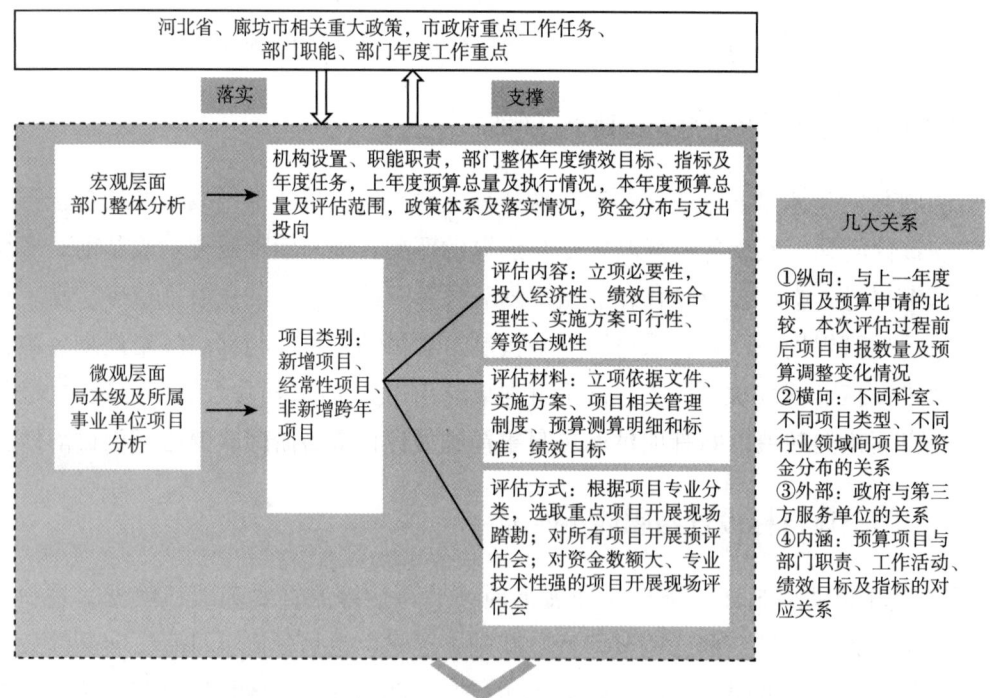

注：针对局本级及所属事业单位各项目情况进行打分及等级划分，分为"优良中差"四个等级，60分以下等级"差"，原则上不予以支持，60分（含）以上的项目按照分数高低优先安排财政资金；从部门整体情况、评估工作情况、评估结论及建议方面汇总形成部门整体项目事前绩效评估报告。

图7-1　廊坊市部门整体项目事前绩效评估过程示意图

（一）部门整体项目事前绩效评估的主要内容

实践中，廊坊市主要从立项必要性、投入经济性、绩效目标合理性、实施方案可行性、筹资合规性五个方面对部门整体项目开展事前评估。

一是，项目立项是否"刻不容缓"。部门立项需遵循"刻不容缓"原则，即部门整体项目的设立与国家、河北省、廊坊市的行业政策发展相关，与部门职能、规划及年度工作重点相关，有迫切的现实需求和确定的服务对象，属于财政资金支持范围等。

二是，投入是否做到"量入为出"。部门投入需做到"量入为出"，该项评估将部门中不同项目方案的技术和经济指标进行比较和分析，从而方便部门选择最优方案，提高项目整体的经济性，实现资源的最佳利用和最大的经济效益。

三是，绩效目标是否"合情合理"。通过对部门整体目标的合理性评估，进一步明晰部门要解决的问题，即绩效目标与现实需求匹配，且绩效目标设置具有前瞻性和挑战性等。

四是，实施方案能否"行之有效"。通过对部门整体实施方案可行性评估，了解部门的政策决策、项目组织机构现有发展和执行情况，进一步明确部门职责分工，组织管理机构具有可持续运转能力，使方案实施做到行之有效。

五是，筹资来源是否"筹资得当"。通过对部门整体层面项目和政策筹资的合规性评估，确保所筹资金符合国家法律法规的要求，预算编制依据充分，部门整体项目资金来源和承受能力科学合理等。

（二）部门整体项目事前绩效评估的基本流程

为确保事前评估工作的客观公正，廊坊市在《廊坊市市级事前绩效评估管理办法》等多个文件中强调了评估工作的严格、规范工作程序。部门整体事前绩效评估程序一般包括准备、实施、报告审核、结果应用四个阶段。

一是，准备阶段。在部门整体项目事前绩效评估准备阶段，财政部门指定重点评估对象确定评估目的、内容、任务、依据、时间及要求等方面的情况。部门和单位成立部门整体项目事前绩效评估组或委托第三方机构进行部门整体项目事前绩效评估。

二是，实施阶段。在部门整体项目事前绩效评估实施阶段，按照前期调研、制定工作方案、深入部门和单位采集数据、实施事前评估等步骤逐一展开。首先，开展前期调研，评估组或受委托的第三方机构充分了解评估对象的具体情况，以识别重要评估事项、履行评估责任和实现评估目标。其次，制定工作方案，评估组或受委托的第三方机构根据部门整体项目情况，编制事前绩效评估工作方案。工作方案包括但不限于：部门整体项目概况、评估的对象及范围、评估思路及方法、评估指标体系、数据采集及社会调查方案评估工作人员安排和进度计划等。再次，深入部门和单位采集数据。评估组或受委托的第三方机构持《事前绩效评估通知》进入部门和单位开展数据采集工作，通过文件查阅、社会调查以及基础表填报三种方式采集数据，分析项目的立项背景、保障措施、绩效目标预算编制等情况。最后，是实施事前评估环节。评估组或受委托的第三方机构运用相关评估方式、方法，对部门整体项目的必要性、可行性、财政支持方式、项目预算等进行综合评估，形成评估报告。部门整体项目绩效评估报告应分为总报告和分报告，分报告是对单个项目进行详细分析的结果，总报告是在归纳汇总各分报告的基础上对部门所有项目进行整合分析的结果。

三是，审核阶段。在部门整体项目事前绩效评估报告审核阶段，财政部门负责审核《部门整体项目事前绩效评估报告》，审核《部门整体项目事前绩效评估报告》时，将分项目报告逐一审核。审核方式包括：财政内部审核、邀请专家评审、组织第三方机构独立开展再评估。事前绩效评估报告审核结果分为"合格"与"不合格"。

四是，结果应用阶段。在部门整体项目事前绩效评估结果应用阶段，事前绩效评估报告审核结果为"合格"，评估结果可被采用。评估结果为"优"，直接进入下一步预算安排流程；评估结果为"良"或"中"，调整完善后进入下一步预算安排流程；评估结果为"差"，不进入预算安排流程。财政部门根据绩效评估结果填写事前绩效评估结果反馈函，反馈至被评估的部门和单位。被评估部门和单位按照事前绩效评估结果反馈函落实整改。部门应将本部门及所属单位的评估结果按照政府信息公开的要求向社会公开。

（三）部门整体项目事前绩效评估的探索过程

2019年，廊坊市被河北省确定为全面实施预算绩效管理设区市试点城市，从试点破题到扩面增量，从单项突破到体系构建，从模式创新到流程再造，以绩效促管理，向绩效要财力，探索出了一条具有自身特色的预算绩效管理之路，为部门整体预算绩效评估开展打下了坚实基础，首次组织对生态环境局实施整体层面的事前评估，涉及190个申报项目、金额2.88亿元，审定1.66亿元、审减1.22亿元，推动该年年底生态环境局的支出进度达到90%以上。2020年廊坊市又根据实际情况展开了新探索，通过"绩效自评估+财政事前绩效评估"两种方式扩大事前绩效评估范围，由市财政局选取重点部门、重点项目开展财政事前绩效评估，组织实施了4个部门整体项目事前绩效评估，涉及311个项目，资金8.12亿元，审减3.5亿元，审减率44%。2021年，廊坊市进一步将部门整体的事前绩效评估结果作为市直部门预算绩效管理工作考评依据之一，各部门（单位）对新出台的支出政策、新增项目开展事前绩效自评，未按要求开展事前绩效评估的新增政策和项目不得申报财政资金，强化开展事前评估环节的重要意义。2022年，廊坊市财进一步探索"部门整体绩效评价、预算支出标准制定、部门整体事前评估"一体化推进的工作路径，将成本分析理念融入事前绩效评估。自此，越来越多部门实施了部门整体项目事前绩效评估，部门整体项目事前绩效评估结果作为该部门项目入库的必备要件，防止部门"拍脑袋决策"，从源头上提高预算编制的科学性和精准性（见专栏7-2）。

> **专栏7-2 廊坊市关于部门整体项目事前绩效评估成效的访谈**
>
> "资金量减了四成多，生态环境工作却保质保量完成了任务。"廊坊市S局工作人员深有感触地说，"原来我们对预算绩效很困惑。经过一年多的实践，部门在绩效目标设定上更加精细化、更有指向性了。"在初步试点取得较好成效后，廊坊市财政局将事前绩效评估和绩效目标指标作为预算申报的"双要件"，坚持"前评不通过，资金不安排"原则，从源头打破基数概念，不断将事前绩效评估全面扩围提标，所有新增政策和项目不分金额大小，全部开展事前绩效自评估，实现"无评估不新增"，形成了一套属于廊坊的部门整体项目事前预算绩效开展模式。

廊坊市全面推行部门整体项目事前绩效评估，预算编制的科学性和精准性大大提高，部门资金利用率提升，以2022年廊坊市Z局的部门整体事前绩效评估为例，该部门的评估结果全面应用于2023年预算编制中。

廊坊市Z局是廊坊市首批实施部门整体项目预算评估的工作部门。2023年度的事前绩效评估涉及廊坊市Z局本级及直属事业单位等5个单位，涵盖142个项目，预算申报金额合计19.75亿元。针对该部门体量大、专业性强、预算安排难的特点，对评估项目立项的必要性等方面进行充分论证，形成科学严谨的评估结论和建议。

经过评估，Z局2023年度部门整体事前整体项目绩效评估项目共计申报142个，建议予以支持项目13个，部分支持项目74个，不予支持项目55个，申报预算金额调减率达到73%，从源头上提高预算编制的科学性和精准性，防止"拍脑袋决策"。此次部门事前评估提出了以下四点针对性意见建议。

一是，在立项必要性方面，缺少立项依据、需求不迫切、单位开展的业务活动与单位职责不匹配。Z局应结合部门职责、中长期规划和年度重点工作任务，加强部门顶层设计和统筹管理，注重项目需求必要性的论证和对支撑材料的归集、整理、分析。

二是，在绩效目标合理性方面，绩效目标较为宽泛笼统、与项目实施内容达到的效果不匹配、大部分项目绩效指标不够细化。Z局及各单位可以规范项目绩效目标申报表填报，提高项目实施内容与绩效目标、绩效指标的匹配度，从而不断提高绩效目标管理水平，把"讲求绩效"作为预算编制的第一道关口，推动绩效管理提质增效。

三是，在实施方案可行性方面，实施方案完整性、有效性不足。Z部门各单位加强项目实施方案对项目执行的指导性，针对不同的项目制定有针对性的、具体可行的项目实施方案，明确项目实施、监督验收等流程，有效约束指导项目执行。

四是，在投入经济性方面，Z局尚未建立健全业务作业成本核算分析工作组织机制，提质降本增效的意识有待加强，缺乏对成本投入产出的全面分析测算，预算编制依据不充分。Z局应建立健全作业成本核算分析工作的组织机制，应用成本核算分析结果，并加强对所属单位申报预算的审核，提高部门预算编制质量，提高项目预算编制的准确性、合理性。

四、廊坊市部门整体项目事前绩效评估的成效与经验

自2019年以来廊坊市率先推进部门整体项目事前绩效评估工作，涉及市级评估评审资金共计74.71亿元，审减低效无效预算45.49亿元，针对很多部门存在部门职能与预算安排"两张皮"、预算项目"散、碎、小"等问题，优化部门支出结构、压减低效无效资金。用有限的财力集中保障了廊坊的大事要事攻坚，有效解决了财政资金缺口与低效无效闲置并存的突出矛盾。

（一）把好预算"头道关"，资金用在"刀刃上"

廊坊市通过制定"评估+评审"模式，利用好事前严审绩效评估和绩效目标"双要件"，全力提升评估结果精准性，严格把好资金使用头道关。针对部门项目"散乱小"、重点不突出、效益低下等难题，以"目标讲不清、项目不入库，前评不通过、预算不安排"为原则，将绩效目标和事前绩效评估作为预算安排的双要件；建立事前评估和预算评审相结合的模式，评估结果不仅包含是否安排预算，也

包括安排多少资金，确保评估结果一步到位。既避免财政部门做"两遍功"，又减轻了部门的负担，使评估工作结果可以更加直接地应用于预算编审，把好了预算安排"头道关"。

（二）降低项目"重复率"，拒绝部门"无用功"

全面实施预算绩效管理以来，廊坊市财政局逐步将绩效管理重心由预算项目转移到部门整体，坚持"一个部门、一本预算、一份绩效"的部门整体绩效观，打造部门整体绩效管理支撑体系。在具体实践过程中，部门整体项目事前评估不仅发挥了把好资金使用头道关的关键作用，更避免了部门项目申报过程中的"重复"。通过部门整体项目事前绩效评估，从全局角度看待同一个部门的各类项目，创新推动部门整体事前评估、绩效评价、成本绩效管理等工作，增强部门履职效能、优化财政支出结构，大大减少了部门单位内部由于信息不对称产生的重复申报、资金浪费，化多为一，整合项目，发挥财政资金效益最大化，进一步提升财政资金绩效和公共服务水平。

除此之外，财政局作为评估的整体把控者，也能通过各个单位部门的有关报告，避免各部门单位之间的项目重复，降低了项目"重复率"，拒绝"无用功"。

（三）提升项目"成熟度"，推动部门"负责任"

在新时代新征程的新起点，部门整体项目事前评估能够将预算与绩效深度融合。从部门项目的开始阶段就进行"小考"，通过评估植入"绩效"理念，提升项目"成熟度"倒逼部门做到"花钱必问效，无效被问责"，进一步强化评估结果应用，提升财政统筹保障能力，夯实部门预算管理主体责任。

在部门整体项目事前评估的结果应用环节，廊坊市通过召开专家评审会，与预算部门"一对一"质询、面对面评审等形式，大力审减低效无效资金、坚决砍掉质量较差的项目，有力打破了部门"保基数、护盘子"的固化思维，显著提高部门项目质量和资金使用效益。根据有关数据统计，2019—2022年，廊坊市对资金量大、社会关注度高、专业性强的20个部门开展整体评估，累计审减41.80亿元，帮助部门将部门职能与预算项目相关联，提升了部门预算与政府治理要求的匹配程度，同时将节约的资金统筹用于亟须支持的关键领域，有力保障了政府大事要事攻坚、民生领域持续改善。

第三节　部门整体绩效运行监控

一、廊坊市部门整体绩效运行监控的实施背景

部门整体绩效运行监控是指通过动态采集数据，及时、系统地反映部门预算执行和部门整体绩效目标完成情况等重点内容，发现运行偏差并提出及时、有效的纠偏措施予以纠正，以确保部门预算资金按计划使用并实现预期绩效目标。按照监控的内容和时间，绩效运行监控可分为针对绩效目标实现程度开展的预算绩效运行监控、针对预算执行进度开展的预算执行进度监控和针对绩效目标实现可能性开展的中期绩效评估。

（一）部门整体绩效运行监控的政策要求

根据《中共中央　国务院关于全面实施预算绩效管理的意见》的有关规定，财政部预算司于2019年7月发布《中央部门预算绩效运行监控管理暂行办法》，旨在加强中央部门预算绩效运行监控管理，提高预算执行效率和资金使用效益。目前，我国已经逐步构建起中国特色现代财政国库管理制度，涵盖了国库集中收付、国库现金管理、政府采购管理、预算执行情况报告、政府会计核算管理以及财政国库动态监控等诸多方面，这也为部门整体预算执行动态监控提供了支撑手段。

《中共廊坊市委　廊坊市人民政府关于全面实施预算绩效管理的实施意见》（廊发〔2019〕23号）中提出加强部门和单

位预算管理，部门和单位要对预算完整性、规范性、真实性以及执行结果负责，随后出台《廊坊市市级部门绩效运行监控管理办法（试行）》（廊财预〔2019〕56号），并在此基础上，修订形成了《廊坊市市级部门绩效运行监控管理办法》（廊财绩〔2022〕8号），进一步加强和规范预算绩效运行监控工作，提高预算执行效率和资金使用效益，确保绩效目标如期保质保量实现。

（二）廊坊市加强部门自我约束的有力举措

部门和单位需要健全绩效运行监控机制，按照"全面覆盖、突出重点，权责对等、约束有力，结果运用、及时纠偏"的原则，对本部门和单位整体及所有政策和项目开展预算支出进度监控和绩效运行监控，并在年中开展中期绩效评估。这种动态掌握政策和项目进展，以及资金使用和绩效目标完成情况的重要举措，能够监控发现管理漏洞和绩效目标偏差，部门单位和财政部门可以及时采取有针对性的措施予以纠正。

部门整体绩效运行监控的"硬约束"能够大幅提升部门项目执行的"硬实力"。廊坊市自从2019年推行部门整体绩效运行监控以来，经过不断地探索实践，预算绩效运行监控工作已经进入系统化、规范化、可持续轨道。通过持续规范绩效运行监控，发现问题及时纠偏，采取暂缓或停止拨款、调整预算、调整绩效目标指标等措施，推动实现绩效目标，进一步提高预算执行效率和财政资金使用效益，是加强部门自我约束的有力举措。

运行监控效果和结果应用方面，廊坊市建立了快速高效的反应机制。廊坊市财政部门通过审核部门和单位提交的监控结果以及中期绩效评估结果，发现资金使用和项目管理中存在的问题和绩效目标执行中的偏差，及时通报部门和单位进行整改，对问题严重或整改不到位的暂缓或停止预算拨款，对偏离绩效目标或无法继续实施的，及时收回资金统筹安排用于更需要的支出。

二、廊坊市开展部门整体绩效运行监控主要解决的问题

（一）部门项目执行缓慢，资金使用率有待提高

长期以来，预算部门一直存在"重投入、轻管理、少问效"的粗放思维，资金使用低效无效与闲置浪费并存、预算分配格局固化成为政府治理和财政管理的痛点难点。随着经济下行压力加大、收支矛盾加剧等问题的日渐凸显，深化预算绩效管

理改革已经迫在眉睫。针对部分部门项目执行缓慢，资金使用效益低，廊坊探索建立了部门整体绩效运行监控机制，从全局角度监督和控制预算执行进度，有效解决了部门资金申请随意、执行缓慢、效益低下等难题，加强了绩效目标监管，促进了部门务实高效履职、提高了预算执行效率。

（二）绩效运行监控以静态为主，信息更新不够及时

以往绩效管理普遍存在着"重事后，轻事中"的现象，各部门对于事后的绩效评价在绩效管理中占了较大比重，而对于事中的绩效监控力度则显得相对薄弱。绩效监控与预算执行"两张皮"的现象普遍。以往绩效监控仍以静态为主，较为依赖线下现场检查。现行绩效监控措施多为静态的、非连续性的，主要来自各主管部门按照财政部门要求报送的材料，或是来自财政部门内部监督部门的抽查。

在实施部门运行监控时，绩效监控处于一种"单机模式"，以单向反馈为主，尚未建立起联网监控机制。部门间是相互隔绝的"绩效信息孤岛"，尽管财政部门在绩效监控过程中处于主导地位，但受制于与部门的信息不对称，其他参与主体就更难获得全面的绩效信息了，缺少良性互动。

（三）绩效运行监控各方职责不够清晰，未形成合力

改革前，财政部门、预算部门、单位在绩效运行监控中的职责不够清晰，未能形成合力，影响了绩效运行监控效能的发挥。主管部门一般只在事后向财政部门报送绩效评价的自评材料，缺乏对预算项目绩效的有效监控，部分地区基层单位曾出现无法提供业务主管部门监督检查或考核方面的佐证材料的现象。主管部门疏于对绩效信息的收集和分析，使得绩效监控难以落到实处。财政部门开展的重点项目绩效运行监控与预算管理容易出现脱节，实际工作中预算执行与绩效管理的融合度不高。项目实施单位作为绩效监控信息的收集者，缺少积极作为的主动意识，绩效运行监控的责任意识和技术方法都存在不足。上述绩效运行监控各方职责不够清晰，导致了绩效运行监控难以形成合力，亟须建立各方分工明确、各有侧重，又相互衔接的绩效运行监控体系。

三、廊坊市部门整体绩效运行监控的举措

（一）部门整体绩效运行监控的主要内容

绩效运行监控主要采取目标比较法，用定量分析和定性分析的方式，将财政

资金的支出进度、绩效目标实现程度与预期绩效目标进行比较，并合理运用成本管控和质量管控方法提升绩效监控质量和效率。廊坊市将部门整体绩效监控的内容聚焦于预算执行进度和绩效目标实现程度，主要包括：部门预算资金落实情况、支出进度及资金使用情况；部门年度目标任务实施进度情况，分析进度滞后原因；部门整体绩效目标指标完成情况，分析预期目标契合程度、偏离程度，是否需要调整目标，是否采取措施进行纠偏等。在政策、项目预算执行进度和绩效目标实现程度上，廊坊市重点关注资金是否落实到位、资金支出进度及资金使用情况；政策和项目是否按计划进度实施，并分析目标任务未完成及进度滞后的原因；绩效目标和绩效指标的完成情况，是否需要修改相关目标、指标等方面。

廊坊市根据预算执行、阶段性完成的产出（如数量、质量、时效、成本）、阶段性实现的效益（包括经济效益、社会效益、生态效益、可持续影响）等情况开展及时性、合规性和有效性监控。及时性监控重点关注上年结转资金较大、当年新增预算且前期准备不充分，以及预算执行环境发生重大变化等情况。合规性监控重点关注相关预算管理制度落实情况、项目预算资金使用过程中的无预算开支、超预算开支、挤占挪用预算资金、超标准配置资产等情况。有效性监控重点关注项目执行是否与绩效目标一致、执行效果能否达到预期等。

（二）部门整体绩效运行监控的主要方式和流程

1.绩效监控工作开展的主要方式

（1）部门整体绩效目标实现程度监控。在预算执行全阶段，针对部门整体绩效目标实现程度进行监控，及时发现运行中的偏差情况，并采取有效的措施予以纠偏，以确保预算资金按计划使用并实现预期绩效目标。

（2）预算执行进度监控。在预算执行全阶段，依据支出计划进度，针对预算执行进度开展监控，确保财政资金按计划支出，提高资金使用效率。

（3）中期绩效评估。在预算执行中期，财政部门根据设定的绩效目标，在"双监控"的基础上对绩效目标完成情况进行绩效评估，分析并预测绩效运行现状与未来发展趋势。及时发现绩效运行偏离目标的状况，针对存在问题督导整改落实，确保绩效目标按期完成。

2.绩效监控工作开展的流程

廊坊市文件规定，部门和单位要于执行年度的7月，对1—6月预算执行情况和绩效目标实现程度开展集中分析，下年度1月，部门和单位要对执行年度全年的预算绩效运行情况进行整体分析，具体工作程序如图7-2所示。

（1）收集绩效监控信息。部门和单位对照批复的绩效目标，以绩效目标执行情况为重点收集绩效监控信息。

（2）分析绩效监控信息。部门和单位在收集上述绩效信息的基础上，对偏离绩效目标的原因进行分析，并说明绩效目标执行出现的偏差和采取的措施。

（3）填报绩效监控情况表。部门在分析汇总本部门及所属单位绩效监控信息的基础上填写《部门整体支出绩效监控情况表》，部门和单位均填报《预算项目资金绩效监控情况表》，并将所有监控表于规定时间内报送财政部门对口部门预算管理科室。

（4）报送部门和单位绩效运行监控报告。部门和单位在年中及年末绩效监控工作完成后，及时总结经验、发现问题、提出下一步改进措施，分别于执行年度7月底、下一年度1月底前形成《部门（单位）期间月份绩效运行监控报告》，作为年度预算执行完成后绩效评价的依据。

（5）反馈与结果应用阶段。部门和单位针对绩效运行监控中发现的问题尤其是执行偏差、项目预期目标完成存在难度的项目，及时采取纠偏措施，并向财政部门备案。

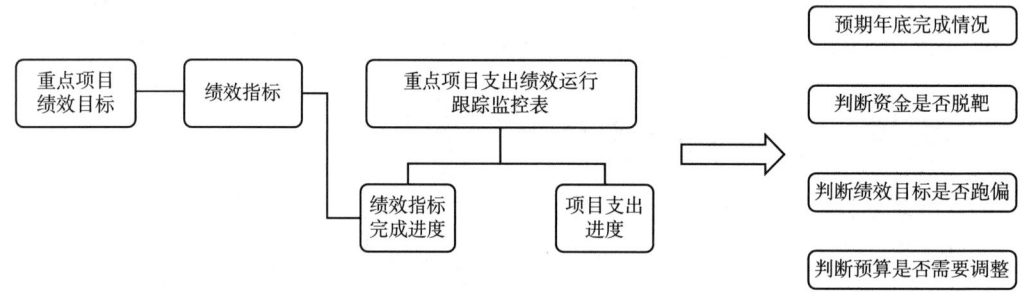

图7-2　廊坊市部门整体绩效运行监控过程示意图

（三）部门整体绩效运行监控的实践探索

1.廊坊市S局部门整体绩效运行监控实践

廊坊市S局在2021年期间开展部门整体绩效运行监控，是最早开展运行监控的部门之一，其实践经验可以总结以下三点做法。

一是，动态采集数据，及时、系统地反映预算执行、项目实施和绩效目标完成情况等重点内容，发现运行偏差并提出及时、有效的纠偏措施予以纠正，以确保预算资金按计划使用并实现预期绩效目标，提高财政资金使用效益。

二是，在整个绩效运行监控中遵循"双监控"原则、权责统一原则、突出重点原则和统筹协调原则，对照市财政局批复的绩效目标，以绩效目标执行情况为重点收集整理绩效监控信息。

三是，在收集上述绩效信息的基础上，与年度绩效目标计划、资金支出进度计划等加以比照，帮助市S局项目负责人对偏离绩效目标的原因进行分析，对全年绩效目标完成情况进行预计，并对预计年底不能完成目标的原因及拟采取的改进措施作出说明。

整个部门绩效运行监控过程由项目组专家进行集中辅导，主要集中于项目开展前期，通过这个过程，项目在明确工作要求的基础上，加强了对绩效监控结果应用，并按照要求向市财政局报送绩效监控结果，取得了较好的成效。

2. 廊坊市部门整体W局绩效运行监控实践

为加强分析和预测部门整体绩效运行趋势，及时发现绩效运行偏离目标的状况，2023年7月—2023年9月廊坊市W局进行事中绩效监控评估，推动项目执行，促使财政资金达到应有的效益，此次评估是在以往做法上的优化，可以总结以下三点经验。

一是，覆盖范围更全面。运行监控评估范围包括廊坊市W局本级以及下设14个所属事业单位，确保部门内各单位在预算执行环节落实到位，结合各行业领域专家客观评审意见和建议，提升部门整体绩效水平。

二是，能够发现部门单位财政运行中所存在的共性问题。根据该部门2023年度92个项目约27.32亿元的预算安排及各个项目中期的支出进度情况，发现部门内各预算编制较为粗糙、绩效指标与项目任务匹配性不足、对下属事业单位监管不到位等问题，为推动部门职能转型找到针对性突破口。

三是，能根据评估结果及时调减收回资金。对于项目实施与预算安排不符存在偏差的，针对性对14个项目资金进行收回；对于自有资金项目支出预算构成等问题，统筹考虑其他项目自有资金，优先用于专债项目付息付费；对于运行监控时期内的项目进行评估，划分正常、关注、整改、停止类等级项目，优化部门内项目结构，通过督导整改落实，合理"剪枝"，提高财政资金使用效益。

四、廊坊市部门整体绩效运行监控的成效与经验

廊坊市从部门整体层面开展事中"双监控"，通过收回执行缓慢、效益不佳的项目资金，统筹用于其他发展项目和民生亟须领域，进一步夯实了部门的预算执行主体责任，显著提高了预算执行率，有效解决了资金结余结转多等难题。

（一）把握项目执行关，打好监督组合拳

针对部门项目执行慢、落地难、收效不佳等问题，廊坊市创新构建"部门支出承诺"和"绩效运行监控"双轨制。部门支出承诺是指廊坊市财政局严格要求各部门"按承诺办事、依目标行事"，增强支出约束性。绩效运行监控是指对绩效目标实施程度和预算执行进度进行"双监控"，确保战略目标有效达成。通过对预算过程和结果的绩效监控，可以有效地监测项目进展的情况、完成的情况和产生的社会效益。这些监测信息有助于及时发现实施情况与预定目标之间的差距，从而为预算的控制、调适和修正提供依据。

（二）紧盯支出抓落实，促进项目见实效

做好预算绩效监控，既可以避免一些部门年底"突击花钱"，也可以提高财政资金配置效率。在实践中，廊坊市财政局一方面，将支出承诺制作为预算执行进度监控的主要抓手，狠抓落实；另一方面，要求部门对所有专项项目开展日常监控，财政部门从每年第二季度开始，在每季度末组织对重点预算项目开展监控，并进行督导纠偏（见专栏7-3）。

▶ **专栏7-3　廊坊市关于部门整体绩效运行监控成效的访谈**

廊坊市财政局组织市直各部门、各单位应利用财政一体化系统开展部门绩效运行监控管理，"自2022年起，每年于第二季度末对部门整体的预算执行进度和绩效目标实现程度进行监控，开展半年集中分析，形成部门整体绩效运行监控报告。"廊坊市财政局有关负责人说道："绩效运行监控通过动态采集数据，能够及时、系统地反映预算执行、项目实施和绩效目标完成情况等重点内容。近年来，我市财政局选取重点部门、重点领域开展中期绩效评估，对所有项目进行绩效目标回头看，回头看结果与预算调整、收回资金、建立经常性项目库挂钩。发现运行偏差并提出及时、有效的纠偏措施予以纠正，以确保预算资金按计划使用并实现预期绩效目标。"

依据上级对房地产调控的要求，某建设部门申请设立监控信息化平台项目。"在中期监控中，我们对照绩效目标设定和阶段性工作完成情况，评估发现该项目实施进度明显滞后。"为此，廊坊市财政局建议，根据指标任务的完成时间节点，每月对工作任务进行提醒，对该项目政府购买服务合规性进一步开展审核。

"在整个监控过程中,注重纠偏止损,既达到了减少低效投入、提高资金效益的目标,也加快了资金支出进度,促进项目落地见效。"廊坊市财政局负责人强调。

(三)以目标为导向,坚持一般监控和重点监控相结合

廊坊市坚持一般监控和重点监控相结合。一般监控由预算部门自行监控并提交监控资料,财政部门进行汇总分析;重点监控由财政部门选取存在特定问题的部门,坚持目标导向,对预算部门自我监控情况进行抽查核实。通过自行监控,落实预算部门绩效监控的主体责任;通过重点抽查,核实部门绩效运行情况的客观性、真实性,有效利用中期监控评估结果问绩问效,服务于部门有效决策和管理。

第四节 部门整体绩效评价

一、廊坊市部门整体绩效评价实施的背景

近年来,廊坊市探索推进多层次的部门整体绩效评价,主要包括以下做法:一是,在市财政局要求下,市直各部门于当年开展上年度的部门整体绩效自评,将当年所开展上年度自评结果纳入部门决算,并向社会公开。二是,市财政局对市直各部门的自评情况进行全面复核,再评价结果与下一年度部门运转类其他项目经费挂钩,并向社会公开,同时作为年度预算绩效管理工作考核重要内容同步纳入市管领导班子领导干部考评体系。三是,市财政局进一步加强部门整体重点绩效评价的结果应用,将重点评价结果报送市人大、市政府,为领导决策、政府治理提供依据,助力廊坊市经济高质量发展。

(一)部门整体绩效评价开展的政策要求

为进一步加强部门整体绩效管理,强化支出责任,做到有章可循。根据《中共廊坊市委 廊坊市人民政府关于全面实施预算绩效管理的实施意见》(廊发〔2019〕23号)的有关规定,廊坊市财政局在《廊坊市市级部门整体绩效评价管理办法(试行)》(廊财预〔2019〕47号)的基础上,修订形成了《廊坊市市级部门整体绩效评价管理办法》(廊财预〔2021〕12号),详细制定了所有部门和单位整体组织开展的绩效评价管理的活动范围、组织管理、主要内容等,提及部门整体绩效自评和重点评价的开展流程。

（二）增强廊坊市部门单位责任意识的必然之举

廊坊市不断创新部门整体绩效评价机制，年度预算执行完成后，部门和单位要对年度整体绩效目标完成情况进行自评价，财政部门要对部门和单位的自评结果开展再评价，财政部门根据管理需要，选取部分部门和单位依照预算执行情况和重点工作开展情况进行重点评价。部门整体绩效自评、再评价和重点绩效评价三种形式在主体、对象、内容、程序、结果运用等方面存在区别。一般而言，廊坊市财政局于年初印发关于开展部门绩效自评工作的通知，明确自评范围、重点项目、自评报告模板、考核内容分值等，使得范围广、项目杂、数量多的自评工作清晰明了。财政局在对部门资金使用绩效自评结果的真实性和准确性进行复核过程中，认为有必要时，参照绩效评价程序和方法组织开展再评价。根据再评价结果，选取个别部门开展部门整体重点绩效评价。

二、廊坊市开展部门整体绩效评价主要解决的问题

（一）部门内部自我管理能力有待提高

开展部门绩效自评主要是为了解决部门内部自我管理不足的问题。实践过程中，预算部门形成的"重申请、轻管理，重使用、轻绩效"的惯性思维仍未扭转，在这样的大环境下，预算部门对待绩效评价工作的主动性不够，往往只停留在应付上级主管部门和本级财政部门工作要求上，而没有将绩效评价工作视为完善内部预算管理、提高资金使用效益的有效有力抓手，绩效自评的内部动力严重不足。此外，部门通常基于易于完成的目的，会尽量少编指标、低设指标值。由于财政部门对项目情况不甚了解也很难审核，需要开展部门整体绩效评价，通过自评、再评价等流程了解部门整体目标完成的真实效果，帮助部门找到政策、项目执行中的不足，为合理设置来年部门绩效目标提供依据参考。

（二）绩效自评引导作用不够强

在实践过程中，仅开展部门绩效自评是远远不够的，容易出现自评结果质量不高，部门约束力不足，方向性引领作用不突出的情况，主要表现在绩效目标编制不规范、绩效自评报告无实效、自评指标体系不统一等问题。此外，部门绩效自评涉及前期调研、评价方案制定、评价指标体系编制、评价资料收集、评价报告撰写等多项工作，专业性较强，工作难度较大，制约了绩效自评工作的有效开展。

开展部门绩效再评价能够确保评价结果的有效性，用较低的成本最大限度约束部门预算活动，提高预算执行率。同时，该项工作由财政部门组织开展，能够解决部门评价能力限制，而再评价在自评的指标基础上增加了关于自评报告质量评价的新指标，使得财政部门得到更为全面客观的评价结果，真正发挥"指挥棒"作用，对提升部门绩效评价报告的实效性，加强管理提升效益、了解部门画像、降低投入增加收益有重大参考意义（见专栏7-4）。

> **专栏7-4　廊坊市关于部门整体绩效评价主要举措的访谈**
>
> "进行再评价是采用市财政局统一制定的共性指标和根据部门实际制定的个性指标为评分依据"，廊坊市W局有关负责人说道："从资金的投入情况、预算执行情况及资金使用绩效等多个维度的指标分析出发，通过定性分析和定量分析相结合的方式，通过'拉网线'摸排，提高了财政资金使用效益。"

（三）评价结果应用不够严

部门绩效重点评价主要是为了解决评价结果应用问题。评价结果应用作为绩效评价工作的"牛鼻子"，对改进资金管理水平、提高资金使用效益至关重要。如果部门评价结果质量不高，甚至失真，对后期应用带来较大影响，尤其是在一些关键部门中，如果评价结果不准确，无法有效改进管理，将会极大地浪费人力和财力。

廊坊市选取一些部门开展重点评价，建立起一套全流程、全方位、有重点的部门整体绩效评价体系，在自评、再评价之后进行重点评价，深查细究预算绩效的实际情况，确保评价结果真实有效，确保支出标准有效执行，更好地利用监督结果进行问题整改，发挥好绩效评价监督的利剑作用。

三、廊坊市部门整体绩效评价的主要举措

廊坊市部门整体绩效评价开展的流程如图7-3所示。

（一）部门整体绩效自评工作流程和方法

部门整体绩效自评指年度预算执行完成后，所有预算部门和单位对年度整体绩

效目标完成情况进行的自我评价。主要内容包括年度部门预算执行情况、年度主要工作任务完成情况、部门管理情况、部门产出实现情况及效果、自评得分及结论、评价分析及改进措施等。

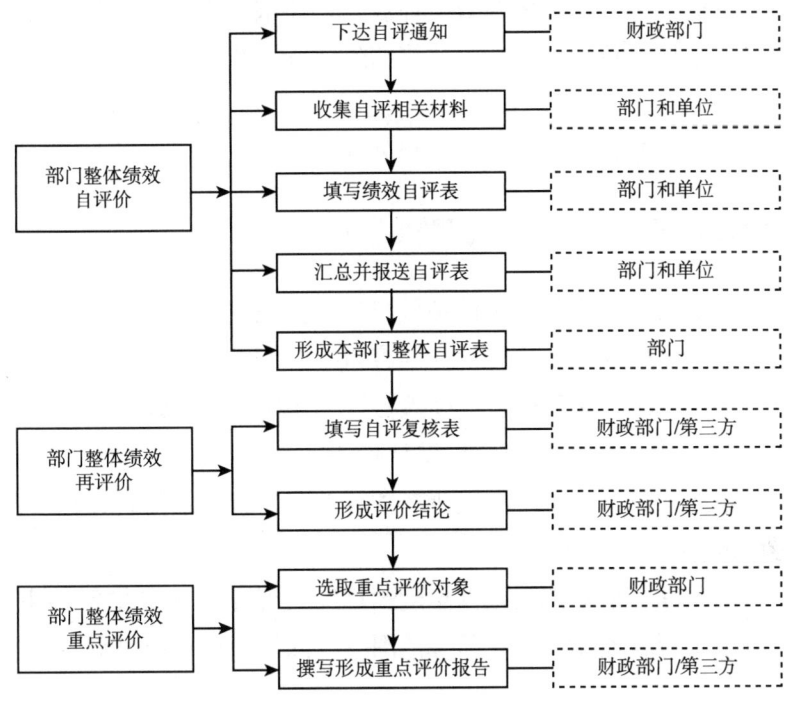

图7-3　廊坊市部门整体绩效评价开展流程

财政部门的部门整体绩效评价主管科室负责指导部门和单位开展部门整体绩效自评工作，自评对象为市本级所有预算部门和单位，财政部门的部门预算主管科室负责部门和单位自评结果审核和汇总，评价范围与各部门、单位决算口径一致（部门为决算汇总口径）。部门整体绩效自评主要包括四个阶段：评价准备阶段、评价实施阶段、结果形成阶段和自评结果公开环节。

一是，评价准备阶段。财政部门印发自评通知，部门和单位按照部门整体绩效评价办法要求搜集资料，包括自评工作要求、时间安排、结果应用、部门整体绩效自评表等内容，做好自评准备工作。

二是，评价实施阶段。其一是部门收集分析材料。预算部门和单位依据财政部门的相关要求，组织开展自评工作，按要求收集、分析资料，包括反映自身职能、中长期规划、年初工作计划、基本工作开展情况等有关资料。其二是填报部分。预算部门和单位通过将实际取得的绩效与绩效目标进行对比，对财政支出的经济性、效率性和效益性进行自我评价，参照《部门整体绩效评价共性指标体系框架》，填报自评表，并对目标偏差超过30%的指标（包括未达标和超标），逐条说明原因和改进措施。

三是，结果形成阶段。部门和单位的整体绩效自评结果主要通过整体绩效自评表的形式反映，要做到内容完整、权重合理、数据真实、结果客观。单位完成自评表填报后，应及时上报主管部门；主管部门在汇总所属单位及部门本级的各项自评数据材料后，形成本部门整体的绩效自评表，按要求报送财政部门。财政部门的部门预算主管科室审核汇总后，报部门整体绩效评价主管科室。

四是，自评结果公开环节。财政部门批复决算后，将所评估年度部门整体绩效自评结果纳入决算公开内容，同步向社会公开。

（二）部门整体绩效再评价工作流程和方法

部门整体绩效再评价指部门整体绩效自评工作完成后，财政部门对所有预算部门的自评结果进行复核并开展再评价。内容包括两方面：一是，对部门整体绩效自评情况进行复核；二是，对部门整体绩效自评工作质量进行评价。

自评工作完成后，财政部门将根据评价指标体系及评分规则（见表7-4），结合获取的评价数据和信息，对市本级所有预算部门的整体绩效自评结果及自评工作质量实施再评价。

第一，明确范围。财政部门根据年度预算绩效管理的工作方案，明确再评价范围，再评价对象为所有预算部门，评价范围与各部门、单位决算口径一致（部门为决算汇总口径）。

第二，报送材料。财政部门的部门整体绩效评价主管科室印发通知，内容涵盖评价对象、评价方式、复核内容、资料清单、结果应用、工作要求等，可通过召开再评价启动会，对再评价工作作出统一部署。评价工作组根据再评价体系中的各指标数据来源，收集整理部门和相关业务科室提供的佐证材料。

第三，开展实施。部门整体绩效再评价采取"资料审核+沟通核实"方式进行。评价工作组针对部门整体绩效自评、部门整体绩效自评工作质量等内容，根据评价指标体系及评分规则，结合获取的评价数据和信息进行再评价，经初步分析论证。评价工作组根据再评价情况，填写自评复核表，形成初步结论。

第四，结果应用。工作组在完成自评复核表后，将再评价结果反馈函及部门再评价结果发给相关部门征求意见，预算部门自收到反馈函之日起一定期限内，报送财政部门的部门整体绩效评价主管科室。

第五，工作组根据部门反馈意见调整形成部门整体绩效再评价最终结论，印发当年年度部门整体绩效再评价结果通报。再评结果将与部门下年度运转类预算资金安排挂钩，同时作为年度预算绩效管理工作考核重要内容同步纳入市管领导班子领导干部考评体系。

表7-4 廊坊市年度部门整体绩效自评复核表

第一部分　部门整体绩效评价内容（80分）

一级指标	二级指标	三级指标	目标值	权重	数据来源	指标解释
部门管理（40分）	资金投入（15分）	预算完成率	≥95%	3	部门决算报表。	预算完成率=（预算完成数/全年预算数）×100%（预算完成数为本年度实际完成的预算数；全年预算数为经调整后的全年预算数，包括年初预算数和预算调整增减数）。
		预算调整率	0	3	部门决算报表。	预算调整率=（预算调整数/年初预算数）×100% 预算调整数：部门（单位）在本年度内涉及预算的追加、追减或结构调整的资金总和（因落实国家政策、上级党委政府临时交办而产生的调整除外）。
		支出进度率	≥100%	3	预算管理一体化平台、部门决算报表。	支出进度率=（6月末实际支付时序进度/6月末时序支付进度）×1/6+（9月末实际支付进度/9月末时序支付进度）×1/6+（11月末实际支付进度/11月末时序支付进度）×1/6+（12月末实际支付进度/95%）×1/2。实际支出进度是指部门（单位）在某一时点的支出预算执行总数与调整预算数的比率。6月末时序支付进度=6/12；9月末时序支付进度=9/12；11月末时序支付进度=11/12；12月末时序支付进度=95%。考察资金范围=上年转结余资金+2022年度预算资金
		"三公经费"变动率	≤0	3	部门决算报表。	"三公经费"变动率=[（本年度"三公经费"总额-上年度"三公经费"总额）/上年度"三公经费"总额]×100%。
		结转结余变动率	≤0	3	部门决算报表。	结转结余变动率=（本年度累计结转结余资金总额-上年度累计结转结余资金总额）/上年度累计结转结余资金总额×100%。

续表

					评价要点：
部门管理（40分）	财务管理（2分）	资金使用合规性	合规	2	资金拨付审批资料、专家评审资料、预算文本、相关合同、审计报告等。	①符合国家财经法规和财务管理制度以及有关专项资金管理办法的规定；②预算资金的拨付有完整的审批程序和手续；③部门的重大开支经过评估认证；④符合部门预算批复或合同规定的用途；⑤不存在截留、挪用、挤占、虚列支出等情况；⑥审计、监督巡查、财政监督检查等工作中未发现存在问题资金。
	采购管理（3分）	政府采购执行率	≥95%	3	预算文本、部门决算报表、政府采购调整信息统计报表、政府采购调整预算的相关文件、网上商城零星采购金额佐证资料等。	政府采购执行率=（实际政府采购金额/政府采购预算数）×100%。
	资产管理（2分）	资产管理规范性	规范	2	资产管理制度、固定资产总账账页、国资系统导出的固定资产汇总表、处置资产批复文件、处置收入及出租出借收入上缴证明、相关说明材料等。	评价要点：①部门（单位）是否建立了资产管理制度。②资产保存是否完整、主要考察资产账务变动情况及说明；③资产配置是否合理，主要考察是否符合单位通用设备及家具配置标准》执行；④资产处置管理是否规范，主要考察资产处置是否合规，是否账实相符；⑤资产账务处置是否及时足额上缴；⑥资产出租出借、处置收入是否及时足额上缴凭证等。
	人员管理（1分）	在职人员控制率	≤100%	1	部门决算报表。	在职人员控制率=（在职人员数/编制数）×100%。

续表

					评价要点
部门管理（40分）	信息管理（3分）	预决算信息公开性	按规定公开	3	财政部门工作布置文件。	①是否按规定内容公开预决算信息、绩效信息； ②是否按规定时限公开预决算信息、绩效信息。 （根据2022年度决算公开，2021年度预算公开情况评价）
	绩效管理（11分）	事前绩效评估	按要求完成	2	部门提供：2023年新增政策和项目清单及自评估报告。	评价要点： ①是否要求开展2023年度新增政策和项目事前绩效自评估； ②部门事前绩效评估报告质量达标率=（合格的部门事前绩效评估报告数量/申报的部门事前绩效评估报告数量）×100%。 注：部门事前绩效评估报告质量达标率主要考察部门事前绩效评估是否实质性开展，重点关注评估是否采用一种以上方法且相关数据充分翔实（成本效益分析法、比较法等）。
		绩效目标管理	按要求完成	2	2023年绩效文本；财政部门提供的其他资料。	评价要点： ①部门及其下属单位是否全面设置部门整体、政策和项目绩效目标； ②绩效目标审核通过率=（绩效目标审核通过政策和项目数/绩效目标申报政策和项目数）×100%。
		绩效运行监控	按要求完成	2	一体化平台监控数据。	评价要点： ①是否按要求通过一体化平台开展项目绩效监控。 ②是否按要求完成绩效监控分析报告。 （2023年一体化平台数据）
		绩效评价	按要求完成	3	2023年开展的以前年度（至少包含2022年度）的项目自评、重点评价情况，以及2022年开展的项目抽查核查情况。	评价要点： ①绩效自评覆盖率=（部门开展项目自评的个数/部门全部项目的个数）×100%。 ②项目自评工作质量是否符合要求。 ③部门是否自主开展重点项目绩效评价。

续表

一级指标	二级指标	三级指标	指标值	分值	数据来源	评价要点/说明
部门管理（40分）	绩效管理（11分）	预算绩效管理制度及指标体系构建情况	按要求构建	2	部门的预算绩效管理制度文件，预算绩效指标库，预算编制阶段使用指标库的相关通知等资料。	评价要点：①是否具备适用于本部门的全过程预算绩效管理制度和部门预算绩效指标库；②是否严格落实预算绩效管理各项制度并充分运用绩效指标库，如从指标库中选取绩效指标应用于整体和项目绩效目标设置、绩效评价等绩效管理工作。
	重点工作管理（3分）	预算支出标准体系建设情况	按要求构建	3	部门提供。	评价要点：①是否制定部门支出标准体系建设规划或年度计划。②是否整理、规范已有支出标准，制定部门内部标准，在本部门内部印发执行，并在预算编制中得到应用。③是否初步建立内部标准体系框架。④是否将内部标准报送财政部门，并在预算编制中得到应用。
部门产出（40分）	数量（15分）	重点工作实际完成率	100%	7.5	部门提供。	重点工作完成率=（实际完成工作数/计划工作数）×100%。
		……		7.5		按照年度绩效目标指标中相应的绩效指标描述填列。
	质量（10分）	重点工作质量达标率	100%	5	部门提供。	重点工作质量达标率=（质量达标工作数/实际工作数）×100%。
		……		5		按照年度绩效目标指标中相应的绩效指标描述填列。
	时效（10分）	重点工作完成及时率	100%	5	部门提供。	重点工作完成及时率=（及时完成工作数/实际完成工作数）×100%。
		……		5		按照年度绩效目标指标中相应的绩效指标描述填列。
	成本（5分）	公用经费控制率	≤100%	2.5	财政部门工作布置文件。	评价要点：①"三公"经费实际支出数≤预算安排的三公经费数；②日常公用经费决算数≤日常公用经费调整预算数。
		……		2.5		按照年度绩效目标指标中相应的绩效指标描述填列。

续表

部门效果（20分）	经济效益	……			部门提供。
	社会效益	……	10		部门提供。
	生态效益	……	10		部门提供。
	满意度	≥90%			社会公众或服务对象是指因该部门工作而受到影响的部门（单位）、群体或个人，一般采用社会调查或行风评议的方式开展。
小计（复核得分100×80%）			100		—
			80		—

按照年度绩效目标指标中相应的绩效指标描述填列。按照年度绩效目标指标中相应的评扣分标准填列。问卷调查。

第二部分 部门整体绩效自评价工作质量（20分）

一级指标	二级指标	分值	指标解释
自评填报情况（10分）	指标设置的合理性（5分）		结合部门"三定方案"、中长期规划和年度工作计划等，围绕部门年度主要及重点工作任务、重点项目执行情况，考查个性评价指标设置是否遵循指标编制原则。具体原则包括：完整性、相关性、适当性和可行性审核。
	填报内容规范完整性（5分）		考查自评表格填报是否符合要求，每项填报内容是否都规范齐全。
资料收集情况（5分）	资料的全面性（3分）		考查评价资料收集的全面程度。
	资料的准确性（2分）		考查对所收集资料是否进行全面核实分析，反映重要数据和基础资料的准确性。
财政复核和部门自评结果差异情况（5分）	评价认真程度（5分）		比较复核评分与部门自评得分之间的差异，考查部门评价的认真程度。
小计		20分	—
合计		100分	—

（三）部门整体重点绩效评价工作流程

部门整体重点绩效评价指财政部门根据管理需要，有针对性地选取部分部门和单位依照预算执行情况和重点工作开展情况进行的重点评价。内容包括整体绩效目标的设置情况；资金投入、预算执行和管理情况；为实现整体绩效目标所制定的制度、采取的工作措施；整体绩效目标实现情况及效果；开展预算绩效管理的情况；绩效评价的其他内容。

财政部门可依据自评和再评结果，选取部分部门和单位开展部门（单位）整体重点绩效评价，必要时邀请第三方机构独立开展。财政部门组织专家对报告进行评审。

1. 评价准备阶段

评价前，财政部门按照年度工作计划，确定部门重点绩效评价范围，部门整体绩效评价主管科室会同预算、绩效等科室确定部门整体重点绩效评价对象及评价年度。财政部门根据评价任务特点及管理要求成立专家组开展部门整体重点绩效评价，工作组内部就部门整体绩效评价的评价重点、关键问题、评价指标体系、工作路径、时间安排等相关内容进行充分沟通，达成共识，确定部门整体绩效评价工作思路，而后印发部门整体重点绩效评价入场工作通知，召开部门整体重点绩效评价入场会，明确工作安排、资料收集要求等内容。最后，在明确评价重点的基础上，撰写适用于被评价部门的具体工作方案。

2. 评价实施阶段

首先，被评价部门根据要求提供评价年度的部门整体预决算及所有项目明细账等财务资料，以及部门重点工作产出及成果效益等资料。其次，工作组在资料收集和分析的基础上，吸纳专家意见，参照《部门整体绩效评价共性指标体系框架》，结合部门产出和效果，设计评价指标和体系框架。再次，工作组前往被评价部门和单位核实项目情况，分析业务量数据，与部门和单位相关项目负责人进行座谈，组织有关专家进行现场勘察，确认获取信息的准确性和完整性。期间部门和单位根据沟通调研情况，补充完善相关资料，细化部门整体绩效评价指标体系。最后，召开专家评审会。主要采取预算部门和单位汇报、专家质询方式进行，根据实际情况可邀请人大代表、政协委员、纪委监委委员等参会并提出意见或建议等。

3. 结果形成阶段

评价结束后，工作组根据专家意见、数据分析资料等，对照评价指标和评分标准，总结经验与存在的问题、分析问题原因及提出评价建议，吸纳专家、财政部门和被评价部门和单位意见建议后，形成部门整体绩效评价报告，并出具正式《部门整体重点绩效评价报告》报财政部门，财政部门将正式报告反馈被评价部门和单位。

在结果应用环节，部门整体绩效评价工作完成后，财政部门将重点绩效评价报告反馈被评价部门和单位。一是，针对性整改被评价部门和单位所发现的问题，加强部门预算管理、履行部门职责、提升部门整体效果。二是，财政部门将重点绩效评价结果应用于下年度预算安排，对年度预算绩效评价结果较差的部门，在下年度的预算安排中相应压减其预算规模。三是，财政部门应当按照要求将部门整体重点绩效评价结果报本级政府，并逐步向社会公开。

四、廊坊市部门整体绩效评价的成效与经验

廊坊市部门整体绩效评价取得了显著效果，有效压实了部门责任，提升了部门预算资金的使用效益，成效经验可以总结为以下几方面。

（一）构建业务链，设定多层次评价程序

廊坊市部门整体绩效评价以"自评+再评+重点评价"的方式开展，按照一套科学严格的考评程序，使评价结果更加客观公正。一是，部门自评加强部门单位的自我剖析。市本级所有部门和单位根据设置的绩效目标，以预算资金管理为主线，对运行成本、履职效能、核心业务产出、效果效益、可持续发展能力和服务对象满意度等内容进行客观、公正的自我评价。二是，财政再评全面复核。财政部门通过"资料审核+沟通核实"方式，对部门整体绩效自评工作质量进行量化打分，形成各部门绩效再评价初步结论。三是，重点评价保障重大项目的有效开展。各个环节目标设置各有侧重，通过全流程操作，完成系列工作，第一时间将再评价反馈意见反馈，帮助部门发现问题，共促部门改进管理，提升绩效水平。

（二）评价范围全覆盖，确保结果全公开

按照全覆盖原则，廊坊市要求预算部门和单位对预算项目库中所有项目（包括专项项目和专项公用项目）进行绩效评价，同时选取市委市政府重大改革项目、社会关注度高的民生保障项目、重大政策专项、预算金额较大的项目进行重点评价。充分发挥市财政局各资金主管处室日常监管作用的同时，督促指导部门开展自我约束管理。

不断提高事后绩效评价的透明度也是廊坊市部门整体绩效评价特色之一，廊坊市各预算单位和部门应按照评价工作要求，完成自评并通过市财政局监督核实之后，财政部门应将部门和单位的部门整体绩效评价结果向本级政府报告，并逐步将

部分部门项目评价情况结果在市政府网站预决算栏目公开。

(三)重视评价结果应用,发挥绩效评价真作用

廊坊市坚持部门绩效评价结果"真运用",实现了绩效评价与预算安排挂钩,使得绩效评价发挥"真作用"。

一是,廊坊市始终坚持"干好干坏不一样"的导向,将再评价结果与预算安排挂钩,压减再评价"良"等次及以下部门的运转类经费,2020—2022年,累计压减978.21万元。目前,各部门和财政资金主管处室对绩效评价工作重视程度明显提高,各个部门能更认真完成评价报告,主动查找问题,预算部门再评分在良好及以上等级的数量占总数85%以上。

二是,不断完善评价结果监督问责措施。对于不编报部门整体绩效目标或绩效目标编报质量较差的、连续两年部门整体绩效再评价或重点评价结果较差的、不按要求组织整改或整改不到位等情形启动问责机制,视情节轻重采取对相关责任人进行约谈、通报批评等问责措施。

三是,廊坊市财政局会同市委组织部等部门加强结果应用联动,多措并举加大考评结果应用力度,增强部门绩效管理动力,不断提升部门整体预算绩效管理水平,年度复核情况将在政府决算批复后向社会公开;复核结果将与下年度部门的运转类其他项目预算安排挂钩,同时作为年度预算绩效管理考核重要内容同步纳入市管领导班子领导干部考评体系。以考评促管理、以考评提质效,有效发挥考核"指挥棒"作用,极大调动部门(单位)参与预算绩效管理积极性。

附录一 "廊坊经验"的亲历者感言

注重监督实效,助推廊坊预算绩效高质量发展

2019年以来,廊坊市作为河北省全面实施预算绩效管理的排头兵,持续优化财政支出结构,不断提高财政资金使用效益,将有限的财力集中用于全市大事要事和民生改善领域,为全省乃至全国提供了可资借鉴的"廊坊模式"。

廊坊市人大常委会财经工委充分发挥人大监督职能,一是,组织参与部门预算评估评审,并对预算绩效重点工作进行监督指导。二是,积极推动将所有层面、所有资金纳入预算绩效管理,完善人大预算审查批准制度,持续深化人大预算审查监督重点向支出预算和政策拓展改革,加强全口径审查和全过程监管,强化对重点专项资金、转移支付、政府债务等方面的预算绩效审查监督。三是,把好全市预算编制"初审关"、预算执行"监督关"和预算调整"批准关",重点对年度计划和预算编制、预算调整的合规性、科学性开展审查,听取审议预决算执行情况的报告,加强对政府全口径预决算的审查和监督,督促市政府及相关部门加快构建现代财政管理制度,完善事前、事中、事后全过程管理闭环,助力构建了"全方位、全过程、全覆盖、全成本"预算绩效管理体系。

廊坊市人大常委会财经工委

纸上得来终觉浅,绝知此事要躬行

2019年,履职财务科长岗位后,我碰到的第一个无从入手的词就是"绩效",教育系统重点工作是学校教书育人,我

们不是工厂企业，何来"绩效"一说呢？

对"绩效"的理解是一个慢慢接受和慢慢融合的过程。与"绩效"的第一次亲密接触是2020年教育领域竞争性资金分配。看着汇总表上的项目，我觉得个个都很好，事事都得办。但进入专家评审环节后，各领域专家对教育系统申报各项目的评审意见让坐在旁听席上的我冷汗涔涔。原本站在讲台上对学生慷慨激昂的教师们也第一次直面了"绩效"的"无情"打击，原来项目还能这样评，原来专家意见可以这样给。基于财政对教育领域的倾斜，2020年、2021年、2022年、2023年、2024年，连续五年的竞争性资金分配是对市直教育系统的财务人员及项目申报负责人五个轮次的绩效培训，"竞争"的项目申报方式让申报预算的教师们短时间内跳出教师身份，以项目负责人的身份审视项目，专家评审意见使我们学会了多个角度看项目，接受了"花钱必问效、无效必问责"的第一绩效原则，项目谋划更成熟。"绩效"的约束不再仅仅针对财务人员，而是与项目的实施主体形成共同制约。事前问绩效、事中监督绩效、事后要绩效，全过程绩效管理理念逐渐在人们心中植下深根。

从不理解到积极调整、主动适应，这是几年来教育领域对绩效工作的变化，而今这也是我们预算管理和财务管理的有效手段。这一变化的原因是市级一系列关于绩效文件制度的出台和执行，实践改变意识，意识指导实践，这是相辅相成的，也印证了那句古话，"纸上得来终觉浅，绝知此事要躬行"。

廊坊市教育局财务科　李　静

勇创新 敢担当 廊坊市财政预算绩效成效显著

2019年，在国家预算改革的大背景下，市财政局为了我市高质量发展，让财政资金发挥更大作用，他们勇于担当，不等不靠，毅然决然扛起了改革的重任，成为省预算绩效管理改革试点单位，并在工作中超前谋划、系统推进。

加强培训，统一认识。市财政局在资金非常紧张的情况下，为了推进预算绩效改革，在2019年组织市本级全部预算单位的财务主管领导、财务管理人员到上海同济大学封闭学习、考察，学习先进经验、改变固有思维模式、借鉴好的经验做法，为绩效改革打通思想壁垒，取得了非常好的效果。大家认识到预算绩效的含义所在，预算绩效不只是财务部门的事，必须成为整个单位的思考重点，才能保证预算绩效改革落到实处。预算绩效只有通过规范的操作流程控制，才不会使预算绩效成为口号、成为纸面上的绩效。

深入调研，沟通协调。调研的过程也是沟通协调的过程。市财政局多次到我校和其他单位调研，征求大家在预算编制、执行、后续跟进方面遇到的问题、困惑、解决思路方案，专项预算、常规预算怎样编制更合理、更高效，如何用有限的资金撬动干事创业的积极性、主动性，引领行业或重点工作的推进等。

统一规范，制度先行。市财政局从2019年开始先后印发《廊坊市市级部门预算绩效管理办法》《廊坊市市级部门整体绩效评价管理办法（试行）》《廊坊市市级事前绩效评估管理办法（试行）》，为我们如何做好预算绩效工作提供了政策依据、参考标准、操作流程、效果认定等，也为整体预算绩效改革的顺利推进打下了坚实基础。预算绩效改革实现了过去预算"谋人"到"谋事"的转变，改变了过去单位里预算只有财务部门管但又管不到位的局面，压实了分管领导和项目部门的责任，从而改变了过去只管花钱不问效益的顽症痼疾。

瞄准重点、精准切入。市财政局将教育局作为改革试点部门，多方论证、大胆创新，拿出专项竞争性预算资金撬动、支持教育重点工作的推进。竞争性预算分配方案的实施极大地调动了教育部门和学校谋事创业的积极性。竞争性资金分配评审中的专家评审环节让我受益良多。相关领域专家从不同的角度对拟投入资金安排的项目进行针对性提问，这些提问都是我们谋划相关工作的出发点、关注点、着力点。专家评审让我们从政策层面这个更高的维度观察、思考、安排我们的教育教学活动，从而也使我们对绩效改革的目的、意义、实施有了更深刻的理解和认识。

经过近几年的探索和实践，我市预算绩效管理改革取得了显著成效和丰硕成果，真正实现了"花钱必问效，无效必问责"！

廊坊市第一中学　陈功利

舍我其谁挑重担，为观奇景上高山

我国预算绩效管理改革启动的标志可以追溯到2003年党的十六届三中全会，当时会议通过的《中共中央关于完善社会主义市场经济体制若干问题的决定》提出了"建立预算绩效评价体系"，这被视为是我国预算绩效管理改革的起始点。党的十九大报告提出的"建立全面规范透明、标准科学、约束有力的预算制度，全面实施绩效管理"明确了预算绩效管理改革的方向。2018年9月1日《中共中央 国务院关于全面实施预算绩效管理的意见》（中发〔2018〕34号），则可以被看作预算绩效管理改革进入新阶段的标志。在此背景下，全国各省市先后开始了自上而下的预算绩效管理研究和实践。

由于我本人长期从事技术经济及管理方面的学术研究和高校教学工作，因此有幸从2006年开始就有机会参加了国家层面、地方省市层面的相关社会服务工作。见证了预算绩效管理政策在各地落地实施过程中的艰难历程，领导不重视、预算部门不理解、财政工作人员不知道如何具体操作等，这些问题在省级层面还好一些，到地市级、区县级就变得更是压力山大、困难重重。原因在于越到基层，财政部门专业技术管理人员相对占比越少；越到基层，预算部门抵触情绪越大；越到基层，需要结合实际的因素越多，可参考可借鉴的经验越少等。因此，各地预算绩效管理水平至今依然呈现省级改革力度大，管理技术好，绩效水平高的现实情况。但是，也不乏个别地市级财政预算绩效管理经验正在成为行业标杆的个例，河北省廊坊市就是其中之一。

由于我本人一直是以技术专家身份参与廊坊市预算绩效管理社会服务工作，虽然参与的服务数量有限，但是时间上至今已经连续5年参与其中。因此，对廊坊市预算绩效管理改革成功经验形成以下思考和认识，仅此共勉。

1. 善于学习，勤于钻研。记得从2019年开始，廊坊市财政局领导、主管科室负责人等就主动、积极地通过各种渠道联系我们这些已经具有一定理论基础和各地实践经验的社会专业人士，邀请我们去廊坊进行政策解读、专业授课、互动交流等，同时请我们给他们介绍预算绩效管理实践先行地区去上门讨教、学习。

2. 积极调研，厘清需求。各地有各地的实际情况，各个部门在长期财务预算管理的惯性工作中已经形成了固有的工作习惯，要想突破、变革阻力重重。在我参加的廊坊市预算绩效管理工作过程中，无论是项目资金、还是部门整体支出资金，无论是事后绩效评价、还是事前绩效评估等，廊坊市财政局领导和专管员都在强调务必去现场调研、务必与预算单位充分沟通，确保厘清预算单位需求，合理合规的给出评价、评估结论和意见。

3. 领导重视，专业管理。参加廊坊市财政资金预算绩效评价、评估会的专家压力是最大的。第一个原因是财政局的领导每场会议都会自始至终地全程参加；第二个原因是参会的财政局领导和专管员个个都对评价评估项目资料内容了解的倍儿熟悉；第三个原因就是参会的财政局领导和专管员的绩效管理技术理论水平和实践经验着实胜过我这个专家。

4. 事必躬亲，尊重技术。预算绩效管理在各地的全面开展，得益于市场上专业技术服务组织的蓬勃发展，政府通过购买专业技术服务的方式每年对所管理的资金进行全覆盖、全过程绩效管理，这是现行的普遍做法。但是，也不乏一些地区存在服务一买了之的现象，从前到后把绩效管理工作都交由第三方机构当做工程项目去完成，造成预算绩效管理流于形式。廊坊市的《财政预算绩效管理工作规范》从一开始就杜绝了这个问题。几年来，凡是我参加的绩效评价，绩效目标辅导、审核，绩效评估等每一场会议，一定都能见到财政局的领导、负责人全程参与在我们的社会服务工作中，虽然感受到的是监督和压力，但是处处又能感受到财政管理人员对专家的尊重和服务。

5. 服务主导，久久为功。多年的廊坊市预算绩效管理社会服务过程，明显感受到了廊坊市各预算部门（单位）预算绩效管理意识、理念的今非昔比，更有各部门绩效管理能力的日新月异。我想这主要得益于廊坊市财政预算绩效管理工作过程中的服务主导，绩效为先。改变了财政部门以往"财神爷"的官僚主义、形式主义作风，真正立足全体民众利益，围绕地方经济增长，服务地方社会进步。

以上体会只是本人社会技术服务工作过程中对廊坊市全面预算绩效管理实践的一些特殊体会，在这里朴素地表达出来供同仁共勉。

预算绩效管理是一项长期性、系统性工程，相信廊坊财政基于"不驰于空想，不骛于虚声"的真抓实干态度，秉持"舍我其谁挑重担，为观奇景上高山"的担当，一定能够为廊坊人民不断创造出"芝麻开花节节高"的好日子。

北京信息科技大学　贠晓哲

严谨、务实的廊坊经验

廊坊预算绩效管理工作用四个字可以概括：严谨、务实。参与廊坊预算绩效管理工作将近五个年头，经历了廊坊预算绩效管理工作的发展过程，从规范型绩效，到考核型绩效，到管理型绩效，再到目前的实用型绩效，廊坊财政通过绩效管理工作的四个阶段推进了廊坊预算绩效管理工作快速发展，廊坊目前的绩效工作不仅能对已经发生和结束的工作进行分析和探讨，还能在此基础上为后续工作的开展提供依据。

参与廊坊预算绩效管理工作最大的感受是廊坊财政人的认真和执着。在第一次参与廊坊绩效评价的过程中，廊坊财政人对每一个数据的采纳都要求我们能提供必要的依据，同时要求依据的准确性和出处。当时由于数据获取较困难，财政局的相关人员对周边的情况进行广泛的咨询与了解，最终帮助我们克服困难完成绩效评价任务。对于预算绩效管理工作，廊坊财政人并不是将其仅视为一项工作，而是将其看作自己的事业，用尽职尽责来形容廊坊财政人的绩效管理工作已经不足以涵盖他们的工作内容和敬业精神，他们是在用全部心血来完成预算绩效管理工作，由此推动了该项工作在短暂的时间内走向辉煌。

廊坊财政人接受新理念和新方法，并迅速将其融入绩效工作，并将绩效管理工作逐步深化。例如，制定可考评、可依据的通用标准，利用资金进行统筹管理等。现在廊坊的预算绩效管理工作已经与北京、上海等较早开展预算绩效管理工作的区域水平相当，有些方面已经有所超越。

北京化工大学　林　莉

一"瞧"竟是心动

2021年，我正从事教育财政绩效的研究，各地行走，唏嘘理论与实践的鸿沟。偶然的机会，接到廊坊教育竞争性项目评审的邀约，且听闻"做的不错"。那必须"瞧瞧去"，遂欣然赴约。未曾想，这一"瞧"竟是心动。

心动从第一眼开始。在预评审会议上，工作组提前与项目申报单位进行了充分沟通，准备了详细的初筛项目清单，由不同领域的专家各抒己见。多数项目，专家们所见略同，但时不时也会因观点不一而爆发激烈辩论，以至于需要"和事佬"解围。到了正式评审，主角成了项目申报单位，专家与人大代表、政协委员、家长、学生、教师等民意代表一起听取汇报，问询后各自打分排序。打分结果不敢说尽数合理，但做到了"阳光下"。后来我才知道，廊坊的同志将这一模式命名为"4321"评审模式，专家与工作组、主管部门、民意代表共同构成四方主体审核。

专家与"砖家"，一线之隔。对于专家，扮演的越多，就越是心虚。身为高校里的教育财政研究者，我向工作组表达了自己作为唯一的教育专家缺乏实践者视角的不足。所幸工作组从善如流，在次年邀请了来自基础教育界的陈校长，极大地缓解了我对自己称职性的担忧。

参加评审，最欢喜的莫过于见到优秀项目得到财政竞争性资金的支持。2021年，廊坊七中的Y老师在人工智能项目汇报时的表现历历在目，优秀的课程设计、清晰的实施方案、合理的成本绩效分析征服了所有人，以至于两个项目的预算（合并后）都给予了支持。2023年，安次区第四幼儿园园长在汇报了户外自主探索游戏建设项目后，在场专家和民意代表情不自禁集体鼓掌以示尊敬和赞赏，最终全额获得了支持。躬逢其盛，与有荣焉！

三年时间，我已发展为廊坊教育预算绩效管理的"自来水"，在各种场合积极推介廊坊的经验和做法。公允地说，廊坊经验并非完美。优秀的项目并未泉涌，不少项目设计里可见商业机构的影子，能与学校育人理念紧密结合、融入校本课程设计的项目也还是偏少。不过，这属于吹毛求疵了，改革怎可能一蹴而就。在教育预算绩效管理改革的路上，廊坊已是领跑者，为实践界和理论界提供了丰富的养分。感谢廊坊财政提供"置身事内"的机会，期待更多地参与到廊坊经验的提炼中，为廊坊预算绩效改革的未来贡献绵薄之力。

北京大学中国教育财政科学研究所　田志磊

"创新+实干"的廊坊市预算绩效管理改革试点精神

北京金凯伟业咨询有限公司作为一家长期在公共财政领域提供管理咨询服务的

专业性机构，伴随着我国预算绩效管理工作在中央部门和北京市的启动和发展而逐步成长起来。2018年《中共中央 国务院关于全面实施预算绩效管理的意见》出台后，有幸在廊坊市预算绩效管理改革初始即参与其中，经历和见证了廊坊市预算绩效管理工作从最初的"一片空白"到进入"廊坊经验"系统成型的全过程。亲历其中，感受最深刻的是廊坊的创新和实干精神。

创新。

5年来，廊坊财政以创新精神为引领，始终走在财政预算绩效管理改革前列，成为预算绩效管理改革的"破冰利刃"。

2019年，廊坊市被河北省财政厅确定为河北省预算绩效管理改革试点后，结合全面预算绩效管理相关要求和本市实际，迅速研究出台了廊坊市全面实施预算绩效管理方案和意见，拉开了廊坊市预算绩效管理改革的序幕。这一年我们有幸承担了廊坊市社会保险基金绩效目标辅导、廊坊市城乡居民基本医疗保险基金绩效评价以及廊坊市生态环境局部门整体项目事前绩效评估等创新型工作。

此后每一年，廊坊财政都会结合本市预算绩效管理改革工作进展情况和发现的痛点、难点，研究提出第二年预算绩效管理改革创新点和突破点。这一点，在我们每年拿到财政部门对外公开招标任务清单就能切实体会到。公司小伙伴每次看到廊坊市招标任务清单后，都有眼前一亮的感觉。例如，2020年的教育领域竞争性资金分配，2021年的县级财政运行综合绩效评价及财政运行绩效目标设置，2022年的县级政府财政运行绩效再评价及部门（单位）整体全成本绩效管理等工作，2023年的高等职业学校全成本分析等。

正是这种锐意进取、开拓创新精神，攻克了廊坊预算绩效中一个又一个难关，逐步形成了廊坊的特色和体系。

实干。

"实干"是实现创新的根本途径。没有实干，创新就是落不了地的"空中云彩"。

在每一次创新工作开展时，廊坊财政邀请相关领域专家一起研讨，提出建设性意见和要求，与第三方机构协同具体落实。记得2022年财政运行综合绩效评价试点工作开展时，廊坊财政为了加强县级财政运行基础数据分析、重点关注廊坊房地产行业对财政的影响，邀请了财政、绩效、房地产等相关领域的7位专家就关注重点、指标体系设计、每个指标的计算方式和取数口径等展开多次具体讨论。廊坊财政同仁们经常和我们一起讨论至深夜。

开展具体工作时，廊坊财政始终秉承把情况摸清、把问题找准、把对策提实的理念，带头抓落实，经常与我们一起深入一线开展现场调研。在开展2019年城乡居民基本医疗保险基金绩效评价时，为了能够摸清基金业务流程、资金流向，全面反映基金运行情况和效果,将评价依据数据化、可量化,廊坊财政和我们连续利用1周时间一起前往医疗保障局和4家定点医院,调取全市所有职工居民2个类型400余万条业务数据进行核查、比对,为绩效评价提供了坚实的数据支撑。

正是这种踏实肯干的精神,逐渐凝聚成了一条条看得见、摸得着的廊坊经验。

5年多的改革探索,我们既是见证者、参与者和践行者;同时"创新+实干"的廊坊精神也引领和推动着我们不断学习和进步,因此廊坊精神也是我们的引领者和推动者。非常感谢廊坊财政的信任和大力支持,让我们过去几年一直能够有幸参与其中!当前,我国预算绩效管理工作逐步进入高质量发展的"新征程",希望我们能够继续与廊坊财政风雨同舟、携手同行,共同推动廊坊预算绩效管理工作取得新成绩、再上新台阶!

北京金凯伟业咨询有限公司总经理　汪爱武

附录二 廊坊预算绩效管理大事记

1. 2019年3月,廊坊市被确定为全省全面实施预算绩效管理设区市试点。自此,廊坊市拉开了预算绩效管理深化改革序幕。局党组书记、局长姚振辉同志在全省预算绩效管理推进大会上就"科学谋划 狠抓落实,争做预算绩效管理工作'排头兵'"进行发言。

2. 2019年4月,为深入学习预算绩效管理先进经验和做法,非税收入管理局局长程广翔同志带队,廊坊市财政局学习考察组一行八人赴广州、中山、绍兴、徐州四个城市进行学习考察,重点围绕全面实施预算绩效管理的思路、政策、机制、举措,通过实地考察、座谈交流等形式进行了认真学习。并提出廊坊预算绩效管理必须与廊坊市当前预算改革有机结合,同步推进,打造廊坊预算绩效管理工作亮点。

3. 2019年4月,廊坊市财政局印发了《全面实施预算绩效管理推进工作方案》,对市级层面全面实施预算绩效管理提出了具体工作部署和要求,明确了"2020年年底前全部建成全方位、全过程、全覆盖的预算绩效管理体系"总体目标及各年度绩效目标。

4. 2019年5月,廊坊市财政局开展2019年市直部门(单位)绩效自评工作,要求各部门要组织本部门及所属单位对预算执行情况开展绩效自评,并对照年初设定的绩效目标,及时对政策和项目资金支出的经济性、效率性、效益性以及绩效目标的实现程度进行自评,对未完成目标的,要分析原因,提出下一步改进措施,并将评价结果报送本级财政部门。自评范围为所有列入2018年市本级预算的项目资金(不含专项公用经费项目),并最终形成绩效自评报告。

5. 2019年6月,廊坊市财政局成立了"廊坊市财政局预算绩效管理委员会",同时从全局抽调六名业务骨干组建预算绩效管理办公室,负责廊坊市预算绩效管理的组织、领导和协调工作,为后续全面推进预算绩效管理相关工作提供了组织保障。预算绩效管理委员会办公室设在预算科,办公室主任由程广翔同志兼任,副主任由于海滨同志兼任,同时专门成立2019年预算绩效管理办公室,预算绩效管理办公室由赵勇同志负责办公室日常工作,成员包括:刘振、余峰、张派、刘文杰、戴静。

6. 2019年6月,廊坊市财政局召开全市预算绩效管理工作培训视频会议,打牢打实全面实施预算绩效管理试点工作开展基础。授课老师为刘国永,上海财经大学中国绩效研究院执行院长,研究员,博士,培训课程为预算绩效管理原理与政策解读。

7. 2019年6月,廊坊市财政局建立五项机制推动预算绩效管理市县同步,包括:建立预算绩效管理联络员机制、建立工作台账机制、建立工作报送机制、建立随机督导机制、建立定期通报机制。

8. 2019年6月,廊坊市财政局加快推进预算绩效管理各项工作,制订廊坊市2019年预算绩效管理实施计划表,挂图作战,廊坊市作为全省预算绩效管理工作推进示范试点先行市,引领带动全省预算绩效管理工作开展。

9. 2019年6月,廊坊市财政局开展2019年财政专项资金事中绩效评估工作,评估范围包括财政扶贫资金、文明城市创建、农业生产发展和促进实体企业发展。由市监督局和第三方中介机构共同实施。绩效评估工作组依据评估工作方案,对项目绩效目标完成情况和各绩效指标完成数据进行核实和分析,通过现场勘察、问卷调查、人员访谈、评分评级等形式实施绩效评估,并最终形成绩效评估项目报告。

10. 2019年6月,廊坊市财政局结合本市工作实际,对2018年执行完毕的市级财政专项资金开展重点绩效评价,评价范围包括生态环境治理、扶贫领域、教育领域和市区道路美化等方面。在每个业务主管科室提供备选项目的情况下,研究确定了12个项目开展重点绩效评价,并最终形成绩效评价项目报告。

11. 2019年7月,廊坊市委、市政府主要领导联名致信市直各部门、各单位主要负责同志,提出明确要求。信中提出:各预算部门(单位)要以改革试点为契机,主动站位大局,严格按照全市统一部署,全力做好预算绩效管理工作,为人民群众提供更加优质高效的公共服务。

12. 2019年7月,廊坊市委、市政府成立了全市预算绩效管理领导小组,出台了《关于全面实施预算绩效管理的实施意见》(廊发〔2019〕23号),从政府层面确立了预算绩效管理的重要地位,为廊坊市全面推进预算绩效管理工作指明了未来工作的发展方向和着力点。

13. 2019年7月,廊坊市财政局构建2020年政策性专项项目库,以开展政策性专项项目预算绩效管理工作为切入点,围绕政策性专项项目的预算编制、绩效指标体系构建、绩效评估评价等方面开展工作。

14. 2019年7—8月，廊坊市财政局在上海财经大学（中山北一路校区）举办四期预算绩效管理专题培训班，培训对象为市直相关部门（单位）预算绩效管理分管领导或财务负责人，市财政局预算绩效管理委员会成员科室（单位）负责人和联络员，各县（市、区）财政局预算绩效管理分管领导、股室负责人及相关业务骨干，共计160余人。

15. 2019年7月，廊坊市财政局印发《廊坊市第三方参与预算绩效管理工作办法（试行）》，规范引入第三方参与预算绩效管理的行为，提升廊坊市预算绩效管理水平，办法共分为八章：总则、第三方准入管理、第三方权利义务、第三方过程管理、第三方质量评估、第三方费用支付、第三方退出机制、附则。

印发《廊坊市市级事前绩效评估管理办法（试行）》，进一步加强预算绩效管理，规范事前绩效评估行为，办法共分为七章：总则、事前绩效评估的组织管理、事前绩效评估的内容、事前绩效评估的类型和方法、事前绩效评估的工作程序、事前绩效评估的行为规范、附则。

印发《廊坊市市级预算绩效目标管理办法（试行）》，提高预算绩效目标管理的科学性、规范性和有效性，建立多层次预算绩效目标管理机制，办法共分为六章：总则、组织管理、绩效目标设置、绩效目标审核、绩效目标批复和调整、附则。

16. 2019年7月，廊坊市财政局针对各经常性项目负责人，采取"一对一"的辅导培训形式，辅导项目单位按照要求对经常性项目进行政策梳理、目标指标设定等工作，帮助项目单位理顺项目背景、依据，确保各项目开展过程中有据可依；同时对项目目标指标进行设定辅导，完善各项目目标，通过目标的合理设定，确保财政资金效益的发挥。

17. 2019年8月，廊坊市财政局预算绩效管理工作得到省财政厅充分肯定，省财政厅党组成员、副厅长赵新海一行来廊调研预算绩效管理工作。在听取专题汇报后，赵新海副厅长对廊坊市预算绩效管理工作给予充分肯定，他表示，作为全省唯一设区市试点，廊坊市预算绩效管理工作抓的紧、力度大、效果实。

18. 2019年8月，廊坊市财政局开展全面实施预算绩效管理试点工作自评，自评工作主要采取自评打分形式，市财政局综合"不忘初心、牢记使命"主题教育走访调研情况、自评情况，以及各县（市、区）财政局工作台账报送情况开展再评工作，并按照市委督察要求，将再评结果分为优秀、良好、一般、较差四个档次，呈报市委进行全市通报。

19. 2019年8月，廊坊市财政局启动了市级部门2020年预算编制工作，将预算绩效管理纳入预算编制体系。

20. 2019年9月，廊坊市财政局印发《廊坊市市级部门整体绩效评价管理办法

（试行）》，切实加强部门整体绩效管理，强化支出责任，进一步规范部门整体绩效评价工作，共分为七章：总则、组织管理、评价内容、评价类型和方法、评价工作程序、结果应用、附则。

印发《廊坊市市级政策和项目绩效评价管理办法（试行）》，提高政策和项目预算绩效管理水平，规范政策和项目绩效评价行为，共分为七章：总则、组织管理、评价内容、评价类型和方法、评价工作程序、行为规范、附则。

印发《廊坊市预算绩效管理工作考核办法（试行）》，促进预算绩效管理工作的制度化、规范化、常态化，办法实行年度考核制，由市级财政部门组织实施，考核结果全市通报，以适当方式予以公开，市直部门考核结果报送市委、市政府，县级财政部门考核结果抄送县（市、区）级党委、政府，考核结果纳入市管领导班子和领导干部绩效管理考评工作体系，作为"预算绩效管理"指标打分的重要依据。

印发《廊坊市市级部门绩效运行监控管理办法（试行）》，进一步加强和规范预算绩效运行监控工作，建立预算绩效运行监控机制，确保绩效目标如期保质保量实现，提高财政资金使用效益，共分为六章：总则、组织管理、监控内容与方式、监控实施程序、监控结果应用、附则。

21. 2019年9月，廊坊市财政局印发《廊坊市县级预算绩效管理工作综合推进方案》，坚持靶向发力、综合施策，通过对标先进、专人辅导督导、打造样板、培育亮点、人才带动等一系列举措，切实提高各县（市、区）财政局思想认识，压实县级预算绩效管理牵头责任，加快具体工作推进步伐，确保市县同步、上下协同，坚决在预定时间内全面完成试点任务。

22. 2019年9月，廊坊市财政局组织预算绩效管理实操培训，进一步做好2020年市本级预算编制阶段绩效管理工作。培训对象为主管预算部门的财务负责人、项目负责人、市财政局预算绩效管理委员会成员科室（单位）负责人和联络员、各县（市、区）财政局相关人员，共计210余人。两期培训内容相同，每期第一天授课内容为事前绩效评估，第二天授课内容为绩效目标填报、项目绩效自评价。

23. 2019年9月，廊坊市财政局开展部门整体绩效评价及分行业分领域绩效指标及标准体系构建试点工作，加快推动构建部门预算绩效管理体系，切实加强部门整体绩效管理，提高财政资金使用效益。

24. 2019年9月，廊坊市财政局2019年市直部门绩效再评价工作，在各部门、相关单位2018年市本级预算的项目（不含专项公用经费项目）中确定1—3个专项项目进行再评价。2019年绩效再评价采取所有部门、相关单位分批报送资料、集中办公审核和抽取10%的项目查看现场的方式进行。

25. 2019年10月，廊坊市财政局转发《河北省财政厅关于印发〈河北省省对下转移支付资金绩效管理办法〉的通知》，切实做好廊坊市对下安排的中央、省级转移支付及市本级转移支付的预算绩效管理工作。

26.2019年10月，廊坊市财政局印发《廊坊市××（部门）预算绩效管理办法（参考模板）》，规范廊坊市市直各部门及所属单位的预算绩效管理工作，加快推动部门预算绩效管理深入开展。

27.2019年10月，廊坊市财政局选取8个预算部门作为2018年度部门整体绩效评价及2019年分行业分领域分层次的核心绩效指标和标准体系构建工作的试点部门，一是设置部门整体绩效指标、填报部门整体绩效自评表、撰写部门整体绩效自评报告；二是试点部门可主动对接省级部门和相关地市的对口单位，加强沟通交流，共同研究推进分行业、分领域、分层次的核心绩效指标和标准体系构建试点工作。

28.2019年10月，廊坊市在2020年市本级预算编制中，将事前绩效评估作为突破口和发力点，明确要求所有新出台政策和新增150万元以上项目必须开展事前绩效自评估。

29.2019年11月，廊坊市财政局印发《预算绩效管理工作攻坚方案》，包括：继续夯实绩效管理推进基础、全力做好2020年预算编制、提档升级全过程预算绩效管理链条、基本建立全方位预算绩效管理格局、探索构建全覆盖预算绩效管理体系、切实加强县级预算绩效管理工作、推动建立多部门监督保障机制。

30.2019年11月，廊坊市财政局召开市生态环境局2020年部门整体项目事前绩效评估会议，参会成员包括评估专家组、廊坊市财政局相关领导、廊坊市生态环境局财务及业务人员、评估工作组。主要从立项必要性、项目可行性、项目绩效性三个方面进行评估。

31.2019年11月，廊坊市财政局召开预算绩效管理重点工作调度会议，加速推进事前绩效再评估、试点部门整体绩效评价及分行业分领域绩效指标和标准体系构建重点工作，切实提升财政资金配置效率和使用效益。

32.2019年11月，廊坊市财政局、廊坊市教育局印发《廊坊市义务教育领域部门整体绩效评价工作方案》，选取义务教育试点单位同步开展义务教育领域部门整体绩效评价，绩效评价对象为市本级及各县（市、区）分别选取初中和小学各一个，共23个单位。主要围绕2018年度部门整体支出开展，主要对整体绩效目标的设置情况、资金投入、预算执行和管理情况、为实现整体绩效目标所制定的制度、采取的工作措施、整体绩效目标实现情况及效果、开展预算绩效管理的情况等内容进行评价。

33.2019年11月，廊坊市财政局邀请人大代表参与2020年市级事前绩效评估会，人大代表可分别从预算监督和民主监督的角度出具独立评估意见，并作为事前评估报告的组成部分，进一步提高预算资金分配的科学性。

34.2019年11月，廊坊市财政局联合市教育局开展了竞争性资金分配的试点工作，竞争性资金分配共有六个环节：一是发布工作指南；二是申报项目；三是资料初审；四是专家会审；五是部门审核；六是社会代表意见征集。

35. 2019年12月，廊坊市财政局开发了"寻绩问效在廊坊"公众号，主要用于宣传全面实施预算绩效管理改革、预算绩效工作动态，讲述廊坊市预算绩效改革成果。

36. 2019年12月，廊坊市财政局为进一步提升预算绩效管理工作人员业务水平，结合2020年市本级预算编制要求，组织预算绩效专题培训，培训对象为市直部门（单位）负责部门整体绩效目标填报、绩效运行监控的相关人员、局内预算绩效管理委员会成员科室（单位）负责同志、绩效联络员、各县（市、区）财政局、廊坊开发区财政局相关人员，共计1000余人，培训内容为：部门整体绩效目标管理、部门整体绩效评价、绩效运行监控、预算绩效管理相关问题讲解等。

37. 2019年12月，廊坊市财政局印发《预算绩效管理"回头看"工作实施方案》，市局预算绩效管理办公室负责总体统筹协调、梳理工作目标、细化分解工作任务，涉及预算绩效管理"回头看"工作的考核评分内容：工作组织、事前绩效评估、绩效目标管理、绩效监控管理、绩效评价管理、绩效信息公开以及特别加减分七部分内容。

38. 2020年1月，廊坊市财政局组织开展2019年度市直部门预算绩效管理工作考评。一项一项梳理，一件一件核实，认真开展一次"回头看"，对照考核评分表进行自评打分。考核结果作为2019年度市管领导班子和领导干部综合考核暨绩效管理考评工作中"预算绩效管理"指标打分的重要依据。

39. 2020年1月，廊坊市财政局开展2019年县级预算绩效管理自评工作，全面回顾梳理各县区预算绩效管理工作进展，对2019年预算绩效管理工作全面总结，形成专题报告，报告分三部分：一是总体情况；二是突出成效，包括2020年预算绩效目标辅导单位数量、项目数量，特别是开展了事前评估的，要明确评估项目数量、涉及金额、审减金额、审减率等数据；三是存在问题、原因分析及2020年的工作打算。

40. 2020年1月，廊坊市财政局将组织编制的2020年各部门预算绩效文本，批复部门予以执行。

41. 2020年4月，廊坊市财政局对参与2020年市本级事前绩效评估工作的第三方机构及专家考评结果进行通报。评选出优秀第三方机构10家，优秀专家20名，不断提高从业人员素质，全面提升工作质量。

42. 2020年4月，廊坊市首次探索实施部门整体绩效管理，选取市场监督管理局、卫生健康委员会、生态环境局、农业农村局4个试点部门作为部门整体绩效管理试点，推动部门建立全方位、全过程自主开展整体预算绩效管理的工作思路，逐步提高部门自主开展整体预算绩效管理的工作能力和工作水平。

43. 2020年4月，廊坊市财政局关于做好2019年度市本级预算项目绩效自评工作，评价对象为2019年市本级预算安排的所有项目支出资金，包括一般公共预算（专项公用和专项项目）、政府性基金预算、国有资本经营预算。《项目支出绩效自评表》总分共计100分，预算执行率10分、绩效指标90分，其中绩效指标分数又分为产出指标50分、效益指标30分、服务对象满意度指标10分。市直部门可根据项目实际情况对绩效指标分值进行调整。

44. 2020年5月，廊坊市财政局对82个市直部门绩效开展自评抽查复核，2019年市本级预算项目中每个部门随机抽查2个项目，市财政局对市直各部门填报的所有项目《项目支出绩效自评表》情况进行复核，复核内容包括内容填报的完整性、指标设定的合理性、自评得分的真实性、项目的填报数量和报送的及时性等。

45. 2020年5月，廊坊市财政局开展财政支出政策和项目绩效评价工作，评价范围包括生态环境治理、文明城市创建、扶贫领域、教育投入和医疗卫生等方面，涉及20个部门（单位）的37个项目。绩效评价工作组根据现场核实、数据分析情况，按照《政策重点绩效评价报告》和《项目重点绩效评价报告》的要求分项目撰写绩效评价报告，形成绩效评价报告。

46. 2020年5月，廊坊市财政局严格绩效运行监控，并提出四个方面要求：认真开展日常绩效监控、严格做好事中绩效评估、探索实行分类监控机制、建立绩效监控资金收回机制。坚决杜绝低效无效支出，有效提升资金效益、应对疫情影响。

47. 2020年6月，廊坊市财政局印发《2020年部门整体绩效管理工作方案》，选取市市场监督管理局、市卫生和健康委员会、市生态环境局、市农业农村局开展试点，主要内容分为四个方面：以部门职责为切入点，构建部门整体绩效管理框架、全面梳理部门预算项目，构建部门所属行业领域指标库、组织开展绩效运行监控，辅导部门建立绩效运行监控工作机制、开展2019年部门整体绩效自评，提高部门绩效管理主体责任意识。

48. 2020年7月，廊坊市财政局会同廊坊市教育局联合出台了《关于改进廊坊市教育领域预算资金绩效管理的意见》，以指导下一步预算绩效管理工作，推动廊坊市教育工作的健康发展。

49. 2020年8月，廊坊市财政局印发《2021年部门整体项目事前绩效评估工作方案》，引入第三方力量，对市自然资源和规划局、市生态环境局、市市场监督管理局试点开展部门整体项目事前绩效评估。强化部门主体责任，提高部门预算管理水平，减少预算编制不细化、预算申报随意性大、预算支出进度慢等问题。

50. 2020年8月，廊坊市财政局开展2018年度部门整体绩效自评，评价对象为市本级各预算部门，评价范围为部门本级（不含部门的下属单位）。并对整体绩效目标指标设置、部门整体绩效自评表填报、部门整体绩效自评资料报送作出了相关要求。

51. 2020年8月，廊坊市财政局印发《2020年部门整体绩效管理工作方案》，按照廊坊市2020年全面实施预算绩效管理工作计划，从2020年起，采取先试点、再扩面的方式，选取部分部门开展试点，逐步推进市直部门构建本部门预算绩效管理体系，提升各部门整体绩效管理水平。

52. 2020年9月，廊坊市财政局为更好接受人大监督，扎实开展财政重点绩效评价工作，特邀请人大代表参与2019年度城乡居民基本医疗保险基金绩效评价专家会，人大代表可分别从预算监督和民主监督的角度针对医保基金预算绩效管理出具独立评价意见，并作为绩效评价报告的组成部分。

53. 2020年9月，廊坊市财政局开展2019年度部门整体绩效自评，对整体绩效目标指标设置、整体绩效自评表填报、整体绩效自评资料报送提出要求。自评工作完成后，财政部门结合部门自评得分及辅导情况，选取部分部门进行抽查复核，复核情况随同政府决算报送人大审议，并向社会公开。

54. 2020年10月，廊坊市财政局预算绩效管理委员会组织召开全体会议，总结了预算绩效管理改革推进情况，对绩效结果反馈整改、报告通报、挂钩预算、调整政策等相关应用方式进行固化和明确，对绩效信息公开的内容、方式、渠道作出严格规定，进一步完善和加强第三方管理，推动事前绩效评估的制度化、常态化，补齐了全过程预算绩效管理制度链条，为下一步工作开展框定路径。

55. 2020年10月，廊坊市财政局印发了《廊坊市市级预算绩效结果应用管理办法（试行）》，共分为七章：总则、结果反馈及整改、结果报告和通报、结果应用联动、挂钩预算和政策调整、绩效问责、附则。进一步加强预算绩效管理，明确预算绩效结果应用的原则、适用范围、主体及方式。

印发《廊坊市市级预算绩效信息公开管理办法（试行）》，共分为五章：总则、职责分工、公开内容及方式、监督管理、附则。明确预算绩效信息公开的原则、公开方式、监督管理。

修订形成《廊坊市市级第三方参与预算绩效管理工作办法》，共分为九章：总则、第三方准入管理、第三方权利义务、第三方过程管理、第三方质量评估、第三方费用支付、第三方档案管理、第三方监督管理、附则。进一步加强预算绩效管理，规范市级财政部门、市直各部门、各单位引入第三方参与预算绩效管理的行为。

印发《廊坊市财政局预算绩效管理内部规程》，明确廊坊市财政局内部预算绩效管理职责分工、工作流程等，建立了分工明确、责任清晰、协调配合的预算绩效管理工作机制，打造了"预算编制有目标、预算新增有评估、预算执行有监控、预算完成有评价、评价结果有应用"的全过程预算绩效管理链条。

印发《廊坊市财政局事前绩效评估内部规程》，明确了事前绩效评估对象、评估内容、工作步骤、具体程序等，进一步规范市本级财政事前绩效评估工作。

56. 2020年10月，廊坊市财政局组织开展中期绩效评估，评估将围绕预算执行情况，对项目相关情况进行全面梳理，明确指出当前存在的问题，并对后期项目实施进行科学预测，据此提出具体的评估意见，包括限时整改、暂缓拨款、收回资金等。突出监控实效，及时纠偏整改，确保项目如期落地，杜绝低效无效支出，有效提升财政资源配置效率和资金效益。

57. 2020年10月，廊坊市财政局组织开展2021年市本级预算申报信息化运维类项目专项事前绩效评估。针对2020年预算申报信息化项目专项事前绩效评估中发现的信息化系统运维费用偏高等问题，结合2021年市本级预算申报总体情况，对预算申报金额在30万元（含）以上的信息化运维类重点项目开展专项事前绩效评估。

58. 2020年11月，廊坊市财政局开展2019年度部门整体绩效自评抽查复核。抽查复核对象为廊坊市人民政府办公室、廊坊市人民政府研究室等38个部门，采取集中审核的方式进行。复核情况同步向社会公开；复核结果将与部门2021年专项公用经费预算资金挂钩。

59. 2020年11月，廊坊市财政局制订《加快修订完善廊坊市预算绩效管理系列制度办法的工作方案》，为确保系列制度制定工作的有序开展，按照局内预算绩效管理工作分工，对责任科室工作职责和完成时限进行进一步明确：由预算绩效科牵头组织系列制度修订、出台工作，并定期督导工作进展；相关科室各司其职，牵头制定对口负责工作的制度办法。

60. 2020年12月，廊坊市召开财政工作会，市委书记出席会议并讲话，强调要全面落实省委、省政府关于加强和改进财政工作的部署要求，深入分析财政工作中存在的问题，切实扭转当前财政工作的被动局面。

61. 2020年12月，廊坊市财政局发布《2020年重点绩效评价结果应用清单》，部门预算主管科室根据评价发现问题，结合结果应用建议，遵循实事求是、公平公正、权责统一、绩效奖惩与问责相结合的原则，将政策和项目绩效评价结果与预算安排和政策调整挂钩。

62. 2020年12月，廊坊市财政局印发了《廊坊市财政局预算绩效微信公众号管理办法（试行）》，共分为九章：总则、职责分工、信息发布管理、互动管理、安全保密管理、宣传推广、考评与奖励、经费管理、附则。确保微信高效、安全、有序运行，更好地发挥公众号宣传引导作用。

63. 2020年12月，廊坊市财政局通报2019年度部门整体绩效自评抽查复核结果，抽查复核的结果与2021年部门专项公用经费挂钩，即评价得分在80分（含）到90分的部门或单位，适当减少其专项公用经费预算安排，减少比例＝[（90-再评价得分）÷2]%；评价得分在80分以下的部门或单位，适当减少其专项公用经费预算安排，减少比例＝[（100-再评价得分）÷2]%。相关部门对本次抽查复核提出的问题和建议进行梳理总结，并落实整改。

64. 2021年1月，廊坊市财政局开展2020年度县级预算绩效管理工作考评，结合自评情况及佐证材料，开展年度工作考核，考核结果作为2020年度各县（市、区）全面深化改革工作考评及组织部干部绩效管理考核体系中"预算绩效管理"指标打分的重要依据。

65. 2021年1月，廊坊市财政局对2020年度县预算绩效管理工作考评情况进行通报，考评依据市财政局2020年布置的预算绩效管理工作，分为组织保障（16分）、事前评估（10分）、绩效目标管理（25分）、绩效运行监控（12分）、绩效评价管理（25分）、绩效信息公开（12分）、加减分项七个方面。霸州市、固安县、安次区为优秀，此次考核结果作为2020年度各县（市、区）全面深化改革工作考评及组织部干部绩效管理考核体系中"预算绩效管理"指标打分的重要依据。

66. 2021年1月，廊坊市财政局开展2020年度市本级预算项目绩效自评工作，要求各部门要组织本部门及所属单位，及时对项目资金支出进行绩效自评。评价对象为2020年市本级预算安排的所有项目支出资金，包括一般公共预算（专项公用和专项项目）、政府性基金预算、国有资本经营预算。

67. 2021年1月，廊坊市财政局表彰2020年度预算绩效管理优秀中介机构、优秀专家。对第三方工作进行全程跟踪、动态考评，根据考评结果，对优秀中介机构和专家进行通报表彰，给予考核不合格的中介机构黄牌警告。优秀中介机构分为5类：部门整体绩效管理类优秀中介机构、突破领域绩效评价类优秀中介机构、事前绩效评估类优秀中介机构、中期绩效评估类优秀中介机构、政策和项目绩效评价类优秀中介机构，并新增20名优秀专家。

68. 2021年2月，廊坊市财政局对市市场监督管理局、市卫生健康委员会、市生态环境局、市农业农村局试点开展了分行业分领域绩效指标体系构建，辅导部门梳理近三年预算项目绩效信息，并以政府收支功能分类为基础进行梳理整合，形成了目前一般公共服务、卫生健康、节能环保、农林水4个行业领域中12个行业类别的绩效指标和标准体系以及15类共性项目绩效指标体系。

69. 2021年2月，廊坊市财政局开展2021年预算绩效文本编制工作，按规范格式编制部门预算绩效文本，全面设定部门整体绩效目标，提高预算项目绩效目标质量。

70. 2021年2月，廊坊市财政局开展2020年度市直部门预算绩效管理工作考评，结合自评情况及佐证材料，开展年度工作考核，考核共分为七项内容：基础工作、事前绩效评估、绩效目标管理、绩效运行监控管理、绩效评价管理、绩效信息公开、工作配合。考核结果作为2020年度市管领导班子和领导干部年度考核工作中"预算绩效管理"指标打分的重要依据。

71. 2021年2月，廊坊市财政局修订完善了《市本级运转类公用经费定额标准》，此次对运转类公用经费7个项目定额标准进行了修订，并统一按照事业类一档标准测算学校运转类公用经费，自编制2021年预算时启用。修订后，按人员核定的定额标准基准档由年人均5230元提高至6460元，增加1230元。同时，为贯彻落实"过紧日子"要求，会议费按标准定额压减10%，"三公"经费和培训费各压减5%。

72. 2021年3月，廊坊市财政局首次开展部门整体支出成本分析工作，对市本级5所高中开展成本绩效管理工作，对试点学校五年来的历史数据进行分析，制定出6大类、50余项支出标准，为2022年教育领域财政预算安排提供了重要依据，同时为后续成本分析提供了依据。

73. 2021年3月，廊坊市财政局召开事前绩效评估报告专家评审会，提高第三方机构绩效评估成果的规范性和科学性，推动绩效结果应用，参会人员为：廊坊市财政局相关领导、预算科（预算审核中心、预算绩效科）、相关部门预算主管科室；第三方评价机构及专家；报告编制中介机构。

74. 2021年4月，廊坊市财政局印发《廊坊市2021年全面实施预算绩效管理工作方案》，全面推进2021年预算绩效管理工作，加快构建"全方位、全过程、全覆盖"的预算绩效管理体系。

75. 2021年4月，廊坊市财政局印发《预算绩效管理"大比武"活动实施方案》，通过开展预算绩效管理大比武活动，真正实现由"要我干"向"我要干"的思想转变，真正将绩效理念贯穿于预算编制、预算执行、预算监督全过程。

76. 2021年5月，廊坊市财政局印发《"大调研、大走访、大讨论"活动总体工作方案》，并以预算绩效管理为着力点和突破口，切实通过支出结构的优化，撬动财政资源的配置，助力经济高质量发展和政府高效能治理。

77. 2021年6月，廊坊市财政局修订形成了《廊坊市市级事前绩效评估管理办法》，共分为七章：总则、事前绩效评估的组织管理、事前绩效评估的内容、事前绩效评估的类型和方法、事前绩效评估的工作程序、事前绩效评估的行为规范、附则。进一步规范事前绩效评估工作，提高事前绩效评估的科学性、准确性。

修订形成了《廊坊市市级预算绩效目标管理办法》，共分为六章：总则、组织管理、绩效目标设置、绩效目标审核、绩效目标批复和调整、附则。进一步提高预算绩效目标管理的科学性、规范性和有效性。

修订形成了《廊坊市市级部门整体绩效评价管理办法》，共分为七章：总则、组织管理、评价内容、评价类型和方法、评价工作程序、结果应用、附则。加强部门整体绩效管理，强化支出责任，进一步规范部门整体绩效评价工作。

78. 2021年8月，廊坊市财政局对89个市直部门开展2020年度项目绩效自评抽查复核工作，市财政局在2020年度市本级预算项目中每个部门随机抽查部分项目进行复核。复核内容包括：内容填报的完整性、指标设定的合理性、自评得分的真实性、项目的填报数量和报送的及时性等。市直各部门按照要求报送相关佐证资料后，市财政局通过查看相关资料、账册、现场调研、专家评审等方式，对预算执行情况、绩效指标设置及完成情况进行复核打分，完成《项目支出绩效自评复核表》的填报工作。

79.2021年8月，廊坊市财政局开展市级政策和项目绩效评价工作，本次政策和项目绩效评价范围为2020年度财政支出政策和项目，部分项目追溯以前年度。廊坊市财政局根据评价结果形成"评价结果应用清单"和"政策负面清单"，将绩效评价结果与年度预算安排挂钩，作为完善政策、分配资金、改进管理的重要依据。

80.2021年8月，廊坊市财政局、廊坊市教育局印发《廊坊市本级五所中学成本绩效评价工作方案》，评价对象为廊坊市本级五所中学，分别是廊坊市第一中学、中国石油天然气管道局中学、廊坊市第二中学、廊坊市第七中学、廊坊市第八高级中学。评价内容为支出绩效指标和标准体系建设。突出抓好教育领域重点突破，加快廊坊市支出标准体系建设，进一步提升教育领域财政资金使用效益。

81.2021年8月，廊坊市财政局印发了《2022年预算绩效目标审核工作方案》，结合《廊坊市市级预算绩效目标管理办法》的相关规定，以"绩效目标审核更加科学、规范、有效，预算编制更为精准，资金使用效益更为突出"为目标，围绕加快建设"创新廊坊、数字廊坊、健康廊坊、平安廊坊、品质廊坊"，遵循"集中财力办大事"原则，推动2022年预算绩效目标审核向更高质量、更高层次迈进。一方面，立足于部门主要职能、项目实施可行性及历年项目情况等方面，大力提升预算审核水平和项目质量。另一方面，进一步明确财政资金支持的方向、范围、方式等内容，探索研究"集中财力办大事"政策体系框架。

82.2021年8月，廊坊市财政局印发《2022年部门整体项目事前绩效评估工作方案》，全力做好2022年预算编制及绩效管理工作，加快推进预算和绩效管理一体化，选择市公安局、市住房和城乡建设局、市文化广电和旅游局、市水利局开展部门整体项目事前绩效评估。

83.2021年9月，廊坊市财政局委托河北工业大学，聘请国内预算绩效管理方面行业专家，对廊坊市预算专管员、承担重点任务的部门财务负责人和部门预算绩效业务骨干开展业务培训，培训共分为两期，每期3天，共计6天。每期45人，共计90人。

84.2021年9月，廊坊市财政局制定了《廊坊市市级中期绩效评估管理办法（试行）》，共分为七章：总则、组织管理、评估范围和分类及内容、评估方法和流程、评估结果应用、行为规范、附则，加强市级各部门、各单位预算绩效管理，提高预算执行效率和财政资金使用效益，使财政资金更好地提质增效。

85. 2021年9月，廊坊市财政局开展2020年度部门整体绩效自评，财政部门将根据评价指标体系及评分规则，结合获取的评价数据和信息，对市本级所有预算部门的整体绩效自评结果及自评工作质量实施再评价，再评结果与部门2022年专项业务经费预算资金挂钩，并向社会公开。

86. 2021年9月，廊坊市财政局开展2021年度县级政府财政运行绩效目标填报及试点县2020年度县级政府财政运行综合绩效评价工作，设定10个县（市、区）人民政府、廊坊开发区管委、临空经济区（廊坊）2021年度财政运行绩效目标，选取固安县、香河县作为试点开展2020年度县级政府财政运行综合绩效评价，对固安县、香河县所属省级以上开发区进行重点评价会。自此，廊坊市预算绩效管理工作实现了由项目到政策到部门再到政府预算的全方位覆盖。

87. 2021年10月，廊坊市财政局开展2021年1—10月预算绩效运行监控分析工作，启用财政一体化平台"绩效监控"模块，对2021年第三季度部门整体、预算项目的资金执行进度、绩效目标实现程度进行监控，以提高预算执行效率和财政资金使用效益。

88. 2021年10月，廊坊市财政局对2021年度预算绩效重点业务实操培训情况进行通报，包括：组织情况、授课情况、听课情况、作业成绩。

89. 2021年11月，廊坊市财政局开展2020年度部门整体绩效自评复核，复核包括两个方面，一方面对部门整体绩效自评分值进行复核，复核分值权重为60%，最高为60分；另一方面对部门整体绩效自评工作质量进行打分，最高40分；复核总分为以上两方面分值加和，总分100分。复核情况在政府决算批复后向社会公开；复核结果与部门2022年专项公用经费预算资金挂钩。

90. 2021年11月，廊坊市财政局印发《廊坊市市级政策和项目绩效评价管理办法》，共分为八章：总则、组织管理、评价对象和内容、评价指标和标准、评价类型和方法、评价工作程序、法律责任、附则。提高政策和项目预算绩效管理水平，规范政策和项目绩效评价行为。

91. 2021年11月，廊坊市财政局印发使用预算绩效管理专家规范，一般问题优先使用市本级专家，政策性、理论性强的问题可申请使用外地优秀专家。

92. 2021年11月，廊坊市财政局邀请人大代表、政协委员等参与2022年部门整体事前评估、绩效目标审核等评审会，进一步强化人大、政协等部门对全面实施预算绩效管理工作的监督，提升绩效工作的权威性和公信力。

93. 2021年12月，廊坊市财政局开展2022年预算绩效信息报审工作，包括：部门填报部门绩效文本信息、部门（单位）修改、完善项目绩效目标表。

94. 2021年12月，廊坊市财政局对2020年度部门整体绩效自评复核结果进行通报,复核情况在市财政局官网面向社会公开,复核结果实现与2022年部门预算安排挂钩,并作为部门预算绩效管理工作考核重要内容纳入党政领导班子年度考核。市财政局根据此次复核结果,在现有审核额度的基础上,对评级为良(含)以下部门的专项公用经费进行压减。

95.2021年12月,廊坊市财政局推进中期绩效评估结果应用,将2021年度市级中期绩效评估结果发送各相关科室,各相关科室根据中期绩效评估报告的结论及建议,按照相关程序调整预算资金。

96.2022年1月,廊坊市财政局开展2021年度县级预算绩效管理工作考评,考核结果作为2021年度各县(市、区)组织部干部绩效管理考核体系中"预算绩效管理"指标打分的重要依据。

97.2022年1月,廊坊市财政局开展2021年度市直部门预算绩效管理工作考评,考评包括两个部分,一部分对部门整体绩效工作进行考评,另一部分对部门预算绩效管理工作进行考评。考核结果作为2021年度市管领导班子和领导干部年度考核工作中"预算绩效管理"指标打分的重要依据。

98.2022年1月,廊坊市财政局开展2022年预算绩效信息填报审核工作,将各部门预算绩效文本信息汇编成册,经人代会审议通过后批复各部门执行。

99.2022年1月,廊坊市财政局对2021年度县级预算绩效管理工作考评情况进行通报,分为工作组织(16分)、事前绩效评估(10分)、绩效目标管理(25分)、绩效监控管理(12分)、绩效评价管理(25分)、绩效信息公开(12分)、县级重点领域绩效管理(加分项)七个方面。

100.2022年2月,廊坊市财政局开展2021年度市本级预算项目绩效自评工作,各部门按照绩效评价工作实施方案规定的程序和内容,对预算项目绩效目标完成情况和各绩效指标完成数据进行核实和分析,开展现场勘查、调查核实等工作,并按要求填报《项目支出绩效自评表》。绩效自评结束后,各部门对本部门和下属单位绩效自评情况进行汇总,完成《市直部门绩效自评情况汇总表》的填报工作。撰写部门项目绩效评价自评报告。

101.2022年4月,廊坊市财政局开展县级政府财政运行2021年度绩效自评和2022年度绩效目标填报工作,进一步规范县级预算收支管理,增强县级财政可持续性和运行效能,更好支撑和服务县级政府治理。

102.2022年5月,廊坊市财政局对参与2021年预算绩效管理工作的第三方中介机构及专家进行了考评,评选出突破领域绩效管理、部门整体绩效管理、事前绩效评估、绩效目标审核、中期绩效评估、政策和项目绩效评价优秀第三方中介机构和20名优秀专家。

103.2022年6月,廊坊市财政局修订形成了《廊坊市市级预算绩效结果应用管理办法》，共分为七章：总则、结果反馈及整改、结果报告和通报、结果应用联动、挂钩预算和政策调整、监督问责、附则。规范预算绩效结果应用，增强绩效结果约束力，切实提高财政资金使用效益和管理水平。

修订形成了《廊坊市市级部门绩效运行监控管理办法》，共分为五章：总则、组织管理、监控内容与方式、监控结果应用、附则。提高预算执行效率和资金使用效益，确保绩效目标如期保质保量实现。

印发《廊坊市财政局预算绩效框架协议实施细则》，共分为八章：总则、第三方机构管理组织架构及职责、第三方机构的选取和委托、第三方机构考核评价、费用支付、违约责任、第三方机构的清退补充、其他。进一步加强预算绩效管理，规范框架协议内第二阶段任务分配，促进入围第三方机构机会公平、有效竞争。

印发《廊坊市市级预算支出标准管理办法（试行）》，共分为八章：总则，支出标准的分类和内容，职责与分工，支出标准制定的要求和路径，支出标准制定的依据、方式和方法，支出标准的审核、发布和动态维护，应用，附则。构建内容完整、结构优化、程序规范的预算支出标准体系，使财政支出更加科学、合理和规范，更好发挥预算支出标准在预算管理中的基础性作用。

104. 2022年6月，廊坊市财政局印发《廊坊市市级全成本预算绩效管理实施方案》，按照"点面结合、分类推进、重点突出、积极稳妥"的原则，积极推进全成本预算绩效管理，践行"物有所值"理念，探索"降本增效"路径，推动部门决策科学化和政府治理现代化。

105. 2022年6月，廊坊市财政局于印发《廊坊市2022年全面实施预算绩效管理工作方案》，深入贯彻落实党中央、国务院、省委、省政府和市委、市政府决策部署，提质提效、加力加速推进预算绩效管理工作。

106. 2022年6月，廊坊市财政局印发《廊坊市市直行政事业单位物业管理费支出定额标准》，适用于纳入市级部门预算的所有单位。不适用于租金中已包含物业费用的租用办公场地的单位，入驻市民服务中心的单位在物业服务合同期限内不适用本标准，合同期满后，按照本标准执行。不适用于建筑面积超过10000平方米的中学、中职及高职院校。此类院校应按照只减不增的原则，依据原来的物业合同金额，因地制宜适当压减物业管理费支出。物业管理费开支范围包括十类：安全保卫服务费、保洁服务费、房屋日常养护维修费、给排水设备运行维护费、供电设备管理维护费、空调运行维护费、消防系统维护费、绿化管理维护费、电梯运行维护费、会议服务费。

107. 2022年6月，廊坊市财政局印发《廊坊市市直行政事业单位印刷费支出定额标准》，适用于纳入市级部门预算的所有单位。对印刷工艺有特殊纸张、特殊工艺要求的特殊类印刷费支出不适用本规定。印刷费开支范围包括四类：公文类、资料类、宣传用品类、其他类。

108. 2022年6月，廊坊市财政局开展市级政策和项目绩效评价工作，评价范围为2021年度市级政策和项目支出（根据工作需要必要时可延伸到以前年度）。市财政局选取部分绩效评价报告呈报市委、市政府、市人大常委会，作为政府决策、政策制定等方面的参考依据，同时将评价结果在财政网站上进行公开。市直部门（单位）选取至少1项评价结果，在本部门网站公开（涉密事项除外），接受社会的监督。

109. 2022年7月，廊坊市财政局组织85个部门开展2022年市直部门项目绩效自评抽查复核工作，在2021年度市本级预算项目中每个部门随机抽查部分项目进行复核。复核内容包括：内容填报的完整性、指标设定的合理性、自评得分的真实性、项目的填报数量和报送的及时性等。市直各部门按照要求报送相关佐证资料后，市财政局通过查看相关资料、账册、现场调研、专家评审等方式，对预算执行情况、绩效指标设置及完成情况进行复核打分，填写《项目支出绩效自评复核表》。

110. 2022年7月，廊坊市财政局印发《廊坊市本级四所中职学校成本预算绩效管理工作方案》，将成本意识贯穿预算管理各环节，打造"事前核成本、事中控成本、事后评成本"的全过程成本绩效管理链条，推进教育领域全成本绩效管理全覆盖。

111. 2022年7月，廊坊市财政局确定廊坊经济技术开发区为全市预算绩效管理改革园区试点，一方面，打造扶企助企绩效管理机制；另一方面，探索全过程联动的绩效管理新模式。

112. 2022年7月，廊坊市财政局印发《廊坊市住建局2022年部门整体全成本绩效管理工作方案》，建立全面规范透明、标准科学、约束有力的预算管理制度，全面开展成本绩效管理，推动财政资金聚力增效，提高部门预算决策水平。

印发《廊坊市卫健委2022年部门整体全成本绩效管理工作方案》，深入推进预算绩效管理工作，将成本效益理念贯穿预算绩效管理全过程。

印发《廊坊市公安交警支队2022年部门整体全成本绩效管理工作方案》，进一步加强预算绩效管理，探索"部门整体绩效评价、预算支出标准制定、部门整体事前评估"一体化推进的工作路径。

113. 2022年7月，廊坊市财政局进一步强化预算绩效审核评估工作，不断提高预算绩效工作质量和效率，营造"全员绩效"的良好氛围，结合当前财政资金管理的实际情况，进一步优化了绩效目标审核和事前绩效评估的工作步骤、具体流程等方面内容。

114. 2022年8月，廊坊市财政局印发《廊坊市中心血站成本绩效运行监测与分析工作方案》，将成本意识贯穿预算管理各环节，打造"事前核成本、事中控成本、事后评成本"的全过程成本绩效管理链条，在预算执行和绩效目标"双监测与分析"的基础上，引入成本管控和质量控制措施，侧重于控制成本、加强效益预测，进一步促进单位实现节约成本提高质量效益。

115. 2022年8月，廊坊市财政局编制2023年市本级财政预算需遵循以下原则：强化统筹、优化结构、讲求绩效、防范风险。

116. 2022年8月，廊坊市财政局召开2021年度各县（市、区）政府财政运行综合绩效再评价及2020年度固安县、香河县政府财政运行综合绩效重点评价会，县级政府财政运行综合绩效评价工作纳入组织部领导班子和领导干部考核指标体系。

117. 2022年8月，廊坊市财政局编写《新时代市县预算绩效管理改革实践——河北省廊坊市预算绩效管理试点工作纪实》，并在全国范围内出版发行，对廊坊市近年来的各项预算绩效管理工作进行了归纳总结。

118. 2022年8月，廊坊市财政局采取"学习+实践"的模式开展"全员绩效"系列培训，培训对象为市财政局预算绩效委员会成员科室相关人员，重点培训对象为部门预算专管员，共计3000余人。进一步落实"全员绩效"工作要求，充分发挥财政部门职能，不断提高预算绩效工作质量和效率。

119. 2022年9月，廊坊市财政局印发《廊坊市本级五所中学成本绩效运行监测与分析工作方案》，将成本意识贯穿预算管理各环节，打造"事前核成本、事中控成本、事后评成本"的全过程成本绩效管理链条，在预算执行和绩效目标"双监测与分析"的基础上，引入成本管控和质量控制措施，侧重于控制成本、加强效益预测，进一步促进单位实现成本节约、提高质量效益。

120. 2022年9月，廊坊市财政局开展2021年度部门整体绩效自评，财政部门将根据评价指标体系及评分规则，结合获取的评价数据和信息，对市本级所有预算部门的整体绩效自评结果及自评工作质量实施再评价，再评结果将与部门2023年运转类其他项目预算资金安排挂钩，同时作为年度预算绩效管理工作考核重要内容同步纳入市管领导班子领导干部考评体系。

121. 2022年10月，廊坊市财政局邀请人大代表、政协委员等参与2023年部门整体全成本绩效管理、预算项目事前绩效评估等会议，进一步强化人大、政协等部门对全面实施预算绩效管理工作的监督，提升绩效工作的权威性和公信力。

122. 2022年12月，廊坊市财政局对2021年度部门整体绩效再评价结果进行通报，再评价情况在市财政局官网面向社会公开，再评价实现与2023年部门预算安排挂钩，并作为部门预算绩效管理工作考核重要内容纳入党政领导班子年度考核。

123. 2023年1月，廊坊市财政局开展2023年预算绩效信息报审工作，部门一是填报2023年部门绩效文本信息，二是将本部门及所属单位整体绩效目标进行总结提炼，形成部门年度绩效目标，市财政局各部门预算主管科室及时审核汇总。

124. 2023年1月，廊坊市财政局开展2022年度县级预算绩效管理工作考核，考核结果作为2022年度各县（市、区）组织部干部绩效管理考核体系中"预算绩效管理"指标打分的重要依据。

125. 2023年1月，廊坊市财政局对参与2022年预算绩效管理工作的第三方中介机构及专家进行了考评，评选出突破领域绩效管理、部门整体绩效管理、事前绩效评估、绩效目标专家审核、政策和项目绩效评价优秀第三方中介机构和10名优秀专家，并进行通报。

126. 2023年2月，廊坊市财政局对2022年度县级预算绩效管理工作考核情况进行通报，考核依据市财政局2022年布置的预算绩效管理工作，共计100分，分为制度建设（8分）、事前绩效评估（8分）、绩效目标管理（12分）、绩效监控管理（8分）、绩效评价管理（16分）、绩效结果应用（16分）、绩效信息公开（12分）、县级绩效管理亮点工作（20分）等八个方面。安次区、广阳区、永清县为优秀等次。

127. 2023年2月，廊坊市财政局开展财政预算绩效人才库入库推荐工作，推进预算绩效管理工作健康持续发展，加快打造一支高素质、专业化的财政人才队伍，进一步落实"全员绩效"工作要求，全面提高廊坊市预算绩效管理水平。

128. 2023年2月，廊坊市财政局开展2023年市直预算部门绩效自评工作，自评主体为纳入部门预算管理的所有市级预算部门和单位。评价范围为2022年度市级预算部门和单位管理或使用的所有财政资金，包括中央资金、省级资金、市级资金，涵盖一般公共预算、政府性基金预算、国有资本经营预算、社会保险基金预算，主要评价项目绩效目标指标的实现情况。

129. 2023年3月，廊坊市财政局开展转移支付预算绩效管理专题培训，培训对象为市县两级财政部门财务人员和项目负责人，共计550余人。通过本次培训使廊坊市财政系统及预算部门人员了解财政转移支付制度要求、掌握转移支付绩效管理理论与实际操作，为廊坊市争取并用好转移支付资金加力提效。

130. 2023年4月，廊坊市财政局开展县级政府财政运行2023年度绩效目标填报和2022年度绩效自评工作，市财政局对工作情况进行审查，工作完成情况作为政府绩效考核的重要内容，并视工作需要，向市委、市政府专题报告。

131. 2023年4月，廊坊市财政局开展2023年市级预算部门重点绩效评价，部门重点绩效评价对象由市级预算部门选取，报市财政局预算主管科室审核确定后列入年度计划。评价工作结束后，市级预算部门参考《廊坊市市级政策和项目绩效评价管理办法》规定的内容，撰写评价报告，主要包括项目基本情况、绩效评价工作情况、绩效评价结论、绩效分析、经验做法和问题建议等。

132. 2023年5月，廊坊市财政局印发《廊坊市2023年全面实施预算绩效管理工作方案》，不断优化"全方位、全过程、全覆盖、全成本"的预算绩效管理体系，着力提升项目质量，优化支出结构，提高财政资源配置效率和使用效益。

133. 2023年6月，廊坊市财政局开展2023年中期绩效评估工作，财政部门对支出进度偏低、存量资金数额偏大、偏离绩效目标较大且绩效监控结果差的项目，提出预算调整建议；对存在严重问题的可按程序暂缓或停止预算拨款。

134. 2023年6月，廊坊市财政局印发《2023年廊坊市部门整体绩效再评价指标体系》，考评体系应用于2023年市直部门（单位）开展的部门整体绩效自评工作和财政部门组织开展的部门整体绩效再评价工作，同时，再评价结果纳入年度市管领导班子领导干部年度考核体系。

135. 2023年6月，廊坊市财政局印发《廊坊市本级两所高等职业院校全成本绩效管理工作方案》，打造"事前核成本、事中控成本、事后评成本"的全过程成本绩效管理链条，推进教育领域全成本绩效管理全覆盖，不断提升教育领域资金使用效益。

印发《廊坊市交通运输局2023年部门整体全成本绩效管理工作方案》，主要工作任务：一是对市交通运输局开展以"成本控制"为核心的2022年度部门整体绩效评价；二是对市交通运输局本级制定预算支出标准；三是审核交通运输局下属单位申报预算支出标准；四是组织开展2024年部门整体项目事前绩效评估，并根据评估结果对预算项目进行排序。

印发《廊坊市市场监督管理局2023年部门整体全成本绩效管理工作方案》，一是通过"核成本、评绩效、出定额、调机制、促管理"等方式，促进部门降低行政运行成本、准确核定项目支出成本、优化部门支出结构，提高财政资金配置效率和使用效益；二是通过全面核算成本、评价绩效情况，建立以成本数据为基础的支出标准体系，为部门预算申报和预算编制提供依据，增强部门的预算控制力和约束力，有效避免超标准编制预算等情况，提高财政资金的科学化、精细化管理水平。

136. 2023年6月，廊坊市财政局开展教育领域竞争性资金分配项目绩效评价工作，全面总结2019—2023年度廊坊市教育领域竞争性资金分配试点工作，拟对四年来支持的38个项目开展绩效评价，以"回头看"促进"向前迈"，提炼既往优秀经验做法，充分应用于项目申报评审机制优化，助力2024年度廊坊市教育领域竞争性资金分配工作顺利开展，推动廊坊市财政资金聚力增效。

137. 2023年7月，廊坊市财政局开展2023年1—6月预算绩效运行监控分析工作，针对部门整体和预算项目两个不同层级的绩效目标，分别开展部门整体绩效监控、预算项目绩效监控。市财政局部门预算主管科室对分管部门（单位）绩效监控情况进行汇总分析。

138. 2023年8月，廊坊市财政局印发《廊坊市市级预算支出标准管理办法》，构建内容完整、结构优化、程序规范的预算支出标准体系，使财政支出更加科学、合理和规范，更好发挥预算支出标准在预算管理中的基础性作用。

139.2023年8月，廊坊市财政局开展2022年度部门整体绩效自评，部门整体绩效自评对象为市本级所有预算部门和单位，评价范围与各部门、单位决算口径一致（部门为决算汇总口径）。

140.2023年8月，廊坊市财政局开展财政支出绩效评价工作，评价范围为2020—2022年度市级部门整体收支和重点项目支出（根据工作需要必要时可延伸到下年度）。绩效评价工作组依据工作方案通过现场勘察、专家评审、问卷调查、人员访谈、评分评级等形式实施绩效评价工作。市财政局选取部分绩效评价报告呈报市委、市政府、市人大常委会，作为政府决策、政策制定等方面的参考依据，同时将评价结果在财政网站上进行公开。市直部门（单位）选取至少1项评价结果，在本部门网站公开（涉密事项除外），接受社会的监督。

141.2023年8月，廊坊市财政局组织86个市直部门开展2023年项目绩效自评抽查复核工作，在2022年度市本级预算项目中每个部门随机抽查部分项目进行复核。复核内容包括：内容填报的完整性、指标设定的合理性、自评得分的真实性、项目的填报数量和报送的及时性等。市直各部门按照要求报送相关佐证资料后，市财政局通过查看相关资料、账册、现场调研、专家评审等方式，对预算执行情况、绩效指标设置及完成情况进行复核打分，填写《项目支出绩效自评复核表》。

142.2023年9月，廊坊市财政局开展2022年度部门整体绩效再评价，部门整体绩效再评价采取自评复核方式开展，根据部门报送的资料，采取集中审核的方式进行，一方面对部门整体绩效自评分值进行复核，复核分值权重为80%，最高为80分；另一方面对部门整体绩效自评工作质量进行打分，最高为20分；复核总分为以上两方面分值加和，总分100分。以上部门按照要求报送相关佐证资料后，廊坊市财政局通过查看相关文本、数据资料等方式进行复核打分，完成《2022年度部门整体绩效自评复核表》的填报工作。